校企合作　双元开发　

新商科"课、岗、赛、训"新形态一体化规划教材

新媒体营销

主　编　林　海
副主编　祝维亮　黄　睿　熊义淇

高等教育出版社·北京

内容简介

本书是新商科"课、岗、赛、训"新形态一体化规划教材。

本书采用"校企合作，双元开发"的方式，以新媒体内容策划与生产为核心，将新媒体营销理念与实践相结合，兼顾数据化运营分析来构建知识技能体系。全书共分为六章，包括：新媒体营销认知、新媒体营销策划、新媒体营销文案创作、新媒体营销图文类内容设计、新媒体营销视频类内容设计、新媒体营销数据分析，全面介绍了新媒体营销的要求、方法与技巧，旨在培养读者新媒体营销的系统化思维与实践方法，同时掌握新媒体营销的核心知识与核心技能。本书结构清晰，逻辑严密，案例新颖，"课、岗、赛、训"融合特色突出，具有较强的实用性。为了便于教学，本书同时配有丰富的教学资源，实现了在线开放课程与新形态一体化教材"互联网+"式互动的开发理念。

本书既可作为高职高专院校、中职院校和应用型本科院校财经商贸类专业的教材，也可供新媒体营销相关从业者和社会人士阅读参考使用。

本书配有PPT、课后题答案、二维码等配套资源。本书使用者可按照"郑重声明"页的资源服务提示获取资源服务。

图书在版编目（CIP）数据

新媒体营销 / 林海主编 . -- 北京：高等教育出版社，2019.7（2021.8重印）
ISBN 978-7-04-051815-3

Ⅰ.①新… Ⅱ.①林… Ⅲ.①网络营销－高等职业教育－教材 Ⅳ.① F713.365.2

中国版本图书馆 CIP 数据核字 (2019) 第 080435 号

新媒体营销
Xinmeiti Yingxiao

策划编辑	康 蓉 贾若曦	责任编辑	贾若曦	封面设计	赵 阳	版式设计	赵 阳
插图绘制	于 博	责任校对	高 歌	责任印制	存 怡		

出版发行	高等教育出版社	网　址	http://www.hep.edu.cn
社　址	北京市西城区德外大街4号		http://www.hep.com.cn
邮政编码	100120	网上订购	http://www.hepmall.com.cn
印　刷	大厂益利印刷有限公司		http://www.hepmall.com
开　本	787mm×1092mm 1/16		http://www.hepmall.cn
印　张	16		
字　数	310 千字	版　次	2019年7月第1版
购书热线	010-58581118	印　次	2021年8月第6次印刷
咨询电话	400-810-0598	定　价	46.80元

本书如有缺页、倒页、脱页等质量问题，请到所购图书销售部门联系调换
版权所有　侵权必究
物料号　51815-00

新商科"课、岗、赛、训"新形态一体化规划教材
项目建设委员会

顾　问：
姜大源　陆春阳

主　任：
薛茂云

副主任（按汉语拼音排序）：
段文忠　安徽商贸职业技术学院
纪淑军　浙江纺织服装职业技术学院
李　敏　山东电子职业技术学院
林　海　广东科学技术职业学院
刘　蓓　天津轻工职业技术学院
龙朝晖　河南经贸职业学院
孙　君　无锡商业职业技术学院
王　鹏　中教畅享（北京）科技有限公司
魏振锋　浙江工贸职业技术学院
吴洪贵　江苏经贸职业技术学院
赵　明　天津商务职业学院
曾　鸣　湖南商务职业技术学院

委　员（按汉语拼音排序）：
白　洁　天津轻工职业技术学院
程　洁　武汉船舶职业技术学院
池瑜莉　绍兴职业技术学院
杜春雷　山东商务职业学院
顾锦江　江苏经贸职业技术学院
贺红燕　河北政法职业学院
黄　睿　四川财经职业学院
黄毅英　广西经贸职业技术学院

刘　康　江西工业职业技术学院
秦　琴　湖北科技职业学院
涂先锋　中山职业技术学院
王利冬　河南工业贸易职业学院
王文霞　中山职业技术学院
熊义淇　广东科学技术职业学院
杨　兰　湖南劳动人事职业学院
杨　涛　陕西工业职业技术学院
张歌凌　黄河水利职业技术学院
朱合圣　金华职业技术学院
祝维亮　江西工程职业学院
祝艳春　无锡商业职业技术学院

出版说明

2019年1月24日，国务院印发了《国家职业教育改革实施方案》（简称"职教20条"），它是新时代职业教育改革的纲领性文件，是全面深化职业教育改革的顶层设计和施工蓝图。"职教20条"明确提出：遴选认定一大批职业教育在线精品课程，建设一大批校企"双元"合作开发的国家规划教材，倡导使用新型活页式、工作手册式教材并配套开发信息化资源。每3年修订1次教材，其中专业教材随信息技术发展和产业升级情况及时动态更新。

2019年1月1日起《中华人民共和国电子商务法》正式实施，标志着我国以互联网、人工智能、大数据、云计算等新技术为背景的新商业走向成熟。面对新的法制环境、商业模式和商业规律，电子商务、市场营销、物流管理、经济贸易等商科类专业界限越来越模糊，反映产业转型升级的跨界融合的新专业、新课程层出不穷。2018年10月22日教育部职成司发布的《关于征求对〈高等职业学校专业教学标准（2018年）〉意见的通知》，也将商务数据分析与应用、新媒体营销、网店运营管理等新课程纳入商科类专业的新专标中，新商科人才培养理念得到广泛认同。

来自新商业环境的新商科类课程在实现从无到有的过程中，面临着两个突出的困惑和难题：一是如何构建科学合理的核心知识技能体系，解决新课程在实现"从无到有"过程中的逻辑构建和内容取舍的困惑和难题；二是如何使课程内容符合教学传播需求和人才培养需求，解决互联网特色鲜明的课程内容从逻辑松散化、碎片化、随意化，向逻辑严谨化、系统化、规范化转化的困惑和难题。

为了应对新时代职业教育的新要求，解决新商科类课程的困惑和难题，高等教育出版社组织全国近30所高等职业院校和中教畅享（北京）科技有限公司等企业，以"校企合作、双元开发"的方式，运用现代信息技术，历时一年半，联合开发了反映新商业时代产业转型升级的新商科"课、岗、赛、训"新形态一体化教材。本系列教材突出体现以下特色：

1. 探索从思政课程到课程思政的转换，建立健全新商科课程的知识体系和价值体系

本系列教材以习近平新时代中国特色社会主义思想为指导，坚持正确的政治方向、舆论导向和价值取向，落实立德树人的根本任务。本系列教材通过知识目标、能力目

标、思政目标三维学习目标的构建,"思政园地"等课程思政类栏目的开发,以社会主义核心价值观为指导对相关内容和案例进行符合教学传播需求的改写,课后引入思政考核等措施,完成知识体系和价值体系的双轨并建,系统体现课程思政特色,实现对新商科人才进行社会主义核心价值观、职业道德、法律意识与专业素质全方位综合培养的人才培养目标。

2. 实现"从无到有",开发跨界融合特色鲜明的新商科课程的配套教材,重点课程实现了在线开放课程和新形态一体化教材的"互联网+"式互动

根据新专标、新法规、新大赛和新商科人才培养需求,开发了《商务数据分析与应用》《新媒体营销》《移动营销》《跨境电子商务进出口实务》《跨境电子商务推广》《网店运营管理》《网店视觉营销》《网店客户管理》《网店推广》等教材。"商务数据分析与应用""新媒体营销""移动营销""网店运营管理"等重点课程同步开发了在线开放课程,建设了微课、动画、视频、课件等类型丰富的数字化教学资源,实现了在线开放课程和新形态一体化教材的"互联网+"式互动。其中,"商务数据分析与应用"已被认定为 2018 年国家精品在线开放课程。

3. 构建科学合理的核心知识技能体系,解决课程在实现"从无到有"过程中的逻辑构建与内容取舍的困惑和难题

课程能否具有生命力,核心知识技能体系的确立是根本。由于新商科跨界融合的特色鲜明,课程的逻辑构建与内容取舍既要具有独立性,可以自成体系,又要具有兼容性,可以跨界融合。本系列教材核心知识技能体系的构建,是由院校和企业共同组成的作者团队通过多次审稿会议反复论证、修改而最终确定的。每门课程横向章节的构建和纵向章节的深入,力求体系健全、逻辑严谨、重点突出、详略得当,兼具独立性和兼容性,既能满足教学需求,又能准确对接职业需求。

4. 新商科"课""岗""赛""训"融合的特色鲜明

本系列教材在对重点课程实现了在线开放课程与新形态一体化教材的"互联网+"互动的基础上,对接岗位需求,开发了"行业观察""直通职场""匠心网商人""跨境电子商务风险提示"等栏目,搭建了"课""岗"连通的桥梁;对接电子商务大赛,设计了"大赛直通车"等栏目,同步开发数字化教学资源,实现以赛促教、以赛促学;强

化实训建设，针对重要技能点设计综合实训，配套开发实训类数字化教学资源，实现教学做一体化。

在教育信息化2.0新时代，高等教育出版社作为国家教学资源库平台建设和资源运营机构、国家精品在线开放课程项目优质平台"智慧职教"（www.icve.com.cn）和"爱课程"（www.icourses.cn）的提供者，将继续以"互联网+"出版的新形式，推出一系列运用现代化信息技术、反映产业转型升级的在线开放课程和新形态一体化教材，为推动信息技术与教育教学的深度融合，深化教学改革，提高教学质量，培养新时代人才提供有力支撑。

高等教育出版社

2019年6月

前　言
Foreword

　　随着移动互联网的快速发展，移动网民增速迅猛，一个以各种新兴通信和传播工具为基础的新媒体时代已经到来。在新兴媒体数量激增，媒体受众日益细分的格局下，消费者的媒体接触习惯已经发生了根本改变。随着服务范围的扩大和内容的多元化，新媒体在人们生活中的应用越来越广泛，催生了人们价值理念和消费行为的改变。然而，快速发展、开放共享的网络环境也导致这个新时代"信息爆炸，泥沙俱下"。内容低俗、故意欺诈、传播谣言、诱导分享、抄袭泛滥、诽谤他人、垃圾信息等问题频出。因此，培育和践行新媒体从业人员的社会主义核心价值观和法治意识刻不容缓。2019年1月25日，中共中央政治局在人民日报社新媒体大厦就全媒体时代和媒体融合发展举行第十二次集体学习，在会上，习近平总书记指出：全媒体不断发展，出现了全程媒体、全息媒体、全员媒体、全效媒体，信息无处不在、无所不及、无人不用，导致舆论生态、媒体格局、传播方式发生深刻变化，新闻舆论工作面临新的挑战。我们要因势而谋、应势而动、顺势而为，加快推动媒体融合发展，使主流媒体具有强大传播力、引导力、影响力、公信力，形成网上网下同心圆，使全体人民在理想信念、价值理念、道德观念上紧紧团结在一起，让正能量更强劲、主旋律更高昂。

　　在这个变幻莫测的新商业环境中，无论是消费者从需求到行为的巨大改变，还是品牌价值塑造目标的创新升级，变化层出不穷，日新月异。企业需要不断洞察、适应变化，驾驭新的市场规律，探索与互联网时代新媒体平台相契合的营销理念，迅速适应这场营销方式的革命。同时，线上线下深度融合的新零售蓬勃发展，越来越多的商家意识到要秉持"以消费者为中心"的理念，重新构建零售中的"人、货、场"三要素，将消费体验放在第一位。2019年1月1日起《中华人民共和国电子商务法》正式实施，标志着中国电子商务已经完成蜕变，正式告别野蛮生长的"幼年期"，逐步走向成熟，为电子商务新一轮的高质量发展提供了基本原则和法律基础，是中国电子商务发展的"成人礼"。培养新商业时代具有先进理念、创新思维、守法经营的新媒体营销人才已成为迫切需求。

　　面对新的基础设施、新的商业模式、新的法治环境、新的消费价值观与新的商业规律，"新商科"人才培养理念得到广泛认同，"新媒体营销"作为一门新兴课程在财经商贸类专业中广泛开设，成为人才培养中不可或缺的重要组成部分。目前，新媒体营销的相关知识、案例和探讨在互联网上不断涌现，内容碎片化特点明显，市面上为数不多的相关教材也基本是新媒体平台运营技巧的罗列，缺乏系统性、规范性的逻辑体系，距离人才培养的需求距离较大。本书针对以上问题和人才培养需求，在全国电子商务职业教育教学指导委员会的指导下，由广东科学技术职业学院联合 5 所院校共同开发，形成了如下鲜明特色：

1. 以课程思政改革为引领

本书积极贯彻落实党的十九大、全国教育大会、全国高校思政工作会议精神，以习近平新时代中国特色社会主义思想为指导，落实立德树人的根本任务，旗帜鲜明地坚持正确的政治方向、舆论导向和价值取向。每一章设置知识、能力、思政三维目标，并通过"思政园地"栏目挖掘专业、课程背景下的思政元素，将社会主义核心价值观、法治意识与职业道德的培育践行，优秀商业文化、传统文化的传播等要求贯穿始终。

2. 构建科学合理的知识技能体系，内容更加符合教学规律和新时代人才培养需求

本书从庞杂而碎片化的互联网内容中，科学梳理"新媒体营销"课程的核心知识点和技能点，形成在线开放课程和新形态一体化教材的知识技能体系；合理取舍内容，将新媒体营销策划、内容生产与营销数据分析作为重点和难点；选用近三年最新营销内容和案例作为素材，进行符合教学传播要求的改写和分析。

3. 新商科"课、岗、赛、训"融合的特色突出

本书融入最新的新媒体营销岗位标准与技能要求，对接技能大赛，突出实训特色，以营销内涵为主线，营销数据分析为依托，注重新媒体营销策划能力和营销内容创作能力的培养。每一章都遵循"学习目标"（三维目标）→"案例导入"（引出问题）→"知识讲解"（系统培养）→"知识与技能训练"（考核提升）的逻辑结构展开，并创新性地开设了四个栏目：

（1）思政园地。将社会主义核心价值观、职业道德、法律法规、优秀文化等内化于心，贯穿始终。

（2）行业观察。分享新媒体行业发展的新趋势、新动态，站在行业发展前沿分析问题。

（3）直通职场。介绍新媒体营销工作岗位能力要求及相关情况，让读者对新媒体营销岗位形成全面认识。

（4）协作创新。指导学生分小组开展协作学习，将创新思维、团队合作与思辨能力

融入课堂。

4. 实现了在线开放课程和新形态一体化教材的"互联网+"式互动

本书体现了数字技术对教育教学的强大支撑，以"一本教材就是一门课程"的目标进行开发，建设了微课、动画、视频、图文、课件、习题、实训、案例等内容丰富的颗粒化资源，以满足"互联网+"时代移动学习的需要，推动线上线下混合式教学、自主学习、翻转课堂等改革与创新实践。

本书由林海担任主编，祝维亮、黄睿、熊义淇担任副主编。全书共分为六章，第一章由林海、熊义淇撰写；第二章由熊义淇、陈萌梦、张盈撰写；第三章由林海、刘祎撰写；第四章由刘祎、祝维亮、吴梦顾撰写；第五章由黄睿、王玉梅、熊义淇撰写；第六章由古婷骅、刘春艳撰写。本书大纲的编写，内容的总体设计，以及最后的统稿、定稿、总纂由林海完成。

本书的编写，得到全国电子商务职业教育教学指导委员会副主任陆春阳先生高屋建瓴的指导、中教畅享（北京）科技有限公司董事长黄学全先生的大力支持和高等教育出版社编辑老师们的帮助，在此一并致以真诚的感谢。

由于新媒体营销涉及的内容具有较强的前瞻性与时效性，加之编写时间及作者水平有限，书中难免存在不足之处，恳请广大读者批评指正，以使本书日臻完善。

编者

2019 年 6 月于珠海

目 录
Contents

第一章　新媒体营销认知 001
1.1　认识新媒体 006
1.1.1　新媒体产生的背景 006
1.1.2　新媒体的概念与类型 009
1.1.3　新媒体的发展现状与发展前景 010
1.2　走进新媒体营销 015
1.2.1　新媒体营销变革 015
1.2.2　新媒体营销的特征 016
1.2.3　新媒体营销模式 018
1.3　新媒体营销从业人员的职业素养 020
1.3.1　新媒体营销从业人员的必备素质 020
1.3.2　新媒体营销的职业发展与岗位职责 021
1.4　新媒体营销创新思维 023
1.4.1　用户思维 023
1.4.2　产品思维 023
1.4.3　品牌思维 024
知识与技能训练 025

第二章　新媒体营销策划 031
2.1　用户定位 035
2.1.1　确定目标用户群体和用户群体特征分析 036
2.1.2　构建精准的用户画像 038
2.2　内容定位 040
2.2.1　数据思维指导内容定位 042
2.2.2　心理学原理定位高传播力内容 045
2.3　平台定位 047
2.3.1　微信平台 048
2.3.2　微博平台 050
2.3.3　直播平台 052

  2.3.4 视频平台 ... 054
  2.3.5 其他平台 ... 056
 2.4 营销策划模式 ... 061
  2.4.1 事件营销策划 ... 061
  2.4.2 互动活动策划 ... 066
  2.4.3 社群营销策划 ... 071
 2.5 营销策划方案的撰写与展示 ... 077
  2.5.1 营销策划方案撰写框架 ... 077
  2.5.2 营销策划方案的展示技巧 ... 079
 知识与技能训练 ... 080

第三章 新媒体营销文案创作 ... 085
 3.1 新媒体营销文案的特点与类型 ... 089
  3.1.1 新媒体营销文案的特点 ... 089
  3.1.2 新媒体营销文案的类型 ... 093
 3.2 新媒体营销文案创作思维 ... 094
  3.2.1 用户视角 ... 095
  3.2.2 制造对比 ... 095
  3.2.3 去抽象化 ... 096
  3.2.4 可视化表达 ... 097
  3.2.5 调动用户情绪 ... 098
  3.2.6 引发关注 ... 099
  3.2.7 讲个好故事 ... 099
 3.3 新媒体营销文案创作方法 ... 101
  3.3.1 产品文案创作 ... 101
  3.3.2 品牌文案创作 ... 106
  3.3.3 推广文案创作 ... 111
  3.3.4 导购文案创作 ... 117
 知识与技能训练 ... 122

第四章 新媒体营销图文类内容设计 ... 127
 4.1 新媒体营销内容的标题拟定 ... 131
  4.1.1 标题设计思路 ... 132

- 4.1.2 标题拟定方法 ... 140
- 4.2 新媒体营销内容的爆文打造 ... 146
  - 4.2.1 "爆文"的三类文体 ... 146
  - 4.2.2 爆文写作的四大要素 ... 150
- 4.3 新媒体营销内容的图片设计 ... 154
  - 4.3.1 内容图片的构成 ... 154
  - 4.3.2 配图的基本原则 ... 157
  - 4.3.3 配图的实用技巧 ... 160
- 4.4 新媒体营销内容的正文编辑 ... 162
  - 4.4.1 正文写作框架 ... 162
  - 4.4.2 正文写作思路 ... 164
  - 4.4.3 正文排版规范 ... 167
- 知识与技能训练 ... 169

第五章 新媒体营销视频类内容设计 ... 173

- 5.1 视频内容策划 ... 179
  - 5.1.1 视频内容定位 ... 180
  - 5.1.2 创意视频的打造技巧 ... 183
  - 5.1.3 视频策划注意事项 ... 186
- 5.2 视频制作 ... 190
  - 5.2.1 视频制作前期准备 ... 190
  - 5.2.2 视频制作团队的组建 ... 194
  - 5.2.3 视频制作要点 ... 196
- 知识与技能训练 ... 199

第六章 新媒体营销数据分析 ... 205

- 6.1 新媒体营销数据分析概述 ... 209
  - 6.1.1 数据分析的意义 ... 210
  - 6.1.2 数据类别与来源 ... 212
  - 6.1.3 数据分析工具 ... 215
- 6.2 新媒体营销数据分析对象 ... 217
  - 6.2.1 流量分析 ... 217
  - 6.2.2 销售分析 ... 218

  6.2.3 图文分析 ... 219
  6.2.4 执行分析 ... 220
 6.3 新媒体营销数据分析报告 ... 221
  6.3.1 数据分析报告的撰写框架 ... 222
  6.3.2 数据分析报告的可视化表达 ... 224
  6.3.3 数据分析报告案例 ... 228
 知识与技能训练 ... 231

参考文献 ... 235

Chapter

01

第一章
新媒体营销认知

- 认识新媒体
- 走进新媒体营销
- 新媒体营销从业人员的职业素养
- 新媒体营销创新思维

"新媒体营销认知"导学微课

知识目标
- 了解新媒体产生的背景、发展现状与趋势
- 掌握新媒体的概念与类型
- 掌握新媒体时代的营销理念与方式
- 熟悉新媒体营销的常用思维
- 熟悉新媒体营销岗位的成长路径与岗位职责

能力目标
- 能够建立新媒体营销思维,强化创新意识
- 能够描述新媒体时代下营销变革的特征
- 能够以案例形式描述新媒体营销的模式
- 能够编制一个新媒体营销的岗位群说明书

思政目标
- 培育并践行社会主义核心价值观
- 培养新媒体从业人员的法治意识与职业道德
- 传播优秀商业文化与中国传统文化,培养文化自信

思维导图

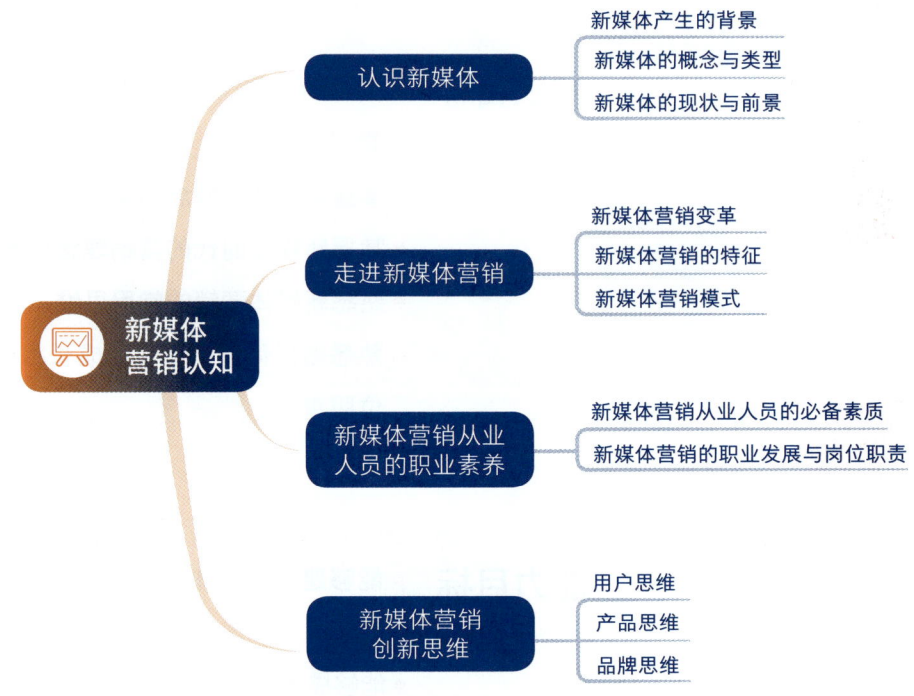

案例导入
海尔力量：传统企业拥抱新媒体

　　大型家电企业海尔集团创立于1984年，目前在全球拥有10个研发中心，用户遍布全球100多个国家和地区。世界权威市场调查机构欧睿国际（Euromonitor）发布的2018年全球大型家用电器市场调查报告显示，海尔第10次蝉联全球第一。为此，欧睿国际还特别为海尔颁发了"连续10年大型家用电器全球第一品牌"证书。海尔在"互联网＋"时代的新成就，与其积极拥抱新媒体密不可分。

　　海尔新媒体的发展经历了三个主要阶段，2010年至2014年是初创时期，海尔集团在微博、微信平台相继建立官方账号，由第三方机构运营。2014年海尔发布公告，成为首家放弃杂志广告，转向新媒体广告的传统家电企业。2014年至2016年，海尔新媒体收归海尔集团自运营，由官方发声渠道向人格化形象转型，从信息的单向传播变为用户的双向沟通,成为连接企业和用户的电话线。2016年至今,海尔新媒体持续引爆热点话题,凭借其优质粉丝黏性和深度交互,实现了新媒体时代企业的破局探索。

根据微舆情数据统计,2017年海尔集团年度网络曝光总量超过10亿,转评点赞总数超过120万人次,综合影响力指数高达824.4,居同行业第一。图1-1展示了海尔新媒体的宏观架构,反映了海尔集团在新媒体平台的高瞻远瞩和深耕细作。而面对正在经历大变革的营销环境,海尔集团董事局主席张瑞敏表示,"现在是互联网时代,外部的变化非常快,如果你还是追求传统时代企业的均衡就是等死,这个时代一定会把你扔掉"。

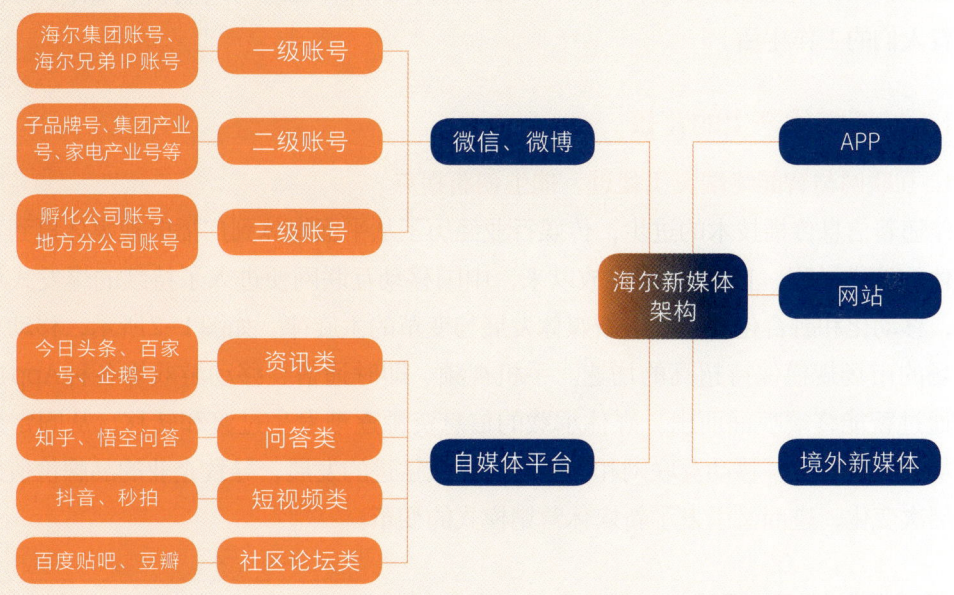

图1-1 海尔新媒体宏观架构图

案例思考:海尔集团停止投放杂志广告释放了什么信号?为什么传统媒体不再受到企业的青睐?海尔新媒体架构存在哪些不足之处?

案例启示:不仅是杂志广告可能断粮,报纸、电视、户外等不能实现与消费者互动、不能认识消费者的广告形式,未来都会在企业的营销预算削减名单中。这当然不是海尔不做"广告"了,而是停止传统单向传播广告的投放,转型为多对多的即时交互。

总体来说,海尔集团已在集团上下全面普及新媒体运营,覆盖双微、App、网站、自媒体平台多个领域,形成了多层级、多主体的新媒体宏观架构,在此基础上,海尔集团着力打造海尔新媒体核心矩阵,统一、精细、专业地运营,形成企业新媒体领域的海尔力量。但各账号间大都独立运营、不成系统,这也是其有待统一整合提高之处。

随着时代的快速发展,"新媒体"已经不再是陌生的字眼,人们因为新媒体的广泛应用而形成了新的价值理念和消费行为,越来越多的企业开始紧跟新媒体的发展动向,在营销上实现"换道超车"。

1.1 认识新媒体

从国家层面上看,不断出台的政策刺激着"互联网+"产业的升级和创新,鼓励传统媒体和新媒体相互融合促进;从个体层面上看,新媒体已经与人们朝夕相伴,深深地影响着人们的工作生活。

1.1.1 新媒体产生的背景

1. 互联网与智能终端突飞猛进,催生创新拐点

伴随着信息传播技术的进步,传媒行业经历了从平面媒体到广播电视媒体再到互联网媒体的演进过程。自3G牌照发放以来,中国移动互联网便进入了持续的爆发式增长阶段,移动化和融合化成为中国新媒体发展与变革的主旋律。如图1-2所示,移动互联网市场的市场规模保持超高的增速。手机视频、即时通信、移动游戏等各种App应用功能通过智能终端喷涌而出。媒体承载的信息资源逐渐发生过渡和转移,从固定到移动,从大屏到小屏,移动互联网和智能终端突飞猛进的发展,导致企业的品牌价值发生了深层次变化,进而又引发了新媒体营销模式的变革。

图1-2 2012—2018年中国移动互联网的市场规模

伴随着4G技术的全面推广、5G技术的逐渐成熟和6G网络的部署研发，未来移动互联网将在传媒业中占据主导地位，移动互联网产业链上的各个环节都将受益于这一领域的持续高速成长。

思政园地
网络强国战略

中国已经成为互联网大国，网络规模、网民数量、智能手机用户等均处于世界第一位。同时，中国国内域名数量、境内网站数量以及互联网企业等也处于世界前列。

但是与世界上的网络强国相比，中国还有较大差距。其突出表现是：中国在全球信息化排名中靠后；作为网络强国重要标志的宽带基础设施建设明显滞后，人均宽带与国际先进水平差距较大；关键技术受制于人，自主创新能力不强，网络安全面临严峻挑战。另外，中国城乡和区域之间的"数字鸿沟"问题突出，以信息化驱动新型工业化、新型城镇化、农业现代化和国家治理现代化的任务十分繁重。

党的十八届五中全会提出："十三五"时期，中国将大力实施网络强国战略。以习近平同志为核心的党中央深刻把握网络信息时代的新特征、新规律，高度关注网络空间对全球经济、政治、文化、社会、生态等领域的深刻影响，准确把握时代大势，积极回应实践要求，站在战略高度和长远角度，重视、发展、治理互联网，统筹协调涉及政治、经济、文化、社会、军事等领域网络安全和信息化的重大问题，作出了一系列重大决策，出台了一系列重大举措，走出一条中国特色社会主义治网之道。

2. 用户行为习惯悄然变化，企业顺势而动

移动互联网不仅打破了信息在时间、空间上的不对称，更改变了信息的传播方式，直接改变了人与人之间的沟通交流方式，改变了人们的行为（包括社交、学习和生活）、消费观念及习惯。同时，消费者群体正在变迁，消费主力从"60后""70后"变成了互联网原住民"80后""90后"，消费者的思想、观念、需求、行为模式也发生了巨大改变，"60后""70后"更注重看得见、摸得着的实地、实物接触消费，而"80后""90后"更注重消费感知、自我实现、价值认同和社交分享等特点的消费。

中国80后90后网论观察白皮书

传统营销模式是在各大媒体打广告，吸引消费者关注进而根据广告里指引咨询、购买。在移动互联网时代，随着消费者的消费习惯和消费模式的变化，用户会根据自己的需求先在网上搜索，然后在各个商家之间进行比较，哪家可以更好地满足自己的需求，就会在哪家购买。通过物流拿到商品后，如果品质、体验还不错，用户可能会在社交媒

体上分享给其他网友。在这一变化下,企业纷纷转变观念,主动贴近用户,进行营销方式的革新。企业迫切需要通过媒体平台和用户进行持续性互动,同时收集、整理和分析用户个性化、差异化的大数据,并对自身的产品或服务进行迭代优化,利用网络协同和智慧数据实现精准营销。

行业观察

2018年7月,世界杯正如火如荼地进行,作为2018年俄罗斯世界杯的品牌赞助方之一,蒙牛也通过微信小程序营销让传统企业看到了互联网时代新的营销机会。蒙牛FIFA小程序以世界杯为契机,整合现金红包、集卡、竞猜等多种形式的互动营销,充分利用微信生态模式下的社交力量,极大地激发了消费者的参与热情。7月份,蒙牛占据艾瑞微信小程序指数第15名,小程序指数为65 257。尽管这只是一次局限于热门赛事的营销活动,但这次运营也给传统企业的互联网运营带来了新的学习机会。"品牌+内容+社交+电商"的运营模式,真正帮助传统企业实现了"人、货、场"的场景化共鸣。

3. 传统媒体主动融合求变

融媒体引领时代新风尚

互联网、大数据、人工智能、云计算等新技术的发展推动了媒体技术的更迭发展,也促进了行业的转型升级和竞争加剧。传统媒体如果不积极寻求转型,进行结构升级,整合优化资源,破解僵局,寻找可持续发展之道,很快就可能被时代淘汰。在外界环境的变化和内在发展的双重压力之下,传统媒体正在主动与新媒体融合,进行转型升级。

行业观察

2018年百度与新华社新闻信息中心在内容分发、人工智能、搜索等方面达成战略合作,共同探索"内容+渠道+搜索+大数据"的全新媒体运营模式。依托百度的人工智能和搜索引擎技术,以快速、直接的方式将优质、原创的新闻内容推荐给更多受众。传统新闻媒体和网络新闻媒体的深度合作,共同为用户提供了更权威、更有价值、更全面的新闻资讯。

资料来源:CNNIC第42次《中国互联网络发展状况统计报告》,引文有删改。

1.1.2 新媒体的概念与类型

1. 新媒体的概念

新媒体（New Media）一词最早出自1967年美国哥伦比亚广播电视网（CBS）技术研究所所长戈尔德马克（P·Goldmark）的一份商品开发计划。自此，新媒体一词开始在美国流行并迅速扩展至全世界。那时，新媒体一词更多指向电子媒体中的创新性应用。目前，国内外学术界以及产业界对新媒体还没有统一的定义。

联合国教科文组织对新媒体的定义是："以数字技术为基础，以网络为载体进行信息传播的媒介。"美国《连线》杂志对新媒体的定义则较为广泛："所有人对所有人的传播。"这个定义突破了传播媒体对传播者和受众两个角色的严格划分。在新媒体环境下，"听众""观众""读者""作者"的角色不再专指某一群体，信息的传播变得多来源、多渠道、多指向，每个人都可以是生产者、传播者和接收者。

就本书而言，相对于报纸、杂志、电视等传统媒体而言，新媒体是一个动态变化的概念，指基于互联网技术、通信技术等信息传播技术，采用新的媒介经营模式，实现个性化、互动化、精准化的传播，开创新的媒体内容与表现形式、创造新的媒体用户体验的现代媒体类型。新媒体具有依托网络技术，以互动性为核心，以平台化为特色，以人性化为导向等特点。

协作创新

分小组讨论"今天的新媒体最终也将成为传统媒体"这一观点，你同意吗？为什么？

2. 新媒体的类型

新媒体的动态变化影响着新媒体类型的界定，从第一代门户网站、BBS论坛、博客、QQ、视频、数字电视等，到日新月异的移动门户、各类自媒体平台、微博、微信、短视频、直播等，新媒体的类型随着新的互联网产品和服务的诞生层出不穷，其界定方法也变得越来越模糊。

当前的新媒体大致分为三大阵营九类平台，如图1-3所示。

（1）第一阵营包括：微信公众平台和微博平台。众所周知，这两类平台是目前各大企业都需要深耕的新媒体平台。

（2）第二阵营包括：直播平台、视频平台、音频平台。娱乐化与多媒体化是营销推广的热门趋势，这三类新媒体平台是企业需要抢占和强化的阵地。

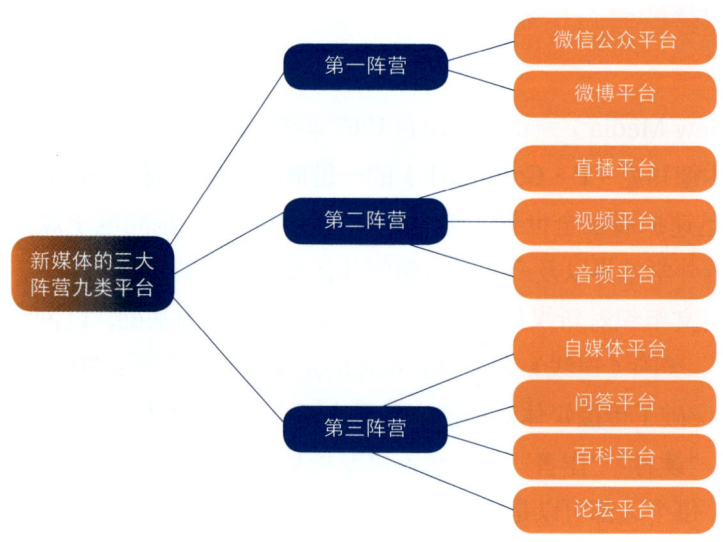

图1-3 新媒体的三大阵营九类平台

（3）第三阵营包括：除"双微"之外的自媒体平台、问答平台、百科平台和论坛平台，这些平台上的流量不容小觑。

协作创新

分小组竞赛，在五分钟之内列举当前新媒体三大阵营九类平台的主要产品，数量多者为胜。

1.1.3 新媒体的发展现状与发展前景

1. 新媒体的发展现状

（1）互联网用户规模庞大，新媒体用户使用率高。据CNNIC第43次《中国互联网络发展状况统计报告》显示，截至2018年12月，我国网民规模达8.29亿，全年新增网民5 653万，互联网普及率为59.6%；我国手机网民规模达8.17亿。我国网络新闻用户规模达到6.75亿，年增长率为4.3%，网民使用比例为81.4%。其中，手机网络新闻用户规模达到6.53亿，占手机网民的79.9%，年增长率为5.4%。微博用户使用率为42.3%，较2017年年末增长10.9%。网络直播用户规模达到3.96亿，用户使用率为47.9%。2018年，短视频应用迅速崛起，网络短视频用户规模达6.48亿，占网民总体的78.2%。手机网络视频用户达到5.89亿,占手机网民的72.2%。

（2）短视频市场群雄逐鹿,网红化、草根化凸显。2017年短视频市场迎来群雄逐鹿的新阶段,面对火热的短视频市场,互联网巨头纷纷加入,以各自组织梯形视频分发队伍的形式瓜分市场。《中国新媒体发展报告（2018）》显示,随着垂直化短视频平台的兴起,短视频行业的产品类型与服务更加多元化（如图1-4所示）,玩法更加多样,发展前景更加广阔。

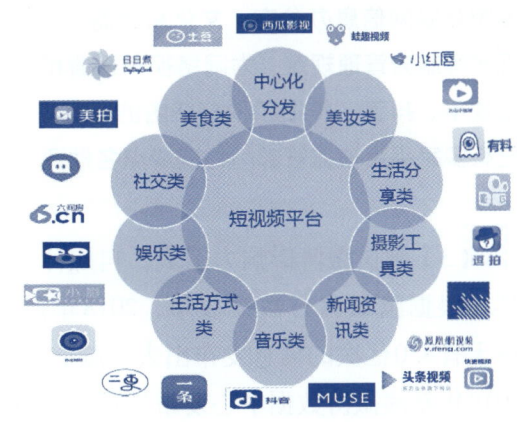

图1-4 短视频平台

首先,平台数量快速增加。不同监测机构的数据均显示,2017年短视频平台数量增长,仅易观千帆监测的平台数量就达到近60家。除了快手、秒拍、美拍三家早期的市场进入者之外,从2016年下半年起,今日头条推出矩阵产品头条视频、火山小视频、抖音、梨视频。2017年,大批入局者密集跟进,3月土豆网全面转型成为短视频平台,6月头条视频变身为独立App——西瓜视频。此外,快视频（360旗下）、波波视频、爱奇艺头条、好看视频（百度旗下）纷纷入局。互联网巨头亦纷纷进场,进行生态布局,腾讯系（快手）、阿里系（新土豆）、头条系、新浪系（秒拍）、百度系（好看）、360系（快视频）无人缺席。

其次,平台规模持续扩大。QM数据显示,2017年快手月活用户数达到2亿人,在其发布的"中国亿级App最强增速榜TOP10"上位列第二,实现了令人瞩目的现象级增长;火山小视频、西瓜视频在"中国5 000万级以上App最强增速榜TOP10"上名列前两位。

最后,商业规模逐步扩大。短视频商业变现始于2016年,随着用户数量快速增长,平台急剧扩张,资本大量涌入,短视频市场规模逐步扩大。

 思政园地

据最新调查,全国网络原创节目达到数百万个,涵盖了网络剧、微电影、网络综艺等。网络视频市场规模高速增长,或在相关垂直领域出现增长,市场规模有可能扩大。然而,短视频网站上的各种违规、低俗和不良内容问题也频频引发社会关注。2016年以来,

国家互联网信息办公室、文化和旅游部、国家广播电视总局等相继发布了互联网直播、短视频等服务管理规定，为网络视频直播和"网红"的野蛮生长画上了休止符。2018年，包括快手、抖音、美拍和秒拍在内的所有短视频行业平台均进入整改期，自2018年3月起，已有多家平台被监管部门约谈或点名批评。网络主播的职业规范化发展成为行业趋势。

（3）微信微博影响力巨大，自媒体平台势如破竹。微信已成为全民级移动通信工具。根据腾讯官方数据显示，2018年微信及WeChat合并MAU①达到10.82亿，平均每天有450亿次的信息发布出去，微信已实现了对国内移动互联网用户的大面积覆盖。2019年新浪微博数据中心发布最新用户发展报告，报告显示，微博MAU为4.62亿，连续三年增长超过7 000万。

互联网社交媒体的蓬勃发展促生了一大批自媒体平台，新浪微博的自媒体计划使得很多"大V"获益良多。微信的自媒体也呈现出疯狂的蔓延趋势，与其他类型相比，搞笑类微信账号具有更好的传播效果，很多文章的阅读量都超过10万。"新媒体指数大数据平台"显示，排名前500名的微信公众号每条文章的平均阅读量突破了1万次，可见，微信平台的服务能力和传播能力非常强大。网络基建、各种可穿戴设备和视频社交的发展，将推动社交平台专业化、智能化、服务化、全媒体化、垂直化和地方化，社交媒体的传播价值、商业价值、服务价值、营销价值也会具备更高的发展水平。

协作创新

分小组讨论，请每组列举出所熟悉的5个自媒体平台，简要介绍平台定位。

（4）信息新技术加快媒体融合的速度，移动智媒化时代到来。近几年传统媒体深受新媒体迅猛发展的巨大冲击，也在与新媒体的碰撞和尝试中，积极寻找未来能和新媒体相互融合、共赢发展的方式。例如：新华网、财新网和网易新闻突破数据新闻穹顶，通过可视化的产品形态转变了业务流程；央视新闻也在两微一端的新媒体平台总共突破了1亿用户；超级编辑部利用新媒体平台打造视频、户外屏等多种形态的发展模式；还有澎湃新闻的内容微创新、今日头条针对受众设计的个性推荐阅览，等等。能够实现移动化、可视化、有针对性的多功能互联网平台已经成为媒体发展的大趋势。建立在专业媒

---

① MAU：即Monthly Active Users（月活跃用户数）的简称。

体、人工智能、云计算和大数据等基础上，新技术已经从概念阶段走向实践阶段，并逐渐迈向智媒化阶段，媒介界限变得模糊。

 **行业观察**

2017年以来的两会，各种融媒体产品精彩纷呈。H5作品《两会喊你加入群聊》，不到24小时点击量就突破600万；短视频作品《英国小哥侃两会》播放量超过1 200万……主流媒体在媒体融合上纷纷发力，大招迭出，以优质产品收获大批粉丝。有网友评论："两会成为媒体融合的集中展示平台。"

2. 新媒体的发展前景

由中国社会科学院与社会科学文献出版社共同发布的《中国新媒体发展报告（2018）》对中国新媒体未来发展提出了十大展望。

（1）数字经济引领"数字中国"建设走上新征程。数据显示，2017年，中国信息通信技术发展指数分值为5.60，高于全球平均水平，成为全球进步最快的十个国家之一。数字经济促进中国经济增长，成为引领"数字中国"的重要力量。中国应以"数字中国"建设为统筹平台，加快网络强国建设步伐，围绕《中国制造2025》，推动互联网和数字技术与经济社会融合发展。

（2）人工智能企业迅速崛起，智能互联与万物融合的时代加速到来。5G已经进入国际标准研制的关键阶段，根据工信部的消息，我国具备示范应用能力的5G终端最早将在2019年下半年推出。2019年下半年将生产出第一批5G手机。以智能硬件为突破口，万物互联加速到来。随着人工智能算法、智能语音与计算机视觉、智能驾驶等领域的不断发展，人工智能企业将加速崛起。

（3）媒体融合系统性创新发展，效果评估不断规范。媒体融合战略发展将进入第五年，系统性创新成为重点。传统媒体在技术的冲击下将会面临更多的挑战，纸媒的停办、重组、区域整合还将继续。传统媒体在与新媒体融合发展的过程中要坚持新媒体思维，坚持移动和智能优先，坚持发挥内容优势。在融合发展实践中，新媒体和媒体融合发展评估指标和体系增多，媒体融合发展需要科学、客观的评估体系。

（4）"一带一路"倡议等中国智慧持续推进我国国际传播能力的提升。2018年是"一带一路"倡议提出五周年，应利用我国主场外交活动、重要时间节点等进行国际传播能力建设。我国对外传播工作虽然取得了一定进展和成绩，但是对照国际社会的认知需求、国家对外传播工作的实际要求还存在一定差距。我国应利用微传播、微外交等新途径、新方式提升我国的软实力。

（5）"双微"发展依然强势，今日头条异军突起。2018年春节，微信全球月活跃用户数首次突破10亿大关。截至2018年12月，新浪微博月活跃用户增至4.62亿，相比2017年年底增长了7 000万。2017年，微博实现总营业收入77.13亿元，76%的增速创上市以来的新高，其中广告收入为66.82亿元，同比大增75%。今日头条凭借新闻客户端、短视频、知识付费产品等形成组合产品链，发展势头强劲。

（6）以加强网络舆论引导为主进行互联网内容建设，防范网络思潮风险。2017年，主流话语体系建设取得重大成就，阵地意识不断强化，但同时存在网络思潮对主流意识形态解构的风险。互联网内容建设的首要任务是牢牢把握正确的舆论导向，全面提高舆论引导能力。

（7）内容价值持续回归，内容付费成为新媒体盈利增长的新热点。在"后真相"时代，呈现客观事实、深度信息的报道显得格外珍贵。不仅在新闻媒体领域，在任何新媒体产品领域内容的价值都不容忽视。随着内容付费领域的不断拓展，知识IP和知识领袖不断涌现，短视频和音频成为内容付费行业的主要产品形式。然而，如何确保知识付费产品的高打开率成为一个重要问题。内容付费也成为将中华优秀传统文化创造性输出的一个新方式。

（8）政务新媒体不断自我整合，服务功能逐步"实化"和"具化"。在国家倡导"互联网+政务服务"、政务资源互通共享后，可以预见全国政务新媒体功能将会更加完善，不同部门间的信息壁垒将会被逐渐打通，人们网上办事将会更加便利。在平台建设初步完成后，政务服务的效率与质量提升迫在眉睫。

（9）用户个体商业价值被激活，以"社交电商"为代表的社交化产品成为新势力。根据艾媒咨询数据，2017年中国社交零售用户规模达2.23亿人，较2016年增长了46.7%，预计2020年用户规模增至5.73亿人。拼多多、小红书、有赞、云集等社交电商模式有效解决了传统电商获取流量难的问题，通过充分挖掘用户个体价值和社群价值，以信任和人脉为核心有效进行商品和平台的推广。社交电商催生了新零售，充分发挥了社交化这一新媒体产品的核心功能。借助社交媒体平台，以"社交电商"为代表的社交化产品将不断发展。

（10）互联网治理趋势依然是严管严控，网络安全至关重要。2018年4月，国家互联网应急中心发布的《2017年我国互联网网络安全态势报告》称，没有网络安全就没有国家安全，要切实保障国家数据安全，加强新媒体用户个人信息保护，促进互联网全球治理合作，推动构建网络空间命运共同体。

1.2 走进新媒体营销

新媒体出现以来,各种依托新媒体的营销方式也随之发展起来,营销手段日趋多元、营销形式日趋丰富,营销策略也更加符合消费者的个性化需求,企业进行营销方式更新的时间也越来越短。

什么是新媒体营销?

1.2.1 新媒体营销变革

在新媒体时代,消费者的需求发生了变化,更加倾向于品质化、个性化和服务化,千人千面的用户画像让营销体系变得愈加复杂。以追求产品功能卖点的品牌价值观念难以获得消费者青睐,企业逐渐认识到,趣味感性、软性植入、能够激发情感共鸣的优质内容才能真正塑造品牌价值。注意力经济时代来临,碎片化的媒介环境开始呼唤静态沉浸式、渗透式、交互式的营销模式。

从消费者、品牌价值到媒介环境,商业环境的三大主题共同演进,伴随着新媒体的动态更新,传统的营销规律被打破,新媒体营销变革正在发生。

1. 新的市场理念

这是一个逐渐从企业向消费者中心转变的过程,新媒体营销真正让消费者成为营销的主体和核心。通过新媒体,企业开展多平台的营销互动,一部分消费者可以通过新媒体平台影响另一部分消费者。只有这样的新媒体营销,才能将市场真正带入到用户为王、全民营销的时代。

2. 新的营销目标

新媒体出现以后,销售渠道和营销都更加多元化,对很多产品来说,营销不再是单纯的广告,还有内容营销、互联网话题造势等多种方式;销售不再是线下实体店推销,所有的新媒体渠道都可以成为变现的销售网络。新媒体营销要将品牌传播与销售协同合一,才能真正提升商业效率。

3. 新的传播模式

相较于传统媒体,新媒体最突出的特征是改变了过去的单向传播,创造了传播者和接受者之间随时随地双向传播的模式。这样的传播模式赋予了新媒体开放性和参与性。越来越多的媒体、企业和商家开始重视受众、用户对项目或商品的参与性。

4. 新的技术驱动

新媒体拓展了人工智能及智能问答系统的应用领域,通过数字营销、标签优化、算法赋能,打通商品、消费者、媒体多层商业要素之间的匹配逻辑,实现精准营销分发。

> **行业观察**
>
> 移动互联网时代，移动智能终端设备高度整合了移动互联、人体识别、移动定位、新媒体、大数据等多项功能，强化了人与人、人与物、人与外界的连接，彻底改变了人们的生活习惯和消费行为。"生活即营销""产品即场景"，移动智能终端对于人们的生活与外界事物的连接从没有像今天这样紧密。
>
> 传统营销抢夺的是"渠道和地盘"，谁能打通产销渠道、布下更多的销售网点，谁就可以称"霸"；互联网争夺的是"流量和入口"，谁能占据更多的流量和入口，谁就可以称"王"；而移动互联网争夺的是场景，商业竞争的核心是场景，谁能了解场景、谁能占据场景，谁就能站在风口上，赢得未来。

1.2.2 新媒体营销的特征

新媒体营销，是指基于互联网平台进行的新形式的营销方式，以微博、微信、App、H5等新媒体为传播渠道，就企业相关产品的功能、价值等信息来进行品牌宣传、公共关系、产品促销等一系列营销活动。作为企业营销战略的一部分，新媒体营销是新时代企业全新的营销方式。

传统营销无论是通过报纸、电视电影、广播、杂志投放广告，还是其他推销方式，本质上都是从企业或者广告主的角度出发，与消费者的互动性不强。新媒体营销则从技术上的数字化与传播上的互动性出发进行营销，这种营销模式更注重内容的多样性和传播过程的互动性。企业可以通过新媒体平台的消费者反馈，及时调整传播策略和营销策略，甚至针对不同的个体采用个性化的营销方式。

随着科学技术的每一次变革，新媒体营销方式都会有新的形态出现，而营销的目的万变不离其宗：让顾客知晓并认可企业的产品和服务，从而产生消费行为。

新媒体营销的具体特征表现为以下几种：

1. 形式多样，个性化突出

新媒体渠道的多样化带来的是营销方式的多元化，微博、微信、App、直播、视频、百科平台等新媒体各有特色，每种新媒体代表的都是一种不同的营销方式，企业可以通过一种或多种组合方式开展营销。从消费者的角度而言，人们倾向于在自己更熟悉、更信任的媒体上进行消费和购买。在新媒体上，企业通过个性化的手段和内容与消费者建立强社交关系，获得消费者信任，触达消费者。

另一方面，新媒体营销根据不同类别用户的特点与需求进行针对性的营销活动，而不是像传统营销一样对所有接收信息的用户进行无差别的轰炸。例如，对于不同年龄段的用户来说，针对年轻群体的营销活动应更加新潮，更贴近热点，使用年轻人的流行语言；而针对年纪较大的用户，营销活动可能需要突出怀旧的主题。新媒体营销针对不同类别用户的特点和需求展开营销，必然也就会有更大概率取得用户的认同和响应，提高营销效果。

2. 消费者范围广泛，互动性强大

新媒体受众范围广泛，所有加入互联网的用户，都可以成为企业进行新媒体营销的受众。人群影响面大，受众范围广，在大量用户群的网络中，生产有共鸣的内容和广告，容易形成大范围的口碑营销、病毒营销。强大的互动性是新媒体营销最明显的特征，新媒体改变了传统媒体营销的"单向"传播劣势，形成一种企业和消费者的"双向"传播。新媒体促使企业和消费者之间建立直接的联系，进行一对一的交流，企业可以依据消费者的反馈，及时调整营销模式和产品结构。同时，企业可以通过抓取新媒体后台数据和利用数据挖掘技术，发现消费者潜在需求，利用数字营销，对消费者进行精准定位，力求在营销时满足用户的个性化、分众化需求。

传统的营销主要是单向传输，相对而言更加注重用户的覆盖率，例如，纸质媒体渠道的发行点，电视的收视率，网站的访问量、点击量、阅读量等指标。传统媒体通过更广阔的渠道覆盖来实现最大的用户覆盖率。而新媒体营销更加关注的是对种子用户与粉丝用户的培养，就是要构建用户的参与感，让用户更多参与产品的设计研发及销售服务过程，让用户和产品共同成长。当然，信息技术的发展也为产品与用户的互动提供了更多的可能性和更加便利的形式。因此，互动性是新媒体营销的重要特征之一。

3. 传播快速高效，呈现裂变式增长

新媒体的传播速度快，传播强度大，内容包括图片、文字、音频、视频等多样化信息，这些内容更加生动、形象、直观，容易被消费者迅速接收和理解。在具体营销实践中，新媒体营销的传播呈现裂变式增长，使得企业的营销可以在短时间内迅速抵达更多的用户。相对而言，传统营销活动的传播节点简单，传播链条很短。例如，电视广告的传播从公司通过广告把信息传递给观众就结束了，只有企业和观众两个参与方。新媒体营销受益于技术发展和社交平台的普及，使营销活动传播的链条大大增加，而且具有了自发传播的能力和特点。例如，企业的营销文章，一方面用户可以通过转发、分享等方式传播给其他用户，传播的链条大大增加，营销文章的生命周期大大延长；另一方面，优质的营销内容到传播后期已经不需要企业的干预和推动，而是依靠用户之间的转发和分享就能在社交网络上自发以网络方式传播。

4. 营销效果评测数据化

随着技术的发展和移动互联网的普及，每天都产生海量数据。通过对这些海量数据的挖掘，可以实现用数据支撑商务活动的各个环节。数据化的表达是新媒体营销重

要的特征。首先，数据化是新媒体营销的基础。新媒体营销的第一步就是要对与营销活动有关的对象进行数据化的挖掘和评估。例如，要通过对访问浏览记录、购买记录、搜索记录等用户行为进行数据挖掘和分层分类分析，从而用数据准确地描述用户；同样，营销活动也需要数据分析和运营。其次，相较于传统营销粗放评估的营销效果，新媒体营销的成果可以进行数据化呈现。例如，企业可以详细知道有多少人阅读了它的营销文章，转化了多少购买率，转化了多少粉丝关注率，甚至可以知道用户是谁，从哪里来。数据化营销成果的呈现可以促使企业及时调整营销策略和活动，以达到更好的营销效果。

1.2.3 新媒体营销模式

随着新媒体营销应用领域的不断开拓，当前出现了以下九种较为常见的营销模式。

1. 病毒营销

病毒营销是利用公众的积极性和人际网络，让营销信息像病毒一样传播和扩散，营销信息被快速复制传向数以万计、数以百万计的受众，像病毒一样深入人脑，快速复制，广泛传播，将信息短时间内传向更多的受众。

2. 事件营销

事件营销是通过策划、组织和利用具有新闻价值、社会影响以及名人效应的人物或事件，吸引媒体、社会团体和消费者的兴趣与关注，以求提高企业或产品的知名度和美誉度，树立良好的品牌形象，最终促成产品或服务销售的手段和方式。

3. 口碑营销

在这个信息爆炸的时代，消费者对广告、新闻等都具有极强的免疫能力，只有新颖的口碑传播内容才能吸引大众的关注与议论。口碑传播最重要的特征就是可信度高，一般情况下，口碑传播都发生在朋友、亲戚、同事等关系较为亲密的群体之间。

4. 饥饿营销

饥饿营销就是商家采取大量广告促销宣传，勾起顾客的购买欲，然后采取控制手段，让用户苦苦等待，结果反而更加刺激购买欲的营销方式，有利于其产品提价销售或为未来大量销售奠定客户基础。但需要注意的是，在市场竞争不充分、消费者心态不够成熟、产品综合竞争力不可替代性较强的情况下，这种方式才能较好地发挥作用；否则，就会产生负面效果。

5. 知识营销

知识营销是通过有效的知识传播方法和途径，将企业所拥有的对用户有价值的知识（包括产品知识、专业研究成果、经营理念、管理思想，以及优秀的企业文化等）传递给潜在用户，并逐渐形成对企业品牌和产品的认知，将潜在用户最终转化为用户的过程和各种营销行为。

6. 互动营销

互动营销的双方一方是消费者，一方是企业。只有抓住共同利益点，找到巧妙的沟通时机和方法，才能将双方紧密结合起来。互动营销尤其强调，双方都采取一种共同行为。

互动营销的优势有：促进客户的重复购买、有效地支撑关联销售、建立长期的客户忠诚、能实现顾客利益最大化。将互动营销作为企业营销战略的重要组成部分来考虑，是未来许多企业新媒体营销的发展方向。

7. 情感营销

情感营销就是把消费者个人情感差异和需求作为企业品牌营销战略的情感营销核心，借助情感包装、情感促销、情感广告、情感口碑、情感设计、企业文化等策略来实现企业的经营目标。在情感消费时代，有时消费者购买商品所看重的已不是商品的数量、质量和价格，而是一种情感上的满足，一种心理上的认同。

8. 会员营销

会员营销是一种基于会员管理的营销方法，商家通过会员积分、等级制度等多种管理办法，增加用户的黏性和活跃度，持续延伸用户生命周期。并通过客户转介等方式，实现客户价值最大化。

会员营销是一门精准营销，是通过将普通顾客变为会员，分析会员消费信息，挖掘顾客的后续消费力并汲取其终身消费价值，来实现企业效益和规模的不断放大。会员营销也是一种绑定消费者的手段，在新媒体营销中运用非常广泛。

9. 社群营销

社群营销是基于圈子、人脉、六度空间概念而产生的营销模式，是基于相同或相似的兴趣爱好，通过某种载体聚集人气，通过产品或服务满足群体需求而产生的商业形态。社群营销的载体不局限于微信、论坛、微博、QQ群，甚至线下的社区等各种平台，都可以进行社群营销。

社群营销模式所具备的特征主要有：组织发展与团队经营，传播平台的有效利用，内容重要的社群凝聚，意见领袖和社群的深度研发。

综合运用上述九种营销模式是新媒体营销的发展趋势。病毒营销、事件营销适用于品牌前期宣传。因为这两类营销方式影响范围广、更能抓住用户的注意力，让用户快速建立起对品牌的印象。情感营销、知识营销、会员营销、饥饿营销、口碑营销、互动营销更多用于品牌宣传的中后期。在用户对品牌建立了初步的认知度之后，情感营销可引起用户的共鸣。知识营销、口碑营销可增加用户对品牌的认可度。社群营销、会员营销、互动营销可增强用户与品牌的粘性。跨界营销把不同行业、不同产品、不同偏好的消费者的共性元素进行融合和互相渗透，实现品牌间影响力的互相渗透。

 **协作创新**

分小组讨论,请每组讲解一个新媒体营销案例,并分析其主要采取什么营销模式。

1.3 新媒体营销从业人员的职业素养

随着新媒体平台的迅猛发展,新媒体营销"玩法"层出不穷,各行各业纷纷将其作为自身品牌宣传和营销推广的重要阵地。新媒体营销这一新兴领域的从业人员必须具备一定的职业素养。

 **思政园地**
新媒体从业者如何坚守职业道德

2016年新年伊始,一篇题为《春节纪事:一个病情加重的东北村庄》的微信文章引发了不小的反响。随后新华社发文,证明该篇文章为杜撰虚构,引发了网友们的激烈争论,所有的矛头也都指向了文章作者本人。

因此,新媒体从业者应遵守以下职业道德:

第一,坚定社会主义核心价值观,传播优秀文化。

第二,遵守国家法律法规,实事求是,坚持一切从实际出发,避免杜撰。

第三,不造谣,不传谣,不发布垃圾信息。

1.3.1 新媒体营销从业人员的必备素质

1. 敏锐捕捉互联网热点和爆点的能力

所谓的网感是对时下热点消息的敏感度,是对当前趋势的判断力。所有新媒体人都要有对时事、热点的敏感性,要了解网民关注什么,对于网络语言、网络流行趋势要有全面的把控能力。

2. 文案写作能力

优秀的新媒体营销人一定要具有扎实的写作功底,有一套写文章的精密逻辑,同时能够自由切换语言风格来适应不同的营销环境和素材。好的文案能够让读者产生强烈的代入感，在潜移默化中实现转化。

3. 审美能力

文案排版就是工作的"脸"。令人赏心悦目的排版风格，配上足够有格调的图片，会带来意想不到的效果。

4. 创新能力

只有好的创意才能深入人心，在网络上形成影响力。现在，大部分网络流行词汇都是由新媒体从业者创造出来的，好的创意是文案的灵魂，也是营销效果的根本保证。

5. 学习能力

读书是最基本的能力，因为新媒体运营远远不是发文章而已。新媒体营销从业人员一定要对身边的事物充满好奇心，同时要充实自己的知识库。不管是进行文字编辑还是操作实用工具，都要不断挖掘，尝试学习新知识，灵感往往来自对新事物的体验。

6. 数据分析能力

新媒体工作是数据运营的工作，每天都要盯着后台的阅读、互动、分享、留言评论等数据。新媒体营销工作人员要了解每个曲线波峰、波谷出现的原因，预测大致趋向，并能分析后台的关键数据。

7. 抗压能力

新媒体营销工作不是一项轻松的差事，需要马不停蹄地追热点、找素材、写文案、做推广，偶尔还需要客串一下客服的角色，因此需要极强的抗压能力，要做"多面手"。

1.3.2 新媒体营销的职业发展与岗位职责

新媒体营销工作的核心是内容运营。据不完全统计，目前全国有超过240万人从事新媒体营销工作，这是一个非常庞大的"族群"。在智联招聘网站上以"新媒体营销"作为关键词搜索招聘信息并进行分析，得到的新媒体营销岗位群包括新媒体营销策划、新媒体运营推广和新媒体文案编辑等具体岗位。其职业发展遵循互联网行业的一般规律，成长路径为从助理、专员、主管、经理到总监。

新媒体营销工作绝对不是简单的码字、复制和粘贴。新媒体营销岗位的日常工作包括选题定位、素材搜集、内容编辑、图文排版、封面配图、内容校对、推送发布、数据监测、留言处理、用户反馈互动、定期总结等。

新媒体营销岗位群的工作职责界定如下。

1. 营销策划

（1）深刻理解公司发展战略和产品特点，聚焦社交平台的最新营销动作和产品舆论资讯，致力于品牌形象提升和营销业绩转化。

（2）与团队共同讨论策划方案，配合执行各种线上线下营销活动，进行媒介对接与内容制作。

2. 新媒体运营

各新媒体平台（微信公众号、微博、头条号等）的策划、日常内容更新、数据分析等运营及推广工作。

3. 视觉设计

视觉设计主要包括图像、文案、视频、资料、产品创意的策划、收集、制作与管理。

4. 粉丝运营

（1）与各新媒体渠道粉丝进行良好互动，通过有效的新媒体运营手段提升粉丝活跃度，跟进推广效果，分析数据并及时反馈。

（2）聚集各社交平台上的粉丝群体，发展与维护核心用户，提升社群经济的规模效应。

直通职场

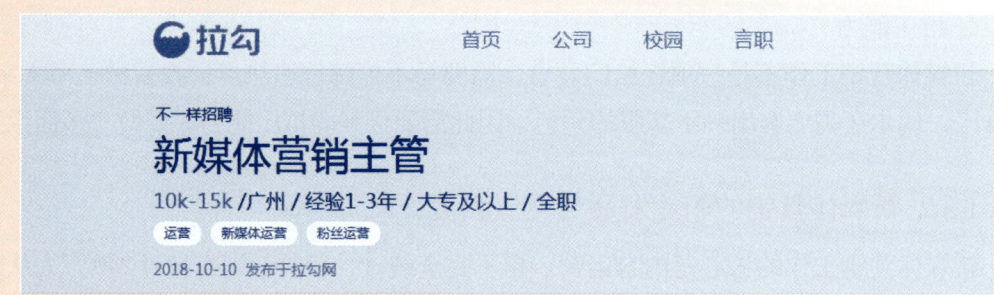

职位描述：

（1）负责公司自媒体平台（包括但不限于微信和小程序等）的策划，配合运营推广工作，通过自媒体营销推广，拉动新用户增长并促进用户活跃度。

（2）全面负责市场营销团队的管理和人才发展工作。

（3）全面负责市场活动策划、组织及执行。

（4）负责对外合作渠道拓展及维护，组织、策划和执行讲座等各类市场活动。

（5）统筹互联网营销资源，制定互联网营销策略，提升网报业绩，管理微信等自媒体平台。

岗位要求：

（1）大专及以上学历，具备良好的学习能力和学习意愿。

（2）具有3年或以上市场营销工作经历，有互联网线上教育工作经验者优先。

（3）具备优秀的市场营销管理能力，注重个人及团队的人文修养。

职位福利：

双休，五险一金，带薪年假

1.4 新媒体营销创新思维

作为互联网时代的新媒体营销人员，要改变陈旧的营销套路，善用创新思维，达到理想的营销效果。

1.4.1 用户思维

用户思维是指在价值链的各个环节中都要以用户为中心考虑问题。因为在互联网企业营销过程中，每个用户都是非常重要的传播节点，他们不只是旁观者，还是营销活动的见证者、参与者与体验者。以人为本、用户至上、以用户为中心的理念是互联网企业的宗旨。利用新媒体可以拉近与客户的距离，挖掘客户的潜在需求和消费特征，让用户参与到企业新产品设计、商业模式策划以及日常运营之中，为企业树立良好的口碑，使企业立于不败之地。

协作创新

如果你是新媒体营销从业人员，你会选择以下哪个选题来写推文？

1. 刚刚，微信又改版，公众号开启CPS变现时代
2. 微信大更新！这次到底想干吗？
3. 微信公众号改版，我要失业了吗？
4. 微信大改版，我们该如何应对？

思考并讨论：

根据用户思维，读者会先点开哪个选题？为什么？

1.4.2 产品思维

产品思维是互联网企业营销的重要思维模式，在互联网时代，新媒体营销人员一方面必须对企业产品的设计动机、产品定位和产品迭代了如指掌；另一方面也要时刻关注

各大新媒体平台更新了哪些新的产品与功能，同时更有效地借助新媒体平台的运营推广为用户创造价值，进而帮助企业实现商业价值。

行业观察

要想利用产品思维做好新媒体营销，就要注意以下几个关键问题：

（1）尝试产品化开发，不要只把新媒体当作引流手段。要想想，能否像打造一款产品一样打造自媒体。

大部分企业的新媒体不管是平台建立（产品）还是内容推送（产品），都忽略了一个流程：① 新媒体定位；② 素材内容选择；③ 用户体验与反馈；④ 内容呈现风格；⑤ 面向用户。

（2）新媒体产品功能化，一定程度上解决了用户的痛点。有人可能会问，很多新媒体内容输出并不像药品、家用电器那样，能有什么功能？其实用户的无聊是痛点，对新生事物的求知欲是痛点，对娱乐八卦的好奇心还是痛点……那么新媒体能否为用户解决这些难题？或给予一定的思考引导？

（3）用产品（内容）的创新或更新应对大众审美疲劳。新媒体在持久的内容输出中，能否思考研发新的栏目、选题、专题报道，能否在内容呈现、排版风格、首图尾图等方面不断创新。这就如同人们会根据四季的温度变化，进行不同的着装打扮来呈现自己。

1.4.3 品牌思维

品牌被称为企业的无形资产，也是商业竞争的核心要素。一个伟大的时代，应该有伟大的企业和品牌，所以新媒体营销要围绕品牌做文章。品牌不生产产品，而是建立消费者对产品的概念和印象；品牌不直接销售产品，而是提供消费者购买该品牌产品的理由；品牌不提高产品性价比，而是提高消费者的感觉性价比。品牌具有充分的消费者立场，立足于消费者购买决策的特点与过程，通过作用于消费者的心智，配合企业提升业绩。面对新的环境、消费群体与商业形态，如果企业对于品牌规划与管理还是依赖于传统手段，必然活力不足，只有懂得借助新媒体平台的工具与规则，做好新商业形态下的品牌规划，才有可能在互联网新时代实现品牌的超越和腾飞。

行业观察

品牌思维是指把所有新媒体矩阵都当做一个个品牌来运营。新媒体营销不是在简单编写文章或做活动吸粉,而是运营一个品牌,要使用内容、活动、社群等方法让这个品牌进入用户的大脑和心智、开辟蓝海、提升用户对品牌的认知。

运用品牌思维,就会发现,品牌的最高境界,就是它代表一个品类,例如:
- 原创短视频:一条
- 母婴:年糕妈妈
- 知识付费:罗辑思维

新媒体人的品牌思维,是放弃战术层面的文案技巧、标题技巧、活动策划,等,上升到战略层面审视自己、用户和竞争对手。从用户的欲望、品牌理念、定位、认知等方向着眼和思考。

资料来源:人人都是产品经理,有删改。

知识与技能训练

一、单选题

1. 下列选项属于新媒体的是（　　）。
   A. 电视　　B. 手机媒体　　C. 广播　　D. 报纸

2. 以下不属于微博取代博客的原因的是（　　）。
   A. 利用碎片化时间　　　　B. 互动性强
   C. 更有利于社交传播　　　D. 娱乐性强

3. 新媒体对日常生活和社会的影响是（　　）。
   A. 语言环境、人际交往　　B. 阅读习惯、工作习惯
   C. 社会安定　　　　　　　D. 以上都是

4. 下列关于联合国教科文组织对新媒体的定义，不正确的是（　　）。
   A. 以数字技术为基础　　B. 以网络为基础
   C. 进行信息传播　　　　D. 是一种媒介

5. 下列不属于综合性门户网站的是（　　）。
   A. 网易　　　　　　　　B. 新浪
   C. 腾讯　　　　　　　　D. 淘宝

二、多选题

1. 新媒体营销从业者应该具备的能力有（　　）。
   A. 文案能力　　　　　　B. 创新能力
   C. 网感　　　　　　　　D. 审美能力
   E. 学习能力

2. 新媒体营销创新思维包括（　　）。
   A. 品牌思维　　　　　　B. 框架思维
   C. 产品思维　　　　　　D. 用户思维
   E. 联想思维

3. 下面属于新媒体营销特征的有（　　）。
   A. 形式多样，个性化突出
   B. 消费者范围广泛，互动性强大
   C. 传播快速高效
   D. 营销效果评测数据化
   E. 不能裂变

4. 以下不属于新闻资讯类应用的有（　　）。
   A. 今日头条　　　　　　B. 微信
   C. 当当读书　　　　　　D. 滴滴出行
   E. 腾讯视频

5. 常见的新媒体营销模式有（　　）。
   A. 病毒营销　　　　　　B. 口碑营销

C. 饥饿营销　　　　　D. 情感营销
E. 社群营销

三、判断题

1. 新媒体是利用数字技术和网络技术，通过互联网、无线通信网等渠道，向用户提供信息的传播形态。（　　）

2. 新媒体营销是指利用新媒体平台进行营销的模式。（　　）

3. 第一代社区是博客，英文简称BBS，又名网络社区。（　　）

4. 对大众有新鲜感是传统媒体与新媒体最主要的区别。（　　）

5. 新媒体的核心特征是及时与互动。（　　）

四、案例分析题

抖音，是一款音乐创意短视频社交软件，是一个专注年轻人的15秒音乐短视频社区。用户可以通过这款软件选择歌曲，拍摄15秒的音乐短视频，形成自己的作品。此App已在安卓各大应用商店和苹果的App Store上线。

抖音于2016年9月上线。2017年11月10日，今日头条10亿美元收购北美音乐短视频社交平台Musica.ly，将之与抖音合并。2018年3月19日，抖音确定新slogan"记录美好生活"。

试分析：抖音为什么能在如此短的时间内发展壮大？

五、实训实战题

（一）实训背景

在对新媒体营销岗位职责形成了初步认知的基础上，通过本实训活动，学生可以掌握其具体岗位职责与任职资格。

（二）实训任务

（1）通过招聘网站搜索引擎，搜集相关信息资料，编制新媒体营销岗位职责说明书。

（2）样本数量至少30个。

（三）实训步骤

（1）教师演示如何通过招聘网站搜索引擎查找所需信息。

（2）小组通过招聘网站搜索引擎进行信息资料搜集。

（3）小组对搜集的信息进行总结提炼，编制岗位职责说明书，可参考素材"岗位职责说明书模板"。

岗位职责说明书模板

新媒体营销岗位职责说明书		
职责与工作任务：		
职责一	职责描述：	
	工作分析	
职责二	职责描述：	
	工作分析	
职责三	职责描述：	
	工作分析	
职责四	职责描述：	
	工作分析	
任职资格：		
教育水平		
专业		
培训经历		
经验		
知识		
技能技巧		
个人素质		

续表

新媒体营销岗位职责说明书	
其他	
使用工具设备	
工作环境	
工作时间特征	
所需记录文档	
考核指标：	
备注：	

（4）完成实训内容后，分小组进行路演，教师对各个小组的实训结果做出评价，展示优秀实训结果。

Chapter

02

第二章
新媒体营销策划

- 用户定位
- 内容定位
- 平台定位
- 营销策划模式
- 营销策划方案的撰写与展示

知识目标
- 掌握用户定位的方法
- 掌握内容定位的方法
- 熟悉新媒体平台的定位与选用
- 掌握新媒体营销策划的模式和方法
- 掌握营销策划方案的撰写与展示

能力目标
- 能够根据调查数据，精准定位目标用户群
- 能够进行合理的营销内容定位
- 能够基于不同的新媒体平台进行营销策划
- 能够撰写并展示新媒体营销策划方案

"新媒体营销策划"导学微课

思政目标
- 培育并践行社会主义核心价值观
- 培养新媒体营销人员的法治意识与职业道德

思维导图

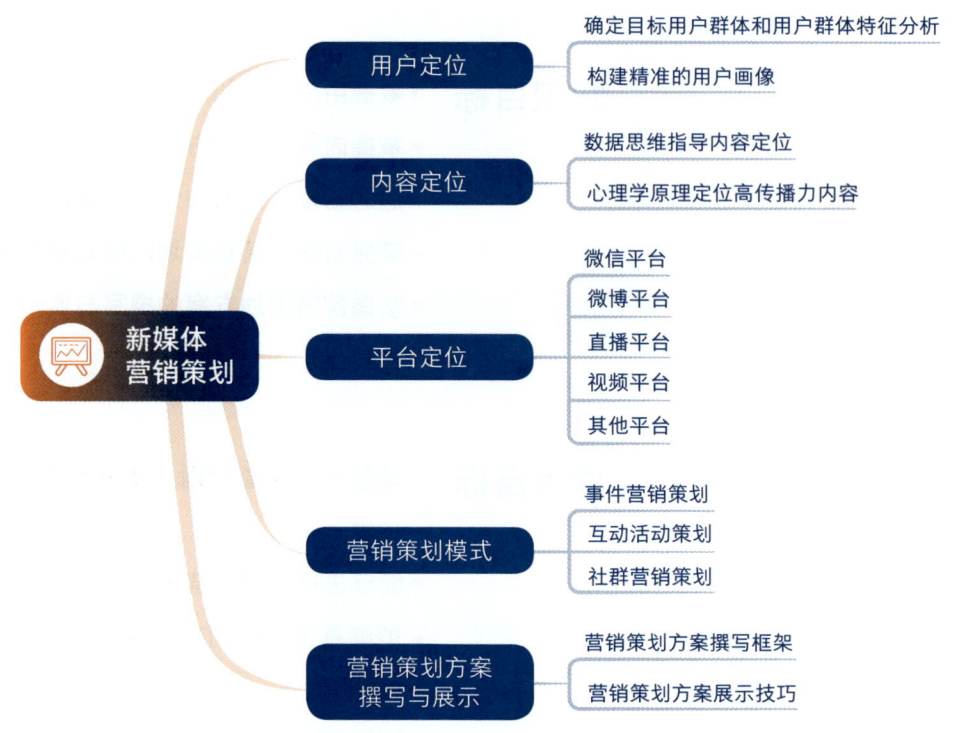

案例导入
小米主战场——新媒体营销

　　小米科技有限责任公司（简称"小米"），成立于2010年3月，是一家致力于高端智能手机与智能硬件研发的创新型移动互联网公司。2018年10月，小米手机宣布年出货量已提前突破一亿台；2019年1月31日，国际数据公司IDC发布2018年全球智能手机销量报告，小米手机出货量位居全球第四，市场份额占8.7%，年同比增长33.2%。在全球智能手机市场整体处于低迷态势的情况下，小米依旧表现亮眼。

　　小米依托于互联网迅速崛起，回顾小米9年的成长史，不难发现新媒体平台是其开拓市场、吸引消费者的主战场。纵观小米花样百出的营销模式，其探索的"饥饿营销""社群营销""粉丝营销""口碑营销""事件营销""精准营销""情感营销""互动营销"等都离不开新媒体各大平台与社区的协同运作。小米运营团队深谙互联网思维，通过创新一系列的新媒体营销活动，快速抢占市场份额，成功地将小米塑造为家喻户晓的品牌企业。独到的新媒体营销战略不仅使小米在激烈的市场竞争中异军突起，而且引发了业界和学术界对"小米模式"的效仿与研究。

多年来，小米不断探索新媒体营销的新意义和新方法，了解消费者的心理需求与"痛点"，针对不同的消费人群与新媒体平台，定制适宜的营销方案，将品牌形象根植于用户内心深处。正是因为小米不采用传统营销模式，而是顺应新媒体时代信息传播技术与环境的变革，凭借高性价比的产品优势、精准的用户定位与不断创新的新媒体营销方式，巧妙地将新媒体传播手段与营销相结合，才能收获人气与口碑，制造出互联网品牌营销的轰动效应。

案例思考：小米为什么会选择新媒体平台进行产品的营销与推广？新媒体营销为小米品牌带来了怎样的显著效果？未来，小米还可以从哪些方面保持品牌优势与营销模式创新？

案例启示：新媒体时代，企业的营销环境与消费者接触信息的模式均已发生巨大变化。传统媒体与广告的宣传式营销效果日渐式微，强调"以用户为中心"的新媒体营销反而能够快速吸引目标消费者的注意力，有效扩大产品认知度与销量。另外，新媒体营销不仅能够压缩营销成本，而且有利于品牌形象的树立。传统的营销思维模式难以适应当前的市场环境，新媒体营销是现代企业营销的一把利器，运营好新媒体营销将为企业品牌传播带来巨大效益。

总而言之，小米的成功在于其对自身所处市场环境与媒介生态的清楚认识与准确把握，更在于小米对目标消费者的透彻了解与分析，使产品更优质、更靠近消费者的心理需求。近年来，小米已不再满足于手机市场，正在不断扩展它的智能产品生态链条和目标消费者范围，从"发烧友"到每一个人，从线上到线下，从国内市场到进军海外，小米正雄心壮志地打造品牌帝国版图。

新媒体营销策划的第一步是定位，只有明确了定位才能全方位开展营销策划活动。定位主要解决三个W的问题：给谁做（who）、做什么（what）、在哪里做（where）。这三个问题分别对应的是用户定位、内容定位和平台定位。只有先将以上三个问题分析透彻，才能够有的放矢地进行营销策划。

2.1 用户定位

菲利普·科特勒在其代表著作《营销管理》中提到：定位是设计公司产品的核心，是在目标市场消费者心目中占据独特位置的一种行为，其目标是将品牌留在消费者心中，以实现公司的潜在利益最大化。精准的用户定位是细分产品市场、了解目标市场群体、匹配产品与市场需求、设计新媒体营销内容与策略的前提和基础。企业只有先了解用户，洞察用户的需求，才能借助新媒体拉近与用户的距离。

2.1.1 确定目标用户群体和用户群体特征分析

在营销活动中，用户定位是指企业或产品将向什么样的人提供什么样的服务。用户定位的目标是深入了解产品目标用户的核心需求与消费偏好，投其所好地开展营销策划，从而在用户心中占据有利位置。

1. 确定目标用户群

如今，消费者个性化加速了消费者群体的日益分化，唯有洞察消费者，关注他们的需求与感受，才能知己知彼，百战不殆。清晰的用户定位能够为企业设计产品提供思路与方向，根据用户的核心需求挖掘产品的卖点或"爆点"，从而展开后续营销策划与推广。

根据马斯洛需求层次理论，人类的需求层次从低到高划分为五大需求：生理需求、安全需求、社交需求、尊重需求和自我实现需求。参考马斯洛需求层次理论，可以通过分类假设法与归纳总结法来简要定位与分析目标用户群体的特征，从而初步了解用户的心理需求和偏好。

在进行用户定位之前，请先思考以下问题：
（1）产品的目标用户群体是谁？
（2）目标用户群体的核心需求是什么？
（3）如何定位与分析用户群体？
（4）如何让目标用户对产品产生心理认同？

行业观察

我们以小米手机旗下占据绝对销量优势的红米手机为例，探讨红米手机如何定位目标群体，如何分析目标群体的特征。

分类假设法：市场上什么样的消费者会购买红米手机？

归纳总结法：在小米手机已成交的产品订单中挑选范例用户，对其进行属性分析，寻找用户之间的共同点，将共性融合为用户画像的基本轮廓。

红米手机发布于 2013 年 7 月 31 日，作为小米主推的千元智能手机，其巨大的销售量主要得益于精准的用户定位。分析红米手机的用户定位，可以先对可能使用红米手机的用户进行分类假设，再反推产品的特性是否符合用户需求。红米手机的核心购买群体是大学生和初入职场的上班族、小米粉丝。秉承"感动人心，价格厚道"的产品宗旨，红米手机高性价比，大屏幕，流畅的操作系统，时尚的外观，可以搭载游戏、影音视频类娱乐软件等产品特点，极大地满足了上述核心用户群体对智能手机的核心需求。

2. 用户群体特征分析

用户群体特征指的是根据产品用户的共同特性对其标签化归类，通常根据地域分布、人群属性、接触与传播信息的媒介与方式、活跃程度等多个维度来分析用户群体特征（如图 2-1 所示）。

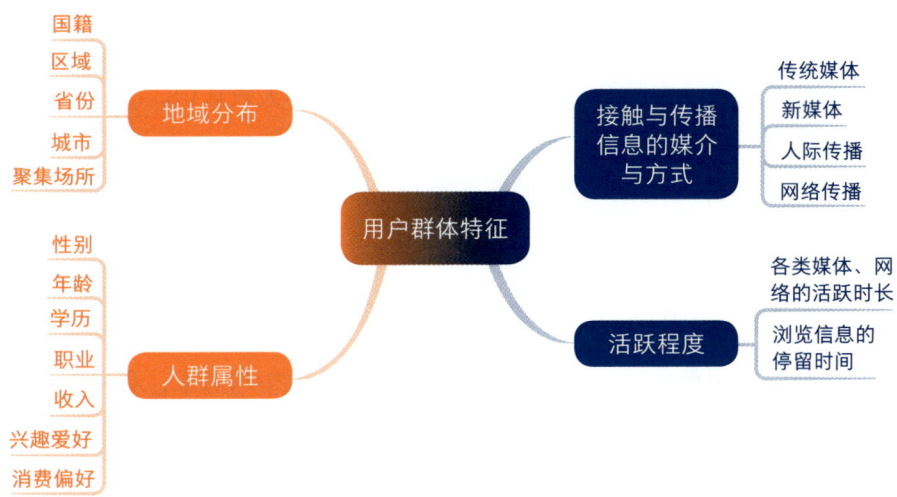

图 2-1 用户群体特征分析

行业观察

小米对外公布的数据显示，红米手机用户的群体特征有以下几个方面。

（1）核心用户集中在一、二线城市。红米手机的用户整体分布广泛且较为平衡，活跃在社交网络上的年轻群体是其消费主力军。虽然红米手机在三、四线城市的分布比例最广，但总体看来用户比例仍然低于一、二线城市。小米力求以平衡的市场策略兼顾不同等级的城市，覆盖人群较为广泛且多样。

（2）性别分布上以男性为主。红米手机的使用者在性别分布上，男性占比接近七成，近年来女性用户群体亦有增加的趋势。

（3）用户年龄层次偏年轻化。学生党、上班族是红米手机的主体用户，表现出学历层次较高、消费欲望较强、具有一定消费能力的特点。其中，分布较多的年龄段依次为22~29岁、10~21岁，以及30~39岁，可见红米手机用户群的年龄分布较为均衡，说明产品兼顾了各个年龄段的需求。

（4）移动互联网活跃人群。从手机APP使用时长来分析，红米手机用户在视频、社交、工具、游戏、图书、新闻等方面均有着较强的使用偏好。属于移动互联网活跃人群。

基于以上用户群体特征，红米手机从产品设计到市场营销策略，都侧重于吸引年轻的男性网络用户，注重利用QQ空间、微信、微博、社区等社交媒体进行精准营销与口碑传播。

总之，针对不同消费者群体的心理需求，找寻目标用户的消费活动规律，基本上可以遵循以下三步策略。

（1）使用分类假设法在脑海中构建起目标用户群体的大致认识。

（2）通过归纳总结法进一步提炼出核心用户群体的特征。

（3）借助百度指数、阿里指数、腾讯浏览指数、新浪微指数等数据分析平台来验证我们对产品用户定位的判断。

2.1.2 构建精准的用户画像

大数据时代，新媒体营销的重点是深入了解用户的欲望与需求，激发有价值的用户积极参与、购买、反馈并分享产品。而有价值的用户群体需具备五个关键要素：① 海量，② 持久，③ 活跃，④ 可画像，⑤ 可持续消费。

网络信息爆发性增长的同时，用户在网络中留下的行为数据更是飞速增长。数据库通过挖掘用户遗留的网络行为，结构化的数据分析用户特征与用户活动规律，生成精准的"用户画像"。精准构建的用户画像具有预计与统计的作用，能够洞悉消费者需求、准确定位消费者群体与消费场景，为企业实施精准营销提供科学的决策依据。

在用户画像的实际操作过程中，通常会选择最易理解与和最贴近生活的话语将用户的属性、行为与期待联结起来。作为实际用户的虚拟代表，用户画像构建起来的用户角色形象不能脱离产品与市场，所形成的用户角色必须有代表性。具有代表性的用户画像包含"PERSONA"七要素，包括：

（1）P代表基本性（Primary），即用户角色是否基于对真实用户的情景访谈。

（2）E代表同理性（Empathy），即用户角色是否能够引发同理心。

（3）R代表真实性（Realistic），即用户角色是否看起来像真实人物。

（4）S代表独特性（Singular），即用户个体是否独特且彼此很少有相似性。

（5）O代表目标性（Objectives），即用户角色是否包含与产品相关的高层次目标，是否包含描述该目标的关键词。

（6）N代表数量性（Number），即用户角色的数量是否满足样本数据的需求。

（7）A代表应用性（Applicable），即设计团队是否能使用用户角色作为一种实用工具，对后续的业务拓展与营销策略进行设计决策。

 **行业观察**

小米用户画像2.0（如图2-2所示）整合了各平台所存储的用户数据，基于用户行为生成精准、完整的用户画像。小米用户画像的雏形包括基础用户属性，如年龄性别、学历职业、地域语言、账号真实性、兴趣属性等。小米数据后台可以记录、上传个人用户数据，利用多维度的数据来全面描绘用户属性。例如，通过用户在小米手机阅读软件上的历史记录，判断用户的阅读兴趣；通过聚合信息与提取用户特征，让后台机器自动识别用户并生成用户画像属性。

抖音用户画像分析

图2-2 小米用户画像2.0

协作创新

分小组讨论，查看法国阿贝卡斯干邑酒庄的官方微信公众号"ABK6干邑"的内容，分析讨论该品牌的目标用户群体以及该用户群体的特征。

2.2 内容定位

营销的竞争是一场关于心智的竞争，营销竞争的终极战场不是工厂，也不是市场，而是心智。内容定位，即根据目标人群的心智，明确活动策划的内容、方向和目标。

思政园地
咪蒙道歉折射出的自媒体内容定位乱象

谈到自媒体，谁也无法回避咪蒙。因为咪蒙通过毒辣的文字和对读者心理的精准把握，让很多人欲罢不能，其吸粉能力以及运营能力也非常强。

2019年年初，咪蒙旗下公众号发布文章《一个出身寒门的状元之死》刷爆朋友圈，但其因编造故事、刻意煽动泪点，再次引发负面舆论风波。2019年2月1日，咪蒙就此在微信、微博上发表道歉信。

人民日报官微就咪蒙事件发表评论，表示自媒体不能搞成精神传销（如图2-3所示）。侠客岛（人民日报海外版旗下新媒体品牌栏目）就此评论表示：文章出品方是咪蒙团队，一个让人又佩服又厌恶的写作班子。佩服的是深谙传播之道，厌恶的是没安慈悲之心。

图2-3 人民日报评论咪蒙

好的内容一定是给用户带来价值，满足用户需求，帮助用户解决问题，乃至帮助用户成长，消除焦虑感。也就是围绕一个定位——帮"哪些用户"，在"什么场景"，解决"什么问题"。这样的内容更容易生存，也更持久。大量的调研和数据分析发现，以下三种选题内容是所有人都需要的。

（1）实用干货类，能提供技能指导。

（2）情感心态类，能帮助慰藉心灵。

（3）新闻热点类，能缓解资讯焦虑。

为了做好这三种选题，防止跑题，我们还需要做到以下三点。

（1）确定品牌类型——解决这三种内容的占比问题。

（2）坚持垂直细化——解决这三种内容的范围问题。

（3）符合自身人格化定位——解决这三种内容的风格、价值观、调性问题。

按照以上内容定位的指导标准，我们可以通过列出"用户成长所需知识"，进一步细分用户所需内容，从而达到不断提供用户所需的有价值内容的目的。

行业观察

某个面向新媒体运营的公众号，它的"用户成长所需知识"以及对应细化的"用户所需有价值的内容"分别如图2-4和图2-5所示。

图2-4 用户成长所需知识

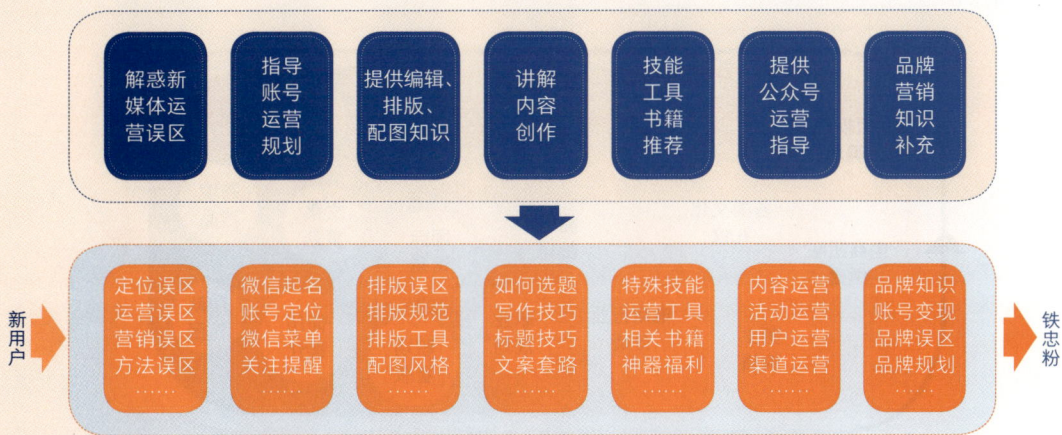

图2-5 用户所需有价值的内容

绘制"用户成长所需知识"图是一个长期的过程，我们需要不断地补充、细化和调整每一个选项。通过持续不断地优化，形成一个清晰完整的内容图谱。

资料来源：《公众号如何解决选题荒？这里有一套系统方法论分享给你》，作者：木木老贼，2018年5月，有改动。

 **协作创新**

分小组讨论，查看法国阿贝卡斯干邑酒庄的官方微信公众号"ABK6干邑"的内容，讨论如何为该公众号细化用户成长所需知识，画出用户成长知识图谱。

2.2.1 数据思维指导内容定位

好的内容选题不是拍脑袋得来的，爆款文章也不是单方面冥思苦想所能完成的，它通常需要经过大量的数据调研、分析、总结得出。运用数据思维来分析自己和读懂用户，可以帮助新媒体营销人员挖掘有价值的内容。

1. 分析自己

这是一个了解自己的过程。通过分析团队的特点，或者对已有账号的过往表现进行深度挖掘，来量化地审视分析自己，用数据思维实现对内容定位的把握。

（1）对营销团队的分析。通过以下五个问题，了解自己的团队能做什么。

① 我能提供什么产品或内容——写下自己会的东西，可以做成如图2-6所示的内容图谱。

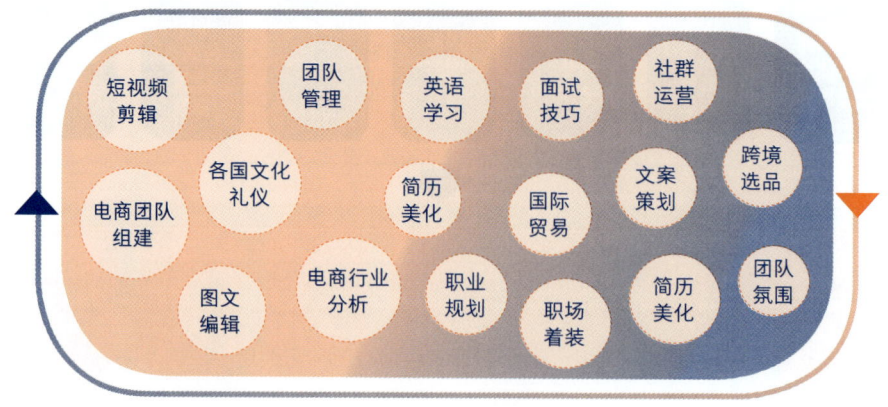

图2-6 内容图谱

② 归类——将可以归到一起的分为一类（见表2-1）。

表2-1 内容归类

分支主题1	分支主题2	分支主题3	分支主题4
团队氛围	面试技巧	国际贸易	文案策划
团队管理	职业规划	英语学习	短视频剪辑
电商行业分析	简历美化	各国文化礼仪	图文编辑
电商团队组建	职场着装	跨境选品	社群运营

③ 我的产品和内容是为什么人服务的——对应内容面向的人群（见表2-2）。

表2-2 内容对应人群

电商行业管理	求职者	出口制造商	新媒体人
团队氛围	面试技巧	国际贸易	文案策划
团队管理	职业规划	英语学习	短视频剪辑
电商行业分析	简历美化	各国文化礼仪	图文编辑
电商团队组建	职场着装	跨境选品	社群运营

④ 我是谁——命名自己的角色（见表2-3）。

表2-3 内容命名

电商行业管理	求职者	出口制造商	新媒体人
团队氛围	面试技巧	国际贸易	文案策划
团队管理	职业规划	英语学习	短视频剪辑
电商行业分析	简历美化	各国文化礼仪	图文编辑
电商团队组建	职场着装	跨境选品	社群运营
电商高层	面试专家	跨境电商运营	新媒体运营

例如，物物尔（我是谁）：面向自媒体创业者（为了谁），专注于自媒体领域（什么领域），输出高质量实用干货（提供什么），助力自媒体人能力的全面进阶（目标是什么）。

罗辑思维：每天一段60秒语音，一篇新角度看世界的文章（提供什么），关注罗胖（我是谁），让你每天比别人知道得多一些（目标是什么）。

友盟+：开发者服务平台（为了谁），以互联网为基地（什么领域），提供优质数据、运营干货（提供什么），为你的创业征途加把力（目标是什么）！

⑤ 复核+选择。自己的角色清晰后，个人擅长的部分就非常清晰了，选择一个自己最擅长的重点，比如"新媒体运营"或"面试专家"，作为目标。

（2）对已有账号历史数据的分析

对已有新媒体账号进行数据统计和分析，能够实现更加精准的定位。这个分析的过程通常包含两个方面。

① 分析账号的历史发文数据。通过统计账号过往的全部历史文章和视频数据，分析得出哪些内容类型在哪些方面取得了比较好的效果。把这些结果做成详细表格，便于以后的测试和优化。例如不同内容方向的点赞量、评论量、分享量、收藏量、打开率、分享率、完播率、推送时间等数据，如表2-4所示。

表2-4 历史发文数据分析

类型	新媒体选题方向			
打开率高	选题方向1		选题方向3	……
转发率高		选题方向2		……
点赞量大	选题方向1	选题方向2	选题方向3	……
完播率高			选题方向3	……
……				

② 挖掘用户的真正需求。仅仅依靠历史数据是远远不够的，同时还要发动用户获得更多新数据。可以通过各种方式去了解用户喜欢什么，比如可以在后台让粉丝投票选择感兴趣的选题类型，可以让用户留言讨论，可以通过在线问卷平台进行调查，可以在粉丝群里询问了解，可以一对一深入沟通等。总而言之，面对新的选题，可以通过和用户互动的方式挖掘出他们真正的需求，同时将用户感兴趣的选题方向做成详细表格，如表2-5所示。

表 2-5 用户感兴趣的选题方向调查表

类型	新媒体选题方向			
投票/问卷	选题方向1	选题方向2	选题方向3	……
粉丝群了解	选题方向1	选题方向2	选题方向3	……
核心粉丝私聊	选题方向1	选题方向2	选题方向3	……
后台/评论消息	选题方向1	选题方向2	选题方向3	……
……				

2. 读懂别人

简而言之就是寻找与自己有相同目标用户群和品牌调性的账号，通过分析这些账号的进一步确定被用户认可、传播力强的新媒体选题方向。这个过程包含两个方面。

（1）选取目标账号。借助新榜、微指数等第三方平台，找到相关行业的爆文，然后找到对应账号，或者直接锁定榜单，如图2-7所示。

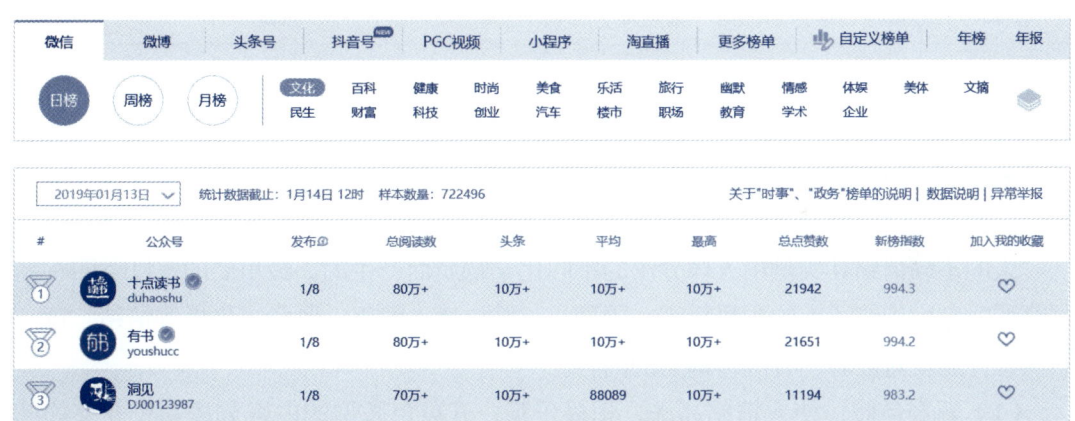

图2-7 第三方平台榜单搜索

（2）分析选题方向。确定目标账号后，要对这些账号进行内容选题分析。通过长期的跟踪、观察和统计分析，将传播效果好的选题以可视化的方式呈现，如表2-6所示。

2.2.2 心理学原理定位高传播力内容

如何判断内容的传播力呢？从认知神经科学和心理学的角度看，高传播力的内容应该是能够唤起用户情绪的内容。令人感到新奇、困惑、恐惧、激动的内容往往更容易获得传播。这是从人类的大脑对接受信息的优先排序来判断的。表2-7列举了若干能够唤起这四种情绪的标题。

表2-6 目标账号选题分析

类型	新媒体选题方向			
账号1	选题方向1	选题方向2	选题方向3	……
账号2		选题方向2	选题方向3	……
账号3	选题方向1		选题方向3	……
账号4	选题方向1	选题方向2		
……				

表2-7 唤起情绪的标题分类

标题	类别
黑洞今天显真身,谁为它拍第一张照片?	新奇
比上海土,比广州苦,为什么我还是爱北京	困惑
海洋垃圾已成第八大洲,未来人类将失去海洋	恐惧
重磅!这些大城市将全面取消落户限制	激动

人的不同情绪其实是由人体分泌的不同化学物质而产生的,最重要的有以下四种神经介质,它们控制了人的积极乐观、同理心、愉悦感、愤怒、紧张、恐惧等情绪。每一种神经介质就对应着一种高传播力的内容。

(1)五羟色胺:使人情绪高涨,积极乐观;五羟色胺型的内容如成功企业家的演讲、创业者的励志故事,通常都会让人情绪高涨,正能量满满,精神振奋。

(2)催产素:使人产生情感共鸣;催产素型的内容包括抚慰人心的感人故事、匠人精神、亲情、友情、爱情类的内容,等等。

(3)多巴胺:使人产生愉悦感、满足感;多巴胺型的内容包括美好的爱情、动听的音乐,一些知识型文章也属于多巴胺型的内容,因为知识的获取和分享能够给人带来满足感。

(4)肾上腺素:使人因为愤怒、恐惧、紧张而使得呼吸和心跳加快。肾上腺素型的内容往往能迅速调动大众情绪,比如批判类文章或能引起广泛共鸣的内容。值得注意的是,这类文章的价值取向和语言措词一定要正确严谨,否则有可能沦为操纵大众情绪的精神传销内容。

思政园地
人民日报关注新媒体营销乱象："刷屏"成朋友圈"病毒"

人民日报在新媒体版刊登文章《"刷屏营销"成朋友圈"病毒"》，关注近期火爆的"新媒体营销"现象。文章指出，标新立异制造噱头，突破底线恶俗营销，病毒复制信息轰炸，愈演愈烈的"刷屏营销"乱象，甚至是充满负能量的恶俗营销，不仅让"朋友圈"不胜其烦，也扰乱了互联网生态。

文章中提到，一哄而上的跟风营销，同一个话题、同一种策划、同一样标语，在短时间内集中狂轰滥炸，令受众不堪其扰，甚至产生屏蔽多年好友的冲动。人民网舆情监测室分析师认为，"刷屏"式的借势营销实际是一种病毒营销。不仅无法给企业的形象、产品加分，还伤害到新媒体的社交性、私密性，对用户构成信息骚扰。

文章还指出，最令受众反感的"刷屏营销"，当属充满负能量的恶俗营销。而诋毁他人、互黑互斗的营销乱象，也越来越令人反感。此外，新媒体上还充斥着吸引眼球、传播谣言的虚假营销。肯德基"6翅8腿鸡"、康师傅"越南地沟油"、娃哈哈"肉毒杆菌"等食品谣言，成为近百家微信公众号热门推送的内容，并在朋友圈刷屏。

文章采访了人民网舆情频道主编，他指出新媒体借新闻营销至少应有"两戒"：一戒利用涉及重大负面舆情或带有人员伤亡的事件营销，否则容易对当事人家属造成二次伤害。二戒利用涉及有违公序良俗的事件营销，否则会对网络环境造成二次污染。

协作创新

协作创新：
"10w+"爆文背后的故事

分小组为以上四种类型的内容分别寻找一篇"10w+爆文"，讨论分析文章的选题定位及其特点。

2.3 平台定位

一个平台的调性就好比一个人的性格，不同的平台其调性也不相同。同样的内容在不同的平台上发布也会有不一样的效果。企业营销人员必须深谙不同的新媒体平台的特点和风格，才能选择适合自身需求和调性的平台来开展营销策划。

2.3.1 微信平台

微信已成为全民级移动通信工具,也是目前流量最大的新媒体平台。微信完全融入国内网民生活成为生活方式。微信占据了国内网民23.8%的时间(排在第二位的腾讯视频仅占据4.9%的时间),已经培养出用户高度的依赖性。《2017年微信经济社会影响力报告》显示:2017年由微信驱动的信息消费达到人民币2 097亿元,拉动流量消费达1 191亿元,拉动行业流量收入占比达34%,微信已深入渗透至商业活动和日常生活之中。

具体而言,在微信平台上,企业常用的新媒体资源和工具包括:微信公众平台、微信群及微信朋友圈。

1. 微信公众平台

利用微信公众平台账号进行新媒体营销活动,简单来说就是进行一对多的媒体行为活动,如商家通过微信公众服务号二次开发展示商家微官网、微会员、微推送、微支付、微活动、微报名、微分享、微名片等,已经形成一种主流的线上线下微信互动营销模式。

自2012年上线以来,微信公众号的数量得到了迅速增长,根据《2017年微信经济数据报告》和《2017年微信用户研究和商机洞察》的数据,截至2017年年底,微信公众号已超过1 000万个,其中活跃账号350万,较2016年增长了14%,月活跃粉丝数为7.97亿,同比增长了19%,公众号已成为用户在微信平台上使用的主要功能之一。微信公众号已拥有成熟的流量变现模式。经过数年发展,庞大的创作群体加速了微信公众平台的快速发展,尤其是粉丝数量的激增促使公众号从单纯内容输出向商业化、专业化转变:企业通过企业号、服务号发布官方信息,并直接与用户沟通,通过订阅号的打赏、推广广告等方式进行流量变现。微信公众号已形成广告推广、电商运营、内容付费等清晰的商业模式。围绕公众号产业链聚集了大量第三方运营企业。

微信公众号按照功能定位可分为以下几个主要类别:

(1)客户服务类。客户服务类公众号依托目前微信公众平台的各种开放接口,集成企业的CRM系统,变成微信端的CRM以管理客户关系,每一个粉丝都相当于企业的会员。

客户服务类公众号主要面对销售型企业或者公共服务行业,例如"招商银行信用卡"公众号,针对每个关注的粉丝客户,通过登录实现账户实时消费动态、在线消费查询,以及会员积分兑换等。它适合大的连锁企业,每个粉丝都来自于消费者或者线下门店,能够为粉丝客户带来持续性的服务和跟踪。

(2)品牌推广类。品牌推广类公众号更多的是用于打造公司品牌形象,向粉丝或者消费者传达公司的品牌理念和企业动态等,比如"锤子"手机,不论其产品销量怎样,但其"情怀"理念的传导非常具有传播力度，粉丝对于品牌理念的认同会进一步吸引更多粉丝，引起品牌共鸣，实现企业销售扩大与品牌知名度的提升。

（3）销售渠道拓展类。微信巨大的活跃用户数量，对于任何一个企业来说无疑都是一座待发掘的"金矿"。销售渠道拓展类公众号主要是通过微信与微信支付的便捷性，打造一个纯销售或者促销信息整合的平台，这类公众号属于销售的承载平台，目前已经有很大一部分人开始深入这个领域，出现了一批热销于朋友圈的产品，比如水果、特产、减肥产品、美容产品与快销产品等，微信公众平台既是其销售的管理平台也是线上重要的传播渠道。

（4）媒体资讯发布类。媒体资讯发布类公众号目前数量占比相对较多，比如央视新闻、环球时报、第一财经周刊等，通过微信公众号实现最新资讯的发布，作为不同行业、不同领域深度文章的发布平台，内容相对具备即时性、真实性、深入性，适合于打造行业或个别领域内的资讯解读平台。另一方面也是将PC端或者纸媒的流量和粉丝导向自己的公众账号，让粉丝更加便捷地获取其关注的资讯信息。

（5）个人自媒体类。个人自媒体类公众号可以用包罗万象来形容，属于微信公众平台最多的类型之一，比如罗辑思维、蛋解创业、假装在纽约等，都是行业内比较出名的个人自媒体，这种大型的个人自媒体也在逐渐向企业运营转变，因为自媒体终将面临变现的问题，他们一般会吸引由个人原有影响力带来的忠诚读者，因为优质内容吸引而来的粉丝，还有被自媒体人的各种价值观所影响的追随者，这类公众号更多的是以个人魅力与发布优质原创内容为吸引点。自媒体账号并不适合企业来做，但是，可以尝试用自媒体的方式把企业的代表人物打造成为一个"网红"自媒体大号。

2. 微信群

微信群是用户社群运营和客户服务的载体，可以形成人脉圈效应，微信群的传播形式丰富，包括但不限于文字、图文、语音、视频、位置、名片、第三方应用等，具有移动互联网的创新性和有效性，打开频次更高，用户体验更佳。

利用微信群进行营销，就是借助平台用户基数大、活跃度高的特点进行的，包括品牌推广、活动策划、个人形象包装、产品宣传等一系列营销活动。

微信群营销的特点及优势有：

（1）成本低。相对于动辄上千万投入的传统营销方式而言，微信群营销以其低成本、高回报的优势获得了众多企业的青睐。在传统的营销者看来，如何让更多的人了解自己的产品并转化为购买行为是他们营销的重要工作。但是在微信群中，每一个个体都是购买力和传播力的结合体，无论是"购买"还是"传播"，用户都能为企业带来巨大效益。

（2）够精准。微信群的功能定位就是告诉别人这个微信群是干什么的，每个微信群都有自己的作用，这个定位越具体、越细化，就越能够精准吸引目标用户。当群成员根据群功能定位察觉该群并不适合自己或者不是自己想要的时，就会主动退出群聊；而真正有需求且适合这个圈子的人，就会留下来，到最后留下的通常都是真正适合或者喜欢这个微信群的人。精准营销也为许多企业找到了可行的方法，将硬广变为软广，从"茫茫人海"转向了"特定社群"，这不仅节省了成本，而且带来了众多的精准客户。

（3）裂变快。裂变原理告诉我们，每一个微信群里，群成员之间都有着千丝万缕的联系，好像一个"鱼塘"，具有自裂变属性和社交属性。因此可以在微信群里策划一系列的方法、方案作为"鱼饵"，将粉丝瞬间"引爆"，最后抓住时机有条不紊地扩大微信群的规模，实现数据库的快速倍增。

 **协作创新**

分小组，每人推选一个活跃度高的微信群，讨论并分析该微信群的定位、群成员的特点及近期群内活动的优缺点等内容。

3. 微信朋友圈

作为熟人社交中非常有代表性的一个圈子，你朋友圈的任何内容都来源于你的好友。大部分人都很放心地在朋友圈分享自己的日常生活，并且人们更愿意通过朋友圈去关注和了解亲朋好友的生活状态，这和微博这种开放式的社交平台完全不一样。

（1）私密性强，传播圈层封闭。由于微信的封闭属性，朋友圈的内容同样仅限于微信好友进行查看，因此导致传播圈层较为封闭，正好适合通过朋友圈实现快速传播和病毒营销。

（2）信任度高，沟通有效性强。朋友圈实际上是一个熟人的圈子，分享的意义和价值并不仅是与熟人间的感情交流，熟人的信任关系是人与人之间有效沟通甚至进行互惠互利的商务活动的优良土壤。

（3）形式多样，可扩展性好。朋友圈可以发布文字、图片、短视频以及链接等内容，好友通过分享就能实现引流，也可以方便地通过识别图片上的二维码来阅读更多内容。

2.3.2 微博平台

微博是一种通过关注机制分享简短、实时信息的广播式的社交网络平台。用户可以通过网络组建个人社区，以简短的文字公开发布信息并实现即时分享。因此可以将微博理解为一个基于用户关系信息分享、传播的社交平台。

在2014年之前，国内微博市场份额主要由新浪、腾讯、网易和搜狐四家公司占领。2014年之后，随着腾讯、网易和搜狐等公司相继减少对微博的投入，各个微博服务商之间的竞争逐渐缓和，用户群体主要向新浪微博倾斜，这也促使了新浪微博的用户数持续提升，新浪微博基本占领了国内的微博市场。

作为移动互联网时代连接用户的重要平台，微博已经建立起独特的"内容—粉丝—用户—变现"商业生态闭环。据统计，新浪微博平台除了数亿的月活跃用户，更活跃着将近3万个娱乐明星、40多万个KOL①、150万家认证企业和机构，与2 100家内容机构和超过500档IP节目达成合作，覆盖60个垂直兴趣领域。在为品牌提供基于用户深度互动的营销环境的基础上，微博将明星、KOL、粉丝与品牌紧密连接，带来了更精准、优质、高效的投放效果。微博希望打造的绝不仅仅是一个广告营销平台，而是基于社交关系和优质内容，帮助企业构筑自己的用户群和新渠道，持续为合作伙伴的社会化营销赋能。

微博平台的特点与定位是：

（1）品牌推广型。该类型的微博定位于推广企业品牌，目的在于树立企业的品牌形象。例如宝马中国官方微博（如图2-8所示），主要发布宝马公司的重大新闻活动、新品发布等内容，通过微博传递企业品牌形象，提高企业知名度和美誉度。

（2）内容互动型。内容互动型微博的主要功能在于维系企业同粉丝、用户之间的关系，强化企业在消费者心中的形象。因而，该类型微博发布的主要内容是向用户传递关怀，突出企业的用户

图2-8 宝马中国官方微博

导向理念。例如，星巴克中国官方微博（如图2-9所示），定位的形象是一个有点小资、有亲和力、懂得生活的服务员。星巴克的微博营销目的是塑造亲和力、营造轻松融洽的氛围，让粉丝感觉自己正在一家咖啡馆里和服务员闲聊，以这种形象定位在用户心中。

---

① KOL是营销学概念，即Key Opinion Leader（关键意见领袖）的缩写。

（3）业务销售型。从本质上说，企业开展微博营销的目的是盈利，因而还可将企业微博直接定位于产品销售或者服务购买，通过微博直接为企业带来经济收益。例如百丽电商官方微博主要发布产品促销活动信息，将微博作为企业产品销售的平台，通过微博促进产品的销售（如图2-10所示）。

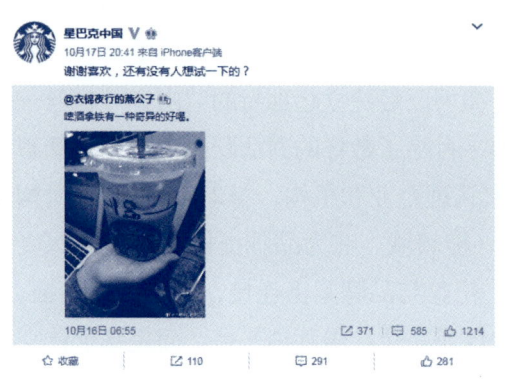

图2-9 星巴克中国官方微博

图2-10 百丽电商官方微博

2.3.3 直播平台

1. 直播平台简介

网络直播从产生之日起就以平民化的个性色彩进入网民的视界。网络直播从兴起到盛行经过了三个发展阶段。

（1）直播1.0时代：网民主要通过计算机上网，直播从各平台推出的秀场开始兴起；

（2）直播2.0时代：网络游戏的流行催生了游戏直播，网络直播市场进一步垂直细分；

（3）直播3.0时代：随着网络技术和智能终端设备的普及，映客、花椒、一直播等新兴的移动直播平台不断涌现，移动直播开始兴起。各类网络红人、综艺节目、电商导购等直播活动层出不穷（分类如表2-8所示），直播进入泛娱乐化的3.0时代。

表2-8 网络直播平台分类

平台类型	主要平台
PC游戏	斗鱼、虎牙、全民、火猫、龙珠等
手游	触手、斗鱼、虎牙、企鹅电竞、狮吼等
PC秀场	YY、来疯、KK、网易BOBO、花样、酷狗等
移动秀场	花椒、映客、一直播、陌陌、NOW等
购物	淘宝、唯品会、蘑菇街、苏宁易购等
体育	PP体育、K球直播、一比分等

各个网络直播平台在定位和直播内容上存在差异，企业要根据自己的产品属性和平台的流量、收入、运营能力来选择合适的平台。

2. 直播平台的特点

（1）实时互动性。用户能够即时参与互动，使用文字互动或视频连线互动，还能发送礼物支持喜爱的主播，从而加深参与感和集中度。

（2）传播范围广。网络直播的事件与话题效应强，可以轻松引起传播和关注。而且直播以视频作为媒介形式，便于二次传播和营销。

（3）精准营销。在各垂直细分领域进行的营销能够精准定位用户群体。

（4）移动端视频广告。直播顺应网络广告市场移动化、视频化的发展，更加贴近广告主及用户的口味。

目前，众多直播平台的内容都日趋多样化，各种类型直播平台之间的界限变得逐渐模糊。直播内容整体向强互动、专业化方向发展，受过专业训练的主播主导的PUGC[①]成为内容生产的中流砥柱。

行业观察

自2015年网络直播正式得到普及并进入大众视野开始，行业经历了资本的涌入和白热化的竞争，到2017年竞争格局逐步形成，用户沉淀后规模扩大的速度有所放缓。随着行业的逐渐稳定，全民直播的风潮也渐渐消退，真正优质的PGC[②]和PUGC内容被保留并成为主流。在行业进入成熟期的情况下，当下发展的重点在于建立起真正健康、规模化的商业模式，各平台开始逐渐重视来自B端的收入，并且开始关注如何利用直播的优势和特点帮助广告主进行产品和品牌的营销，从而最大程度实现流量变现。网络直播行业发展各阶段的特点如图2-11所示。

---

① PUGC全称为Professional User Generated Content，即专业用户生产内容，指在直播行业中将PGC和UGC结合起来的内容生产模式。
② PGC全称为Professional Generated Content，指专业生产内容。

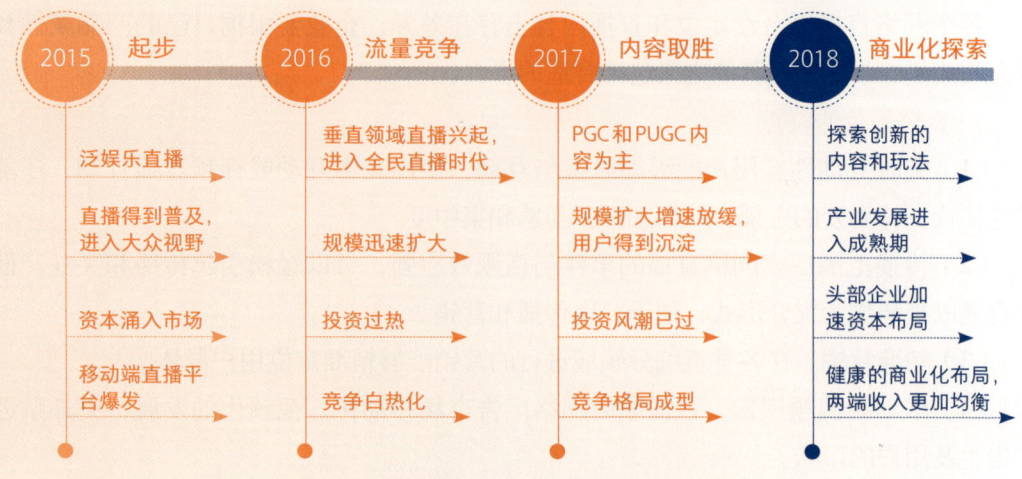

图 2-11 网络直播行业发展各阶段的特点

资料来源：艾瑞咨询《2018年中国网络直播营销市场研究报告》，有删改。

2.3.4 视频平台

1. 长视频平台

网络视频行业，是指在互联网上提供免费或有偿视频播放、下载服务的行业。视频内容来源主要有用户上传原创内容、向专业影像生产机构和代理机构购买版权内容以及网络视频企业自制内容三种主要渠道，涉及电影、电视剧、综艺节目、体育赛事等文化内容产品的生产与传播。经过多年的发展，中国网络视频行业格局已经初现，爱奇艺、腾讯视频、优酷、搜狐视频、凤凰视频、芒果TV、风行、PP视频等平台成为中国网络视频行业的中坚力量，bilibili、AcFun等平台则凭借相对差异化的定位和内容品牌优势也获取了一定的市场份额。

综合来看，爱奇艺、腾讯视频、优酷三大平台内容选择和分发能力并不存在显著的差距，但侧重点有一定差别。具体来看，优酷更加侧重头部内容，选择重点投入较少的内容获得较高的流量，和几大影视公司合作密切；爱奇艺则更加注重内容多样性，同样重视腰部和长尾内容，合作方也更加均衡；腾讯则更加依赖生态资源，重点在剧集方面发力，以维持平台流量。

2. 短视频平台

据《2018中国短视频行业年度盘点分析》显示，2017年以来，短视频市场整体增速强劲，截至2018年2月，短视频综合平台与短视频聚合平台活跃用户规模分别达到4.035亿人与1.655亿人。而在对用户时间的占用上，短视频综合平台与短视频聚合平台的用户使用时长分别在2月份达到51.628亿小时和16.167亿小时。可见，短视频用户规模保持强劲增长,用户获取与留存能力可观。此外,短视频占据大量碎片时间,正符合时下用户的消费习惯。用户碎片化的使用习惯和丰富的优质内容提供促成了短视频用户粘性的提升。主流短视频平台对比如表2-9所示。

表2-9 主流短视频平台对比

APP 名称	内容特点	用户标签
秒拍	娱乐性、感染力强	任意年龄段和性别的重度社交软件依赖者
美拍	明星类、搞笑类	年轻女性、"外貌协会成员"、喜欢与他人分享自己生活的人
抖音	娱乐性、表演性	乐于展示自我、标榜个性、渴望即时互动的年轻人
快手	娱乐性、草根性	社交需求高,互联网受教育程度低的青年

(1)UGC(用户生产内容)短视频平台的特点。视频内容的制作门槛低、类型多元化、来源丰富、颇具生命力,内容生产权限下沉到所有普通用户层面。平台氛围活跃,主要负责制定规则以及维护秩序。

(2)PGC(专业生产内容)短视频平台的特点。内容生产方具备较高的专业能力,内容质量水平整体较高,提升短视频进入门槛,更强调编辑推荐与算法分发模式的结合,帮助内容创业者依靠平台商业化政策实现内容变现。

(3)PUGC(专业用户生产内容)短视频平台的特点。集UGC与PGC的优势于一身,内容兼具广度和深度,即内容的多元化与专业化,平台在内容分发、生态建设等方面为PUGC创造条件。随着市场成熟度的提升,UGC向PGC的转化程度加深,两者融合的PUGC模式的内容及生产者数量将持续增长。

 行业观察

2018年7月,手机淘宝商品搜索页面的短视频信息流功能进入灰度测试阶段;2018年6月,知乎以内测形式上线短视频专区;2018年6月,钉钉在深圳超级发布会上推出短视频校招模式。2018年以来,短视频行业动作频繁,各类互联网企业纷纷加入,除了推出独立的短视频媒体平台外,还在原有核心产品上增加短视频功能,探索"短视频+"的新模式(见表2-10)。"短视频+"到底该怎么运营?这成为业界人士不断探讨的重要命题。

表2-10 2018年主要互联网平台"短视频+"动态

序号	平台	模式	具体表现	时间
1	淘宝	短视频+电商	在手机淘宝搜索页面增加"视频"图标,单击可跳转至以短视频信息流为展现形式的商品挑选界面	2018.7
2	钉钉	短视频+招聘	用短视频形式呈现求职简历、企业介绍和招聘信息等	2018.6
3	知乎	短视频+知识问答社区	在首页增加"视频"专区,展示精选短视频的内容	2018.6
4	唱吧	短视频+在线K歌	上线短视频功能,增加独立内容版块和录制功能	2018.6
5	大众点评	短视频+美食推荐	在首页增加"+号"功能和"视频"专区	2018.4
6	网易云音乐	短视频+在线音乐	推出短视频现金激励计划	2018.3
7	途家	短视频+在线租赁	上线短视频看房功能	2018.2

"短视频+电商""短视频+知识问答""短视频+招聘"……在短视频快速生长的这两年时间里,除了独立的短视频媒体,"平台+短视频"的商业模式快速崛起,各类平台不断探索"短视频+"的新模式。尤其以电商、社交、新闻资讯等为主的平台,是最早获得"短视频+"收益的一批参与者,其将短视频与自身领域的服务相结合,在短视频的用户红利期获得了相当程度的流量增长和媒体曝光,实现了叫好又叫座的阶段性成果。2018年后,市场上"短视频+"的模式有了更加亮眼的表现,一方面,早期平台不断深化短视频功能,如手机淘宝的短视频信息流商品搜索展示页面,从内容层面的短视频探索向功能层面的短视频布局深化;另一方面,以知乎、钉钉校招等产品为代表的不同领域也纷纷找到了"短视频+"的切入点,相继上线短视频相关功能,探索"短视频+"新模式。

资料来源:艾瑞咨询,冉桓宇《短视频行业已成红海,"短视频+"入局方式受捧》,有删改。

2.3.5 其他平台

1. 音频平台

音频平台,又名网络电台,是指通过网络向听众提供包括在线收听、下载、播客上传与RSS[①]等多样服务的一种新型广播形态。伴随着移动互联网技术的发展与自媒体的活跃,兼具广播和网络优势的网络电台开始逐渐得到网民的关注,并取得了快速发展。随着智能手机、平板电脑等移动终端的普及,用户碎片化生活的习惯加深,以网络电

---

① RSS(Really Simple Syndication),指简易信息聚合(也叫聚合内容)。

台为代表的移动音频媒介迎来了爆发式增长，喜马拉雅、蜻蜓FM、荔枝FM、企鹅FM等一批移动网络电台的应用如雨后春笋般涌现，同时，应用平台所借助的UGC和PUGC的互联网模式，大量的电台主播、自媒体、出版商纷纷入驻，音频产业链的上下游被打通，以移动网络音频为平台的营销开始兴起。

企鹅智酷的调查显示，音频类应用的用户基础不可小觑。2018年，在线音频用户规模突破4亿。通过音频平台开展营销活动，具有以下优势。

（1）营销模式多样化，避免引起用户反感。网络音频营销不同于传统广播的硬广告推送，广告更加人性化，从听众所属群体和需求出发，可以通过品牌冠名、软性植入、音频贴片等多种方式向用户推送广告，从而将广告和音频内容进行巧妙结合，有效避免用户的反感。

（2）通过大数据技术，实现精准营销。网络音频平台通过大数据技术对平台上海量用户的收听习惯和行为进行分析，根据用户的兴趣和爱好来推送信息，并结合场景对用户实现精准、定向的广告推送，提高了用户的黏性，减少营销盲目性，有效降低了广告成本。

如图2-12所示，在网络音频内容中，新闻类、娱乐类、情感类和有声图书类占据了用户选择率的第一阵营。

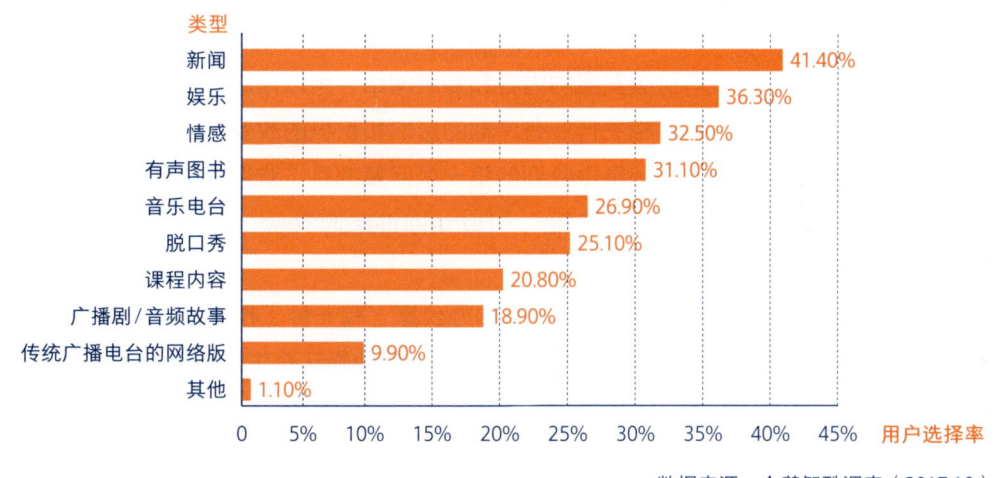

图2-12 用户选择网络音频内容的类型

（3）用户反馈及时，广告效果易监测。与传统的广播、广告相比，网络电台的广告营销活动周期和跨度比较短，用户反馈更及时，用户在接收广告信息后会快速做出反应。同时依托先进的网络技术支持，可以有效监测广告投放效果，数据更加可靠。

2. 知识问答平台

随着用户对知识的需求日益增长，知识问答型产品乘风而起，市场上竞争者众多，涉及范围广泛，从最早的大众化内容，到更加垂直深入的专业性知识，在某种程度上承担了部分科普与教育的功能。这其中，有像维基百科、百度百科等图文形态的网络百科全书，还有知乎、新浪爱问等问答形态的知识平台。从内容上看，知识问答平台呈现出精品化、专业化的特征；从商业模式上看，也在广告、用户付费之外探索了更多的营销商业化路径。

 **直通职场**

知乎是中文互联网最大的知识社交平台，成立于2011年，以知识连接一切为使命，凭借认真、专业和友善的社区氛围和独特的产品机制，聚集了中国互联网上科技、商业、文化等领域里最具创造力的人群，将高质量的内容透过人的节点来成规模地生产和分享，构建了高价值的人际关系网络。用户通过问答等交流方式建立了信任和连接，打造和提升了个人品牌价值，并发现、获得新机会。截至2018年12月，知乎注册用户数已达2.2亿，以18~35岁的人群为主，平均日活跃用户量超过3 400万，人均日访问时长1小时，月累计页面访问量230亿，累计产生提问数2 300万，回答数近1亿。知乎持续打造以知识平台为核心的生态体系，建设可持续发展的内容和专家网络，用以帮助人们实现生活、工作、学习和创新场景中的需求，并对相关行业有深刻的影响和积极的改变。

每当有新同事加入知乎，在邮箱中收到的第一条回复都是"欢迎登船"。知乎是一艘由认真、专业、有趣的人驱动着的"海盗船"，"Be relentlessly resourceful"（敏思笃行）是其信条。

曾在知乎实习过的知友吴向越说："知乎的办公室，有一种工作热情，弥漫在空气里。坐在中间的沙发上，无论何时，在任何一个区域看，都会是认真工作的场景，并且发出愉快的能量。只有'让世界变好'的愿望，才能激发起这样的热情。"

对知乎来说，"让世界变好"更为清楚的解释是，让更多人方便分享和获取知识、经验和见解，让信息更好地流动。因此，知乎认为，技术的更高价值在于了解人的潜在需求，打破信息获取障碍，提升学习效率。知乎不仅想满足用户的阅读兴趣，而且希望进一步满足关乎用户自我提升的优质信息获取需求，让高质量信息更高效、自动、智能地到达用户手中。

职位名称： 营销策划（华南）
工作职责：
（1）为品牌广告销售提供策划支持，为客户提供全面的营销解决方案。

（2）整理及总结不同行业客户的特性，定制行业性客户的营销方案。

（3）根据互联网的发展趋势，开发可供售卖的新型营销产品。

任职资格：

（1）本科及以上学历，3年以上互联网整合营销策划从业经验。

（2）精通PPT/Keynote制作，创意独特，文笔优秀，逻辑性强，工作风格细致认真。

（3）熟悉互联网资源及项目操作模式。

（4）具备良好的沟通协调能力，具有良好的客户服务意识。

知乎是一个社区，一家互联网公司，也是一家科技公司。如果你也希望做一款有趣的产品，来一个认真的社区，去一家专业的公司，那么就考虑知乎吧！

资料来源：知乎官网，引文有删改。

3. 自媒体平台

在这个自媒体个人品牌时代，各大自媒体平台如潮水般涌来，各自具有鲜明的特点。新媒体人需要对主流自媒体平台的不同特点和差异有清晰的认识。

除微信、微博之外的自媒体平台主要有以下几种。

（1）头条号：你关心的才是头条。今日头条是一款基于数据挖掘的推荐引擎产品，头条号是今日头条旗下媒体/自媒体平台，为用户推荐有价值的、个性化的信息，即受众感兴趣的才是头条推荐的。面向社会人群进行高精准推荐，流量巨大，娱乐和新闻类的文章比知识类、文艺类内容更容易获得高阅读量。

（2）简书：创作你的创作。简书是一个优质的创作社区，是一个将写作与阅读整合在一起的产品，是一款写作软件，是一个主要受众为文艺青年和大学生的阅读社区。简书中文章的原创性极高，是许多出版社和微信百万大号编辑录用文章的首要之地。简书，更利于打造个人品牌。

（3）企鹅媒体平台（企鹅号）：让世界看到你。企鹅媒体平台，主体用户为17～25岁的年轻群体，其背靠腾讯系媒体在企鹅媒体平台发布的优质内容，通过手机QQ浏览器、天天快报、腾讯新闻客户端、微信新闻插件和手机QQ新闻插件进行一键分发，实现内容更多、更精确的曝光。

（4）百家号：从这里影响世界。百家号的主体用户为社会人群，作者在百家号发布文章后，通过手机百度、百度搜索、百度浏览器等多种渠道进行分发。

（5）大鱼号：一站式创作平台。以男性青年居多的大鱼号，是阿里文娱体系为内容创作者提供的统一账号。它实现了阿里文娱体系一点接入，多点分发，多重收益。内容创作者通过接入大鱼号，上传图文、视频，可被分发到UC、优酷、土豆等渠道，获得多产品、多平台的流量支持。

（6）搜狐号：再小的个体也能打造自己的媒体影响力。搜狐号依托搜狐门户，是搜狐打造的分类内容的入驻、发布和分发全平台，是集中搜狐网、手机搜狐网和搜狐新闻客户端三端资源大力推广的平台。作为百度的新闻源，搜狐在百度的搜索权重占比较高。

（7）领英专栏：在这里，连接世界。领英，是职场人士的在线社交平台，是职场领域最大的社区，平台上的用户更具有真实性，或发布招聘信息，或交流行业动态，或应聘工作岗位，或链接行业人脉。领英专栏是邀请制，目前无法自主申请。

协作创新

参阅表2-11中不同新媒体平台的优劣势，分小组讨论，哪个平台的用户可能会在未来五年内出现快速减少？为什么？

表2-11 不同新媒体平台的优劣势比较

类型	平台	优势	劣势
封闭式社交	微信	用户基数大、使用粘性高、沉浸式阅读、用户偏好兴趣类和价值型资讯、服务功能完善	信息扩散难度较大
开放式社交	微博	用户基数大、互动性强、媒体属性强、紧跟热点、易扩散、用户偏好社会和娱乐类话题	不适合深度阅读
资讯型	腾讯新闻	用户基数大、信息可按智能算法推送、平台推广资源丰富	用户群体垂直度差、内容深度参差不齐
	今日头条		
	凤凰新闻		
长视频型	爱奇艺	内容更具表现张力、内容栏目化、专业化	制作门槛较高
	腾讯视频		
	优酷		
短视频型	抖音	娱乐性强、正处于平台红利期	内容缺乏深度，有待进一步规范
	秒拍		
	美拍		
	快手		

续表

类型	平台	优势	劣势
网络直播	映客	即时性强、互动性强、娱乐性强	内容缺乏深度、监管日趋严格
	虎牙		
	一直播		
网络音频	荔枝FM	内容专业性强	制作门槛较高、使用场景受限
	企鹅FM		
	喜马拉雅FM		
知识问答型	知乎	用户垂直度高	用户基数较小
		内容知识性强	
		互动性强	

2.4 营销策划模式

2.4.1 事件营销策划

事件营销（Internet Event Marketing），是指企业通过策划、组织和利用具有新闻价值、社会影响以及名人效应的人物或事件，以网络为传播载体，吸引媒体、社会团体和消费者的兴趣与关注，以求建立、提高企业或产品的知名度、美誉度，树立良好的品牌形象，并最终促成产品或服务的销售手段和方式。

 **行业观察**

2018年1月8日，如图2-13所示，可以看到各个新闻、媒体、社区乃至身边的朋友都在讨论"穿特步相亲"这个话题。

这件事情为特步带来了很高的曝光度，不但成为新浪微博上的热门话题，被"头条新闻""新浪财经"等人们熟知的微博号转发扩散；还在豆瓣、知乎、虎扑、贴吧等社区带来了非常可观的讨论量；截至2018年1月9日晚，在百度搜索"穿特步相亲"，可以得到86 700条结果，这一切距离本事件首次曝光，还不超过96小时。

图2-13 "穿特步相亲"话题微博

1. 事件营销的优势

（1）快速引导目标用户群体关注和讨论，引爆市场。特步用一个非"马甲号"，在杭州知名社区论坛萧内网上发帖，将准备好的聊天截图发布上去，引发论坛网友参与讨论，此条帖子为本次事件的导火索。同时，安排杭州权威媒体"都市快报"在官方公众号发布相关报道；在微信平台安排了杭州本地自媒体"杭州微博城事"和"都市快报"报道了此次事件。

至此，该事件在微信、微博上快速发酵，各微博大V、新闻资源媒体、用户都自发参与了此次事件的传播，并且事件快速扩散至知乎、今日头条以及其他新闻媒体平台上。

（2）目标明确，能快速达到期望值。对于企业来说，营销的目标是迅速吸引消费者的注意力，扩大企业知名度，宣传企业形象。特步作为国内品牌，一直没受到年轻人的重视。特步这次设定了"27岁阿里程序员"这个人物，吻合其年轻人的目标受众。

（3）成本相对较低，能取得较大市场规模。特步这次的事件营销，几乎没花什么成本。在各大平台发酵后，特步官方微博在1月8号晚上发起话题"我穿特步，你会拒绝我吗"，正式对此事件进行官方回应（如图2-14所示）。随后，一大波官微也加入回应的阵营，纷纷带上事件话题"穿特步相亲被拒"。用"使用×××产品你会拒绝我吗"的统一格式发微博询问粉丝，并@特步的官方微博"特步中国"进行声援，据粗略统计，至少有20个品牌参与了这一活动。

雷军也曾在微博上搞了一个活动——"秀一下你的手机编年史。算一算你用过什么手机？多少钱买的？什么时候买的？把图片发到微博"。据统计，共有约56万人参加了这个活动，大部分人最后都成了小米的粉丝——米粉。小米手机首次预售时，34小时内收到了30万份订单。

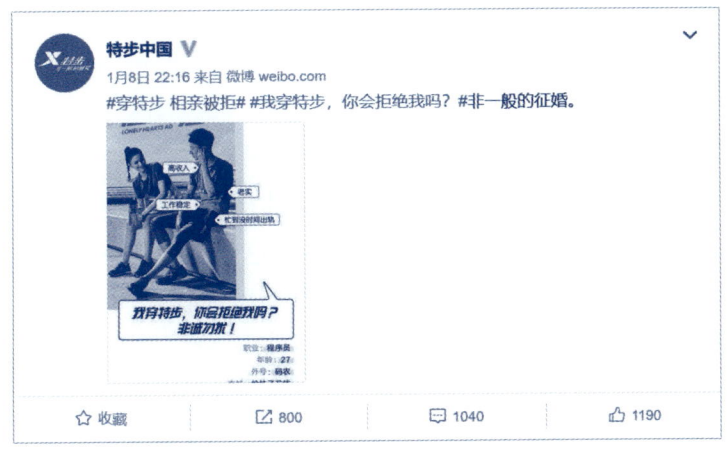

图2-14 特步中国"穿特步相亲"微博

2. 事件营销的策划步骤

（1）建立营销目标。任何事件营销都有相同的营销目标，那就是：① 实现尽可能多的曝光；② 引起指定群体的注意；③ 改变指定群体的想法。其中，前两点都是为第三点服务的，第三点是最核心的目标。对于特步而言，核心目标是：① 改变或削弱消费者对特步的刻板负面认知——穿特步得不到大众认同；② 建立或加强消费者对特步的稳定正面认知——穿特步能赢得大众认同。

特步的这个核心目标是一体两面的，因为固有认知只能被新的认知取代或补充，不可能凭空消除。当营销目标建立以后，所有的计划和执行都将围绕这个目标展开。

（2）预期实现效果。考虑到特步产品的中低档定价，面对直接竞争对手（如阿迪达斯、匡威等）时的品牌定位短板、面对间接竞争对手（非运动类鞋靴）时的应用场景短板，以及特步在事件中的后续跟进，可以看出特步在执行上的期望效果是：① 先以一个被无辜波及的被动弱势形象在广泛的第三方口中示人，积攒曝光度与张力；② 再以一个自尊自爱的形象主动为产品使用者贴上正面标签，以此争取更多的积极回应，从而修正潜在消费者对品牌的认知；③ 最后可能要颁布一系列活动或新产品，实现盈利需求并对本次活动的直接效果进行测量。

第一个期望效果，需要通过内容制作、传播渠道打造、网友评论控制来实现，此时企业表面上与事件完全无关联的。第二个期望效果，需要通过官方媒体主动发声、广大用户积极回应来实现，此时企业实质上与消费者发生互动关系，但没有发生利益关系。第三个期望效果，需要通过官方活动主动推广促销和广大消费者的订单来实现，此时企业与消费者发生直接的利益关系。

（3）进行内容制作。内容是传播的主体。在内容制作上，围绕事件营销的核心目标，企业根据自己的消费者分析结果和预期效果，完成以下要求：

① 涉事人符合目标用户的群体画像。
② 事件公开动机符合涉事人心理。
③ 事件本身具有价值，让目标受众喜闻乐见。
④ 人物诉求主张明显，引起目标受众的共鸣思辨。
⑤ 产品/品牌不主导事件，但作为事件影响因素出现。

关于要求一，特步设定了"27岁阿里程序员"这个人物，一方面吻合年轻人的目标受众，另一方面也塑造了一个中高收入的特步鞋使用者形象，为接下来给特步消费者贴正面标签做了铺垫。

关于要求二，特步让涉事人在"百度AC米兰吧"这个门槛低、用户多、运动鞋消费者广的社区进行源内容发放，还通过"我想问下，穿特步鞋也有罪吗？"这样的反问句标题来开展内容，一方面可以很好地隐藏涉事人背景（以避免网友怀疑是企业暗中操作），另一方面，顺理成章地解释了事件公开的合理性（涉事人感到不公和不解，所以寻求支持）。

关于要求三，特步通过涉事人发布的长聊天截图，讲述一个和目标受众年龄相仿的年轻人，在进行一项目标受众都可能会遇到的事情（相亲被拒）作为着眼点，具有很大的话题讨论性和娱乐性，非常有利于转发传播和讨论。

关于要求四，聊天截图里两个人的对话内容直接反映了涉事人的主张，并成为冲突的原因。作为标题非常利于读者思考。

关于要求五，特步通过涉事人以受害者的立场来叙述自己的遭遇，最后才展现产品作为一种介质对事件结尾的影响，处理得非常平滑，特步鞋作为一种影响因子并未让人产生软文的印象。

（4）规划传播渠道。通过消费者分析，企业很容易推测出目标受众获取相关信息的平台和渠道。通过对渠道归类和有目的地利用其主要特性，企业可以很好地传播其想要推广的内容。

事件营销推广一般遵循三个步骤：

第一步：通过社区论坛发起内容，引起讨论。
第二步：通过新闻报道制造话题，形成事件。
第三步：引起自媒体注意，在消费者间传播。

第一个步骤是整个营销传播的起点，是其余步骤的第一推动力，因此必须：制造一种初始讨论氛围，让之后的舆论往有利的方向走；营造一种网友热议现象，有足够的理由让各类媒体传播；构造一种点评网友画像，以精准地融合进目标消费群体。

特步在实践中，设置了三种评论方向：支持男方的；认同女方的；看热闹可怜特步的。通过引入大量符合用户画像的评论用户，特步营造了热议的现象。通过评论用户的这些内容，特步很好地控制住了舆论主题，让真实用户在预设的讨论环境下进行交流。

第二个步骤是将八卦转换为新闻，并升级为现象级事件。为了完成这一步，特步一方面需要在上一个步骤制造很多用户去讨论，并设法争取到相应社区的热门版面来做背书；另一方面也需要联系大量门户网站编辑来撰写新闻稿，制造新闻媒体争相播报的现象。通过以上两个努力方向，可以吸引更多重要新闻网站、自媒体的关注。

第三个步骤往往和第二个步骤并行展开。和新闻稿不同，自媒体在扩散内容时更多是以看热闹的口吻来转述事件的。有时为了保证传播面，可能需要联系意见领袖、"大V"来进行事件的传播。

（5）部署项目执行。事件营销的项目执行有如下步骤：

① 制作内容并投放至指定社区；
② 发布评论任务形成讨论环境；
③ 联系社区版主登入热门板块；
④ 联系网站编辑撰写新闻稿件；
⑤ 联系新闻记者进行新闻报道；
⑥ 联系自媒体人进行事件传播；
⑦ 官方表态直接回应参与互动；
⑧ 持续控制讨论环境互动氛围；
⑨ 进行事件升级或颁布新活动。

在项目执行的过程中，为了吸引更多流量，有时需要投入成本在自媒体人、门户网站编辑、新闻媒体记者、社区评论用户上。

3. 一个事件营销成功的要素

（1）显著性。新闻中的人物、地点和事件的知名度越高，价值就越大。

（2）接近性。与用户的心理、兴趣和方位的接近性和关联度越高，价值就越大。互联网的迅速发展给事件营销带来了巨大的机遇。通过互联网，一个事件或一个话题可以更高效地传播和引起注意。

（3）反差性。人类天生就具有好奇心。大多数用户对新奇、反常和异常的事物更感兴趣。事件营销要求整个事件曲折有意思。

（4）正面性。互联网是一个不可预知的世界。一方面，瞬间就可以引起高度的反应，引起高度的关注和频繁的评论，使你立马成为公众偶像；另一方面，也可以立即使你成为负面人物。所以，事件营销必须要有正面性，使事件可以得到媒体和公众的关注，提高品牌知名度，同时保持良好的品牌声誉。

 **协作创新**

协作创新：
冰桶挑战，点燃快乐慈善

分小组讨论，选取一个成功的事件营销案例，分析它成功的原因。

2.4.2 互动活动策划

奥美公司的
互动营销

所谓的互动，就是双方交互地行动起来。在互动营销中，互动的双方一方是消费者，一方是企业。只有抓住共同利益点，找到巧妙的沟通时机和方法，才能将双方紧密地结合起来。互动营销尤其强调双方都采取一种共同的行为，达到互助推广、营销的效果。

互动活动一般有以下几种形式：

1. 全民参与

这个活动一般是根据最新的节日或者热门话题，策划一个活动主题，让用户在限制时间内发布与主题相关的图文或留言回复，按照点赞数量或者其他固定规则来选取中奖用户。或者是将指定图片发送到朋友圈、微信群、微博等平台，截图后发至活动组织者处，筛选抽取获奖用户。这种互动形式需要准确把握用户关注点，提升用户的参与感。但是需要在极短的时间内收集统计全部的参与信息，建议将活动主题与运营目的相结合。

2019年春节期间，支付宝再次上线了"集五福、过福年"的活动，激起一波全民参与的热潮。规则是通过AR扫福字集福卡等方式，只要集齐爱国福、富强福、和谐福、友善福与敬业福，就可以在除夕夜拼手气分5亿红包（如图2-15所示）。这种深度结合节日特色、夺人眼球又极易参与的活动，自然引发了人们的讨论和参与。同时，加好友互送福卡、沾沾好友福卡、花花卡等创意玩法，进一步扩大了其社交影响力。可以说，支付宝"集五福"活动在营销活动的内容、广告创意和传播上都做得深入人心。

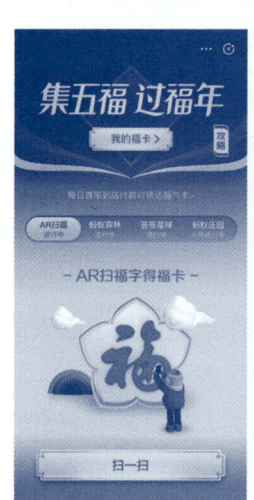

图2-15 支付宝春节"集五福"活动页面

2. 留言有礼

这是一种已经很普遍的新媒体平台互动形式，组织者发布活动方案或产品宣传信息，要求用户在留言区留言，根据点赞数选择中奖用户；或者直接要求用户发送指定留言，从参与用户中随机抽取获奖用户。这种营销互动方案已经成了新媒体营销策划的首选方案之一，因此对于用户来说，缺乏新颖的吸引力，但作为最简单、易操作的营销方式，它也同样具备用户参与度高的特点。因此在设计活动方案时，要充分把握用户的兴趣点，需要有较强的话题互动感，以增加参与用户的数量。

例如，美特斯·邦威微信公众号发布了一篇《红色单品快入手，过年得有仪式感!（文末有福）》的文章，在文末公布互动时刻的活动方案，请订阅者以"年味变了，只有_____没变"的句式留言，官方抽取五个最动人的感慨，送上精心准备的礼物（如图2-16所示）。该活动切中用户的兴趣点，又颇具人文情怀，吸引了大量参与者在留言区互动。

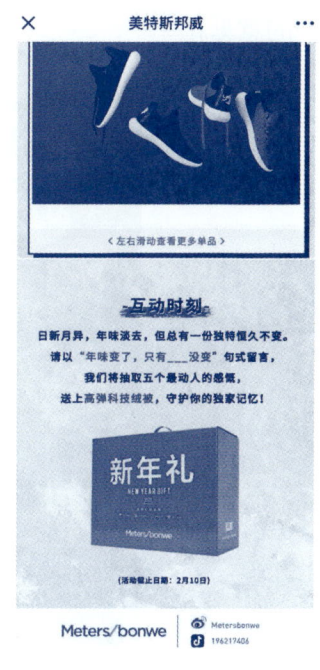

图2-16 美特斯·邦威微信公众号文章

3. 红包吸粉

对于用户来说，活动红包是一种特别的互动营销形式。很多手机应用在做营销活动策划的时候，往往会选择引导用户在完成支付订单后分享链接至微信，邀请其他微信好友领取活动红包。一般红包金额会放入相应的账号，可供下次直接使用。企业需要注意，红包应限制数量和金额并设置合理的使用条件，以控制成本，虽然能够通过红包活动快速吸粉，但是要防止被其他团队恶意集中领取，造成预算浪费。

外卖类平台基本都在使用此种互动方式，以达到吸引用户为使用红包而购买的目的。美团外卖红包分享页面如图2-17所示，其链接标题多为"第×个领取的人红包最大!"，以此吸引用户的眼球并号召更多好友领取以获得最大金额的红包。

4. 抽奖活动

抽奖作为常见的互动形式，一般可以有大转盘、刮刮乐、砸金蛋、翻牌等（如图2-18所示）。这种互动方式能够极大地调动用户的参与性，但是要考虑到奖品分配的均衡性，偶尔举行一次抽奖活动可以提升账户的粉丝活跃度。

5. 投票活动

作为营销活动中的常青树，投票从出现至今一直是营销中最有效的活动形式之一。投票活动主要有两种，一是通过比赛等方式设置比赛主题及奖项，吸引用户参与报名，然后在活动页面拉票，票数高者获得胜利及奖品；二是调查客户的满意度，听取客户的意见。

图 2-17 美团外卖红包分享

图 2-18 幸运大翻牌活动页面

通过这种形式进行营销策划，可以大幅提升粉丝数量，增加用户的参与感。但在活动策划中有几点需要注意，首先投票流程设置不要过于复杂，对参与用户进行关注限制，需要关注后才可参与投票。另外要防止用户买票刷票等作弊行为，以保证投票活动有效。

例如，今日头条发起的年度盛典投票，投票总排名第一的男女明星将分别获得"年度最受关注男明星"以及"年度最受关注女明星"奖项，并在头条盛典现场接受颁奖。该投票活动的影响力从明星的票数上可见一斑，粉丝们也热衷于为喜爱的明星投票和拉票。

6. 互动游戏

游戏带有一定的竞技性，在给用户带来趣味性的同时，能更好地吸引新用户，捆绑老用户。很多平台都开放了互动游戏端口，开通了连连看、消消乐、贪吃蛇、扑克等免费互动小游戏，或者是在多媒体平台直播当下流行的大型游戏。

例如，为继承和发扬优秀的中华传统文化，引导广大市民深入了解春联文化的博大精深，春节期间，西安城墙隆重推出"小武士对联PK"互动游戏，获得了大量微博用户的参与（如图2-19所示）。

两会新媒体互动

图 2-19 小武士对联 PK 互动游戏

7. 有奖猜谜

每逢佳节,都有很多运营者在平台上开展猜谜游戏或问答,运营者将问题以图片、文字或视频等形式推送给用户,用户在后台将答案发送给运营者,答对者可获得相应奖励。

这种活动方案很适合企业在宣传某项大型活动或者新品上线时使用,将关键线索放置在宣传文案中,可以引导用户认真地多次阅读,加深用户对活动或产品的印象。不过这项活动需要运营认真策划,如果参与难度太高,会降低用户的参与积极性,甚至导致没有用户参与的尴尬窘境;如果参与难度太低,用户没有成就感,还会造成过量的奖励支出,导致活动提前下线,达不到预期的宣传目的。

例如,某空调微博账号通过 15 秒的短视频来演绎一个成语,邀请关注者在评论中猜出答案,以新颖、逗乐的方式博得粉丝的关注与互动。

8. 趣味问答

企业可以在平台上发布问答活动,通过这种方式引发用户对品牌及产品的深度思考,让用户能更深入地了解品牌特性。这种活动方案需要针对用户认真而有目的性地设计问题,尽量方便用户解答。

例如,小米手机开展"智勇大冲关"的活动。活动原理是:用户随机从小米公司准备的题库中抽出 10 道选择题进行回答,答完之后会有得分,分数高的"米粉"会有对应的奖励。而这些问题都是和小米手机相关的,比如小米手机用的什么处理器,尺寸是多大,像素有多高,等等。到活动结束的时候,这个活动总的参与次数为 2 100 万,有超过 200 万个用户进行游戏。"智勇大冲关"以论坛游戏的方式加深了广大参与者对小米手机的了解(如图 2-20 所示)。

图 2-20 小米手机趣味问答

9. 征文投稿/摄影大赛

许多大品牌都热衷于开展征文活动，一般会在设定征稿主题和时间期限后收集用户的投稿文章，主题有节日、与品牌的故事、梦想，等等，企业对用户投稿内容进行评比筛选后选出优质稿件推广发布并给予用户奖励。

营销策划人员在组织征文或摄影比赛的时候，一定要先积累一定的粉丝基础，这样才能在活动初期快速推广扩散，获得更多关注及参与者。设置活动奖励时需要分档，只有让更多的参与用户获得活动奖励，才能充分调动用户参与的积极性。

10. 推荐有奖

互动活动的首要目的是吸粉，企业希望通过活动吸引更多的新用户。例如，公众号可以让用户生成一个推广二维码，当老会员分享二维码推广给新用户关注或购买后，会获得奖励或者提成。这种营销方式可以在平台宣传新品时使用，通过老会员拉取新会员等模式，形成裂变式增长。

例如，小米就通过F码将新用户和老用户连接起来，产生互动。而这个互动其实就是一次口碑的传播，让用户自发地给用户打广告。因为互动的产生，用户的活跃度也会得到提升。

以上互动活动营销适用于微信、微博、论坛等各大新媒体平台。针对微信，还有独特的互动活动营销方式，比如H5互动营销等。

企业运营人员如果能熟练掌握这十种营销技巧，将它们与自身品牌完美融合，做到有个性、有调性，让粉丝喜爱并愿意自发传播活动信息，营销就会越做越好，活动参与率与粉丝互动量也会逐步提升。

 **协作创新**

分小组讨论"ABK6干邑"公众号适合哪几种互动活动?为其策划一次新媒体互动活动。

2.4.3 社群营销策划

社群,指互联网上的虚拟社群,最早关于虚拟社群(Virtual Community)的定义是由社会学家瑞格尔德提出的:一群通过计算机网络连接起来的突破地域限制的人们,通过网络彼此交流、沟通、分享信息与知识,形成具有相近爱好的特殊关系网络,最终形成了具有社区意识和社群情感的团体。

社群可以简单地认为就是一个群,但是这样的群需要具有以下特征:社交关系链的存在是社群的基本条件;有稳定的群体结构和较一致的群体意识;成员有一致的行为规范、持续的互动关系;成员间分工协作,具有一致行动的能力。

网络社群的概念是随着WEB2.0的发展以及社交网络的应用逐步流行起来的。广义上,网络社群指以互联网为主要沟通渠道,拥有线上线下多种互动与运营方式,有较固定的平台或渠道,便于成员进行交流分享的社群。狭义上,网络社群指具有商业化潜力,能够形成内容价值的网络社群。社群经济主要基于社群的商业生态,将社群和交易相结合,满足消费者不同层次的价值需求。

社群营销,就是基于相同或相似的需求,通过某种载体聚集群成员,通过产品或服务满足群体需求而产生的商业形态。将有共同兴趣爱好的人聚集在一起,将一个兴趣圈打造成为消费家园,是社群营销的主要商业逻辑。社群营销的载体不局限于微信群及微信公众号,各种新媒体平台都可以做社群营销,如微博、QQ群、论坛、今日头条、贴吧、直播平台等,甚至线下的社区都可以进行社群营销。

一个社群由同好、结构、输出、运营、复制五方面构成,想要搭建一个社群就要以五个构成因素为基础。

1. 同好

所谓"同好",就是对某种事物的共同认可和共有行为,是社群构成的第一要素,也是社群成立的前提条件。同好所构建的社群可以基于某个产品,比如某一特定手机的用户社区;可以基于某种行为,比如每周组织徒步旅行的"驴友会";可以基于某种标签,比如爱好健身的粉丝团体;可以基于某种空间,比如某生活小区的业主群;等等。

行业观察

在2012年年末,"罗辑思维"出现在了大众视野之中。当天,同名微信公众号开通运营,第一期视频同时上线。主讲人罗振宇开始了每天早上6:30推出60秒音频和每周一期的视频节目更新。半年内,它由一款互联网自媒体视频产品逐渐延伸成为互联网社群品牌,收获了巨大的粉丝量。

罗辑思维的口号是"有种、有趣、有料",倡导独立、理性的思考,旨在以"身边的读书人"形象成为一代中国人的成长伴侣,推崇自由与互联网思维,致力于打造一个有灵魂的知识社群,一群自由人的自由组合。

2012—2015年,罗辑思维拥有超过600万的微信订阅用户,视频点击量近3亿,考验"真爱"的限时限量会员招募费用也轻松超过千万元,2015年10月20日,罗辑思维正式对外宣布完成B轮融资,估值13.2亿元人民币。11月,知识服务App"得到"正式上线。

"得到"为解决内容难题,创造了一个多元化的产品体系。其产品包含了知识新闻、订阅专栏、每天听本书等细分内容,产品体系,覆盖经济、管理、科学、艺术、创业等各个知识领域。

截至2017年3月5日,得到用户总人数为558.4万,平均每天增加2万,日活跃用户45万,专栏累计销售144万(扣除《罗辑思维》为80万),专栏平均日打开率约为30%。

罗辑思维集微信公众订阅号、得到App、知识类脱口秀视频及音频、会员体系、微商城、百度贴吧、微信群等具体互动形式为一体,主要服务于80、90后"爱智求真"强烈要求的群体,成为目前影响力较大的互联网知识社群之一。

2. 结构

合理的社群结构是保持社群活跃度和存活时长的重要基础,在创建社群之初,就应该对社群结构进行有效的规划。

做粉丝社群推荐金字塔结构(如图2-21所示),因为金字塔结构会将社群里的人群细分成几个不同层次,而所有人都需要认可群主,有利于粉丝文化的打造。

以小米为例,其社群营销最出色的是对于粉丝聚集平台的精准认识。比如,初期粉丝的主要聚集地是论坛,在论坛上米粉参与到调研、产品开发、测试、传播、营销、公关等多个环节之中,同时因为这些活动也使得米粉的荣誉感和成就感得以彰显,使他们被牢牢地"黏"在论坛上。但论坛的缺点是太封闭,人群扩展起来非常困难,因此小米又逐步通过"微博拉新、论坛沉淀、微信客服"等营销活动组合扩散知名度。微博的强传播性适合在大范围人群中快速传播和获取新用户;论坛适合沉淀、持续维护式内容运营，保持已有用户的活跃度；而微信可视作一个超级客服平台，从领导到员工都是客服，可以持续与粉丝对话。小米在推出红米手机的时候，又选择了QQ空间作为合作平台进行产品发布，因为QQ空间在三四线城市有着广大的用户人群，跟红米的用户重合度很高。

图2-21 粉丝社群金字塔结构

3. 输出

社群的输出能力与持续性决定了社群的价值。持续的优质内容的输出能够保持社群的活跃度。但是若不能持续提供有价值的内容，社群的凝聚力就会慢慢减弱，没有足够价值的社群迟早会成为"鸡肋"，群成员就会选择退群或者被群主解散，也会有一些人再去加入或创建新群；还有一种情况，群成员会做出违反群规的行为（比如频频发布广告信息、转发投票链接等）。这会给社群带来负面的影响。

因此，学习类和知识类社群尤其需要关注和引导价值输出，确保高质量信息、知识、资源的稳定输出，提升社群成员的获得感和参与感。例如，英语流利说是一款轻松有趣的英语学习App，也是一个精彩纷呈的学习社区，它通过语音评分技术、英语学习素材、口语训练课程和闯关游戏机制来帮助用户学习英语。在选取合适的付费课程后，用户会被邀请加入微信学习群，该群核心的输出是每日总结、每日小课程和学员问答等活动，例如英文歌、语法讲解、电影分享、纠音课堂。除此之外，还有各个小组每日学习情况的打卡汇报（如表2-12所示）。

4. 运营

社群的生命周期长短很大程度上依赖于社群的运营管理水平。运营者需要实现社群的"四大价值"来保证社群的可持续发展。

（1）社交价值。通过有组织的交流、分享、互动，丰富社群的社交属性，增强社群成员之间的相互连接。

表2-12 英语流利说微信群每日安排

VIP班级课程表							
时间	周一	周二	周三	周四	周五	周六	周日
9:30	早安问候					配音秀	Topic
11:00	周计划	昨日榜单					
中午	英文歌	英文歌	纠音反馈	英文歌	纠音反馈		
14:00	周榜单	纠音练习	语法	纠音练习	电影分享		
16:00		直播课	班班小课堂	热点干货			
19:00	每日总结				一周总结		

（2）参与价值。通过分工协作使社群成员参与到具体的任务和活动中，增强社群黏性。

（3）信息价值。通过定期给社群成员提供有价值的信息，让社群成为优质内容和渠道的分享来源。

（4）归属价值。社群的最高价值是情感的归属和身份的认同，因此，要不断地营造社群的归属感，拉近社群成员之间的关系。

行业观察

小米公司于2010年年底推出手机实名社区"米聊"，在推出半年的时间内，注册用户突破300万人。小米通过论坛、微博、微信等社会化营销模式，凝聚起粉丝的力量，把小米快速打造成为一个异军突起的品牌。小米的品牌宣言是"为发烧而生"，用发烧友的品质来要求产品，但做出来的产品是要让所有的消费者认可，而不是只卖给发烧友。因为聚拢着一批发烧友，小米手机的生态圈不断扩大，小米盒子、小米活塞耳机等周边产品不断丰富起来。小米早期的发烧友文化就是社群的雏形，从最早的100个铁杆"米粉"，不断裂变到千万级的粉丝量，都是无比真实的产品代言人。

基于这些粉丝逐渐形成小米独特的"米粉文化"：爆米花奖、同城会、米粉节……人们因小米手机而结缘，并紧密联系在一起。

就这样，从2011年开始，"米粉"成为异军突起的小米公司产品社群营销成功的代名词。

就运营"四大价值"来分析，小米最出色的，第一是"参与价值"。① MIUI的开发参与：米粉提出要求，由工程师改进MIUI系统并每周发布新版本。② 产品的改进：第一批工程机的用户在使用过程中，会把意见反馈给小米的客服，客服再把意见反馈给设计部门，用户的意见可以直接影响产品的设计和性能，使其快速完善。③ 把整个缺陷管理系统开放到网上，让用户一起来参与维护。

第二则是"归属价值"。① 粉丝活动。通过邀请米粉来参加各种交流、公益活动，每场规模在300～500人，有抽奖、游戏、才艺、互动等多个环节，小米联合创始人也会到现场与米粉们互动。②《爆米花》杂志。这是小米社区针对小米手机用户而制作的一本内部刊物，内容涉及相关的企业文化、米粉访谈、米粉创意展示，以及最新手机玩法等。小米手机用户与米粉可以通过参与小米社区活动得到登上《爆米花》杂志的机会。③ 同城会。定期根据后台分析的每个城市用户的数量来决定同城会举办的顺序，在论坛上登出宣传帖后用户报名参加，每次活动邀请30～50个用户到现场与工程师当面交流。

5. 复制

社群的可复制性决定了社群的规模。一个社群如果要复制多个平行社群以形成巨大的规模，在真正行动前，请先思考三个问题。第一，是否已经构建好组织；第二，是否已经组建核心群；第三，是否已经形成亚文化？

行业观察
微信群与QQ群对比分析

社群营销的本质是通过线上工具，借助人与人之间的沟通力量来完成品牌的推广。如表2-13所示，通过对比QQ群、微信群，可以看出二者各有特点。

表2-13 QQ群与微信群对比分析

项目	QQ 群	微信群
群定位	是较多基于陌生人的社交圈；公开性更强	是较多基于熟人的社交圈；私密性更强
群管理	群功能完善，包括群公告、群相册、群文件等，管理方便	群管理功能不够完善
群信息	信息可回顾查看，但易屏蔽，群文件、图片信息等可漫游、可长期保存	信息可回顾查看，信息无法完全屏蔽（最多免打扰），群文件、图片等不可长期保存

续表

项目	QQ 群	微信群
群人数	最多2 000人，加群难度低	最多500人，超过40人，邀请需对方同意；超过100人，需要用户实名验证，加群难度大
群推广	推广方便，可通过群名称、标签、二维码、账号等方式查找加群	不可通过群的基本信息查找
适用类型	产品信息反馈、交流讨论、生活娱乐、交友、同城交流、情感沟通、地域划分、兴趣交流	地域划分、兴趣交流、活动交流（包括各类线下活动）

资料来源：根据艾瑞咨询及其他网络资料整理。

要想做好社群营销，应考虑以下建议：

1. 需要具备满足某个主题的优质价值输出

可以进行新媒体运营、品牌营销策划方向的专场分享；也可以拜访不同领域的行家，内部分享独家访谈手稿；还可以进行群内互推合作，杜绝广告，打造高质量朋友圈。

2. 具有一个活跃的灵魂人物，也就是社群领袖

社群的角色可以分为内容创造者、评论者、搜集者、参与者、围观者、不活跃分子。他们各自的诉求不一，相互影响和转换。

社群运营必须对症下药。如为搜集者提供有价值的实用干货知识，为评论者提供话题，为围观者创造看热闹的场面，为创造者提供思考的资源和灵感。

但这些成员中，最核心的莫过于社群的意见领袖，即活跃的灵魂人物。他可能会兼有思考者、组织者多重身份。如果一个群有两三个这样的意见领袖，就能激活其他成员，碰撞出很多有深度的内容火花。

这也是社交媒体具有天然渠道的魅力，它集合了一群有温度、有情怀的人，它链接的是"人性"，输出的是"价值观"。

3. 设立一套行之有效的管理规则

任何群体，无规矩不成方圆。要制定科学完备、可执行性强的管理规则，在此基础上进行社群营销。

4. 有高质量的线上线下活动策划

活动，能迅速催化社群的"温度"，能让成员有参与感。活动的策划需要结合社群的主题和成员的诉求。

线下的交流活动，更是维持社群关系链持续发展的重要环节。面对面的沟通体验能迅速拉近群成员之间的关系，通过真实场景强化社群的存在感，丰富成员的体验，加深关系链的沉淀。

5. 要打造独特又好玩的社群文化

社群的核心在于情感归宿和价值认同。社群一定要好玩，"不好玩，不传播"，寓教于乐，寓商于乐的社群文化每个人都能接受。

6. 社群营销的核心魅力在于"裂变"

开放的互联网带来无限的信息量，未来的互联网是垂直社群的时代，每一个社群都是一场化学实验。一个企业品牌与消费者之间的弱关系能通过社群营销变成强关系，也许大家不再相信明星代言的广告，但往往会相信某个关注领域的意见领袖的推荐和某个朋友的分享。

此外，社群成员人数也要合理控制。牛津大学著名人类学家罗宾·邓巴（Robin Dunbar）提出了"150定律"，即人类智力允许人类拥有稳定社交网络的人数约是150人，精确深入交往的人数是20人左右，这些是由大脑新皮层的应对能力所决定的。这就是著名的"邓巴数字"。过量的人和信息是低效的传播，会提高获取信息的成本。

协作创新

协作创新：
罗辑思维是怎么炼成的

分小组选取一个成功的社群营销案例，讨论分析它成功的原因。

2.5 营销策划方案的撰写与展示

营销策划方案是整个营销策划内容的书面载体，它不仅是营销策划活动的主要成果，而且是企业进行营销活动的书面行动计划。营销策划方案凝聚了整个策划活动的智慧，其写作水平的高低直接影响着营销策划方案的有效表达，也会成为衡量营销效果好坏的标准之一。一般而言，在新媒体环境下，营销策划方案要遵循一定的基本格式。

2.5.1 营销策划方案撰写框架

1. 设定新媒体营销目标

目标就是想完成什么，目标的设定应该遵循SMART原则[①]，即具体（specific）、可衡量（measurable）、可达成（attainable）、现实性（realistic）、时限性（timed）。用

[①] SMART原则是实施目标管理的重要原则，但其中五个原则的具体分解略有不同。

明确的、可测量的、可执行的、现实性的和有时限的方法努力实现目标。

对于新媒体营销策划而言，第一步应该是设定想要达到的营销目标。拥有目标，可以在新媒体营销竞争中处于有利态势；没有目标，则容易迷失营销发力的方向。

新媒体营销目标应该与营销策略保持一致，这样在新媒体平台上所做的努力就会促使企业达成目标。新媒体营销目标应不仅是关于"转发""点赞"之类的指数指标，而更应该是销售额、人气度、影响力、网站流量这类高级指标的综合体现。

2. 评估及选择新媒体平台

根据公司所处的市场环境、战略选择、产品定位、产品质量、价格体系、促销方式、渠道选择、组织管理及执行控制方面的特征，在新媒体平台阵营中，重点选择适合自身发展的平台。

3. 公司及相关竞品平台运营分析

知己知彼，百战不殆。首先，要对公司及相关竞品的新媒体平台运营数据进行分析与对比；其次，要对竞品的运营方案进行全面分析，重点关注竞争对手的切入点。最后，要总结竞品优势，取长补短，为下一个环节的营销策划方案提供参考指南。

4. 内容规划和具体行动方案

要想在新媒体营销上取得成功，优质的内容至关重要。新媒体营销方案应包含一份由内容规划和具体行动方案共同组成的文案。某企业的今日头条号的内容规划如表2-14所示。

表2-14 某企业头条号内容规划

内容规划	发布量10~15条/天	企业相关信息50%	企业动态、领导新闻、新品上市、活动促销、产品相关知识
		受众相关信息50%	女性话题，如美容、养生等；男性话题，如汽车、足球等；热点转发，如新闻、图片等

新媒体营销策划方案应该涵盖所选择平台发布内容的具体时间以及在新媒体营销活动执行中打算推送的内容，做出具体行动计划，提前规划消息推送（如表2-15所示）。要重点关注消息推送的语言和编辑的格式，同时不要忽略在营销活动过程中客户服务的重要性。

如果不确定应该如何分配资源，最好参考自媒体内容运营三分法。也就是选择三分之一的内容用来推广企业、吸引客户，并获得利益，选择三分之一的内容用来呈现和分享行业内思想领袖或是志同道合的企业的创意和故事，其余三分之一的内容用来与粉丝互动和建立营销品牌。

表 2-15 某企业微博平台的具体行动计划

内容主题	内容说明	栏目设置	数量及时间安排	定位要求	阶段目标
语录励志类	以职场、人生哲理、管理名言或营销语录	#天天向上# 每日经典语录、传递正能量	数量：5~8条/天 8:30~9:00 10:00~10:30 11:30~12:00 13:30~14:00 15:30~16:00 18:00~19:00 20:30~21:00 备注：每个栏目暂不固定发布时间；运营人员自行安排。除了晚间、周末避免使用定时器	内容呈现出一个对营销、品牌有自己见解的培训专家、顾问、职场导师形象	第一阶段（1~2个月） 要求： 主体方向确定，框架构建起来，定位清晰，内容有规律、有计划、有互动
培训管理类	与培训管理行业相关的知识分享、观点摘录为主，比如@人力资源研究	#天天悦读# 分享推荐行业相关文章			
职场知识类	以分享经理人相关的知识技能为主	#天天百科# 分享职场人的一些问题解答、行业流行术语解读等			第二阶段（3个月） 要求： 目标清晰、定位准确、粉丝活跃度高

5. 测试、评估和调整新媒体营销方案

新媒体营销策划方案不是一成不变的，而应该跟随实际情况做出及时调整。通过新媒体营销数据分析，记录并分析具体营销策划活动的成功与失败，重新调整新媒体营销方案。

2.5.2 营销策划方案的展示技巧

要想在汇报展示新媒体营销策划方案的过程中取得满意的结果，提案人员应该注意以下几个方面。

1. 讲求提案策略

（1）事前协调，虚心请教。在正式汇报展示之前，为取得有关人员的理解、认同及协助，提案人员可以先找到评审委员进行面谈，说明策划方案的内容，并请他们给出修改意见。经事先指点改进后的策划方案，在展示过程中一般很少会受到相关方的刻意刁难。

（2）分段汇报，效果更好。当策划的内容相当多或者过程较为复杂时，可以就策划的过程或者组成部分进行分段概述与汇报，这样不仅能方便与会者了解策划的逻辑思路，也能引起评审委员对策划内容的进一步关注。

2. 巧妙使用工具

为了向评审者和决策者有效介绍策划方案的内容，提案人员除了要提供必要的资料、图表并进行口头陈述之外，多种表现工具和辅助设备的配合使用也是必不可少的。

新媒体营销策划方案的展示，一定要通过音频、视频素材，从视听角度进行演示，使枯燥的报告内容变得生动形象，让展示形式变得丰富多彩。灵活运用投影仪、演示白板、简报、原型素材等工具，能使展示的内容更具表现力和说服力，使策划方案更容易被决策者认同和接受。

3. 注意现场表现

（1）充满自信。在进行内容陈述时，汇报人要信心满满，尽可能多地使用肯定性措辞，以表现出对营销策划的信心。

（2）灵活应对。在回答现场提问时，汇报人如果遇到较难回答或者拿不准的问题，要尽量避免慌张，多动脑筋，灵活应对，切忌含糊其辞或胡乱作答。

（3）冷静处理。在汇报展示过程中，出现批评和指责的情况不可避免，汇报人应保持冷静，不可与对方发生争吵；对于棘手的问题，尽量安排在汇报后再私下沟通，协调处理。

知识与技能训练

一、单选题

1. 以下选项中，（　　）不属于目前中国的三大社交平台。
   A. 微信　　　B. QQ　　　C. 微博　　　D. 知乎

2. 精准定制类手机新闻客户端会根据个人的阅读习惯定向推荐内容，属于这一类的客户端为（　　）。
   A. 腾讯新闻　　B. 网易新闻　　C. 新浪新闻　　D. 今日头条

3. 构成社群的所有要素是（　　）。
   A. 同好、结构、输出、盈利和复制
   B. 同好、结构、输入、运营和复制
   C. 同好、结构、输出、运营和复制
   D. 以上说法都对

4. 相较于传统媒体新闻阅读，不属于新闻客户端优势的是（   ）。

   A. 深度阅读，鼓励进行社交媒体转发

   B. 突出头条新闻，主推原创

   C. 强化个性化推送，强化交流属性的卖点和痛点

   D. 订阅简单，安装方便

5. 罗宾·邓巴提出的"150定律"指：人类智力允许人类拥有稳定社交网络的人数约是（   ）人，精确深入交往的人数是（   ）人左右，这些是由大脑新皮层的应对能力所决定的。这就是著名的"邓巴数字"。

   A. 150 20   B. 120 30

   C. 150 30   D. 120 20

二、多选题

1. 知识问答平台"知乎"兴起的原因包括（   ）。

   A. 真实性

   B. 运营策略与社交网络服务

   C. 开放式互动性

   D. 话题管理模式

2. 以下属于社群的有（   ）。

   A. 班级微信群

   B. 社团QQ群

   C. 篮球运动群

   D. 十点读书阅读分享群

3. 直播营销受大众青睐的原因有（   ）。

   A. 极强的实时互动性

   B. 获取的精准用户

   C. 实时产生转化

   D. 网络运营成本低

4. 下列属于秒拍优点的是（   ）。

   A. 随手拍随手传，简单方便

B. 使用专业设备或手机拍摄
　　C. 网站自己导流
　　D. 视频即拍即处理
　　E. 微信朋友圈、微博可快速分享

5. 小米手机互动活动的形式有（　　　　）。
　　A. 留言有礼
　　B. 红包吸粉
　　C. 投票活动
　　D. 互动游戏
　　E. 征文投稿

三、判断题

1. 在互动营销中，互动的双方一方是消费者，一方是企业。（　　　）

2. 企鹅电竞属于体育直播平台。（　　　）

3. 内容创作者通过接入大鱼号，上传图文、视频可被分发到UC、优酷、土豆等终端，获得多产品、多平台的流量支持。（　　　）

4. 策划一场既能满足年轻人的喜好又能满足老年人的需求，既能讨好白领又能迎合学生的活动，是非常容易的。（　　　）

5. 以18~25岁女性青年居多的大鱼号，是阿里文娱体系为内容创作者提供的统一账号。它实现了阿里文娱体系一点接入，多点分发，多重收益。（　　　）

四、案例分析题

　　2018年3月29日，爱奇艺正式在美国纳斯达克挂牌上市，发行股票代码IQ，并于当天首次公开发行125 000 000股美国存托股票（"ADS"），每股定价为18.00美元。敲钟仪式当天，爱奇艺创始人CEO龚宇博士携同众多爱奇艺高管，以及百度董事长兼CEO李彦宏等股东共同出席。龚宇在敲钟仪式前发表致辞："爱奇艺是中国最大的在线视频平台，它为数亿中国人提供了丰富的娱乐体验，丰富了他们的精神生活。为此我们感到自豪。"当天，爱奇艺上市广告牌在美国时代广场打出，百度大厦总部也为爱奇艺亮灯祝福。根据以上案例材料回答以下问题：

（1）试分析爱奇艺属于哪种网络视频平台，并说出网络视频平台的主要分类及代表应用或软件。

（2）查阅相关资料，讨论为什么爱奇艺能够做大做强？原因有哪些？

五、实训实战题

（一）实训背景

学生已经对新媒体营销策划方案的写作框架有一定的理解，通过本次实训活动，可以掌握新媒体营销策划方案的写作框架，提升其实践应用能力。

（二）实训任务

以赣南脐橙品牌"东江藏"上市活动为对象，撰写一份新媒体营销策划案。

（三）实训步骤

第一阶段：产品背景了解

查阅该产品的背景材料，对产品形成一定的认知。

第二阶段：营销策划创意激发

（1）以产品背景为依据，小组内确定该产品新媒体推广的目标和对象。

（2）小组成员集思广益，讨论该产品的推广主题、渠道、具体形式、具体时间。

（3）各小组组内整合信息，完成一份新媒体营销策划书。

第三阶段：课堂路演

（1）各小组制作方案展示PPT。

（2）以小组为单位各小组逐一汇报。

（3）教师对汇报结果进行点评。

实训拓展：
百雀羚《一九三一》一镜到底

Chapter

03

第三章
新媒体营销文案创作

- 新媒体营销文案的特点与类型
- 新媒体营销文案创作思维
- 新媒体营销文案创作方法

知识目标
- 了解新媒体营销文案的特点与类型
- 了解新媒体营销文案创作思维
- 掌握产品文案创作方法
- 掌握品牌文案创作方法
- 掌握推广文案创作方法
- 掌握导购文案创作方法

"新媒体营销文案创作"
导学微课

能力目标
- 能够建立新媒体营销文案创作思维，强化创新意识
- 能够撰写产品描述、新媒体推文等形式的产品营销文案
- 能够撰写以品牌广告语、品牌故事为核心的品牌营销文案
- 能够撰写新媒体营销活动推广文案
- 能够为淘宝站内导购、资讯导购、自建平台导购等平台撰写导购文案

思政目标
- 培育并践行社会主义核心价值观
- 培养新媒体营销人员的法治意识与职业道德

思维导图

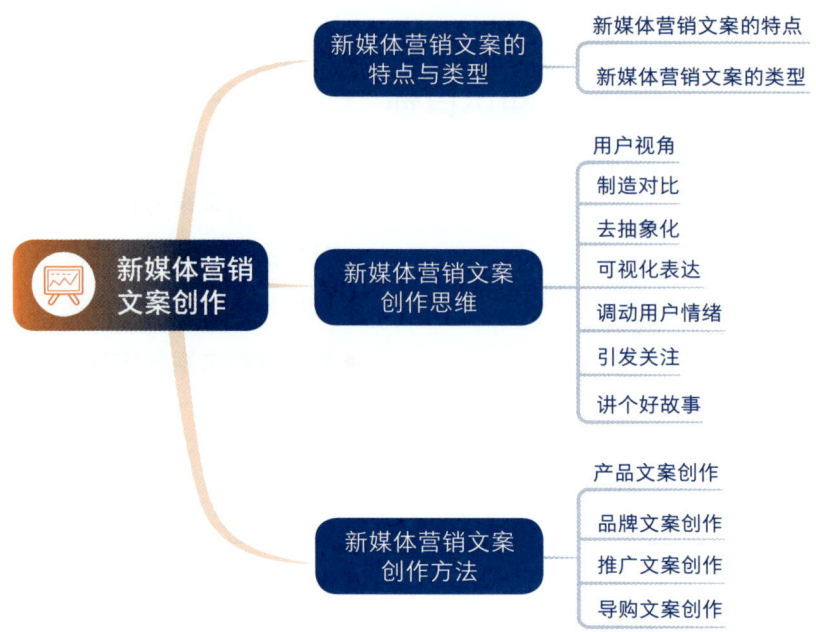

案例导入

3年455篇软文!"买神"黎贝卡为何能在公众号上卖包、卖车、卖房?

从时政记者到电影记者再到微信公众号运营者,通过和读者分享购物、穿着打扮经验,"黎贝卡"已经成为各大品牌争先合作的对象。她的微信公众账号"黎贝卡的异想世界"被评为2015年中国最有影响力微信公众号",微信粉丝数80万。

公众号上到底能卖什么?

时尚类公众号"黎贝卡的异想世界"似乎在一次次刷新大家对于这件事的认知。2016年8月初,黎贝卡与故宫文化珠宝合作推出联名款,400件珠宝,20分钟内售罄;2017年7月底,黎贝卡联手MINI发售定制车,100辆车,4分钟内售罄。

一年时间不到,从卖珠宝到卖汽车,黎贝卡的"买神"之位越坐越稳。始终不变的是,在"黎贝卡异想世界"上,品牌方的投放软文始终位于次条位置,并且会直接在标题写明"推广"字样。

黎贝卡的异想世界

通过分析黎贝卡3年455篇软文,我们可以得出以下总结:

1. 尊重用户，从不藏着掖着打广告

新媒体人王左中右曾谈道，用户并不反感自媒体人打广告，反感的是藏着掖着打广告。"黎贝卡的异想世界"对于软文的处理非常坦诚，会直接注明"推广"，并且始终固定在标题最开始处。

另外，每篇软文结尾也会特别注明：这是来自黎贝卡的定制广告。

2. 亲自上阵推荐产品，不会给人距离感

对于粉丝来说，他们追随的不仅仅是这个公众号，更是黎贝卡本人，她选择亲自上阵推荐产品，或讲述自己的故事，或分享自己的使用心得，或拍摄广告视频，都会让用户产生亲切感，信任她的同时也会信任她所推广的产品。

3. 文章干货性强，可减轻对粉丝干扰

黎贝卡的软文不仅仅是简单的品牌曝光，而是选择更为实用性的文字表述，例如介绍品牌历史、服饰鞋包搭配指南、如何正确使用护肤品等。

"干货性"文章就是通俗易懂，没有华丽包装的经验分享，黎贝卡的广告推广用这种方式，可以最大限度地减轻对粉丝的干扰，反过来还让读者觉得非常受用。

案例启示：通过黎贝卡的案例可以看出，新媒体时代的营销活动越来越聚焦于优质而持续的内容生产，移动互联网时代，文案的特征发生了显著变化，经典的传统文案对于人性、心理学等领域的研究非常深入，需要我们潜心学习。但在新媒体的大潮下，文案创作发生了哪些变化，我们又需要如何跟随用户思想行为的改变而做出应对呢？

3.1 新媒体营销文案的特点与类型

新媒体传播基于互联网络，网络极强的传播速度、海量的信息内容、自由的表达空间使得新媒体语言具有新颖前卫、信息丰富且自由的特点。新媒体传播内容也正在突破传统文字的单一局限，包括文字、数字、图表、音频、视频，等等。

3.1.1 新媒体营销文案的特点

1. 新媒体时代的营销重构

新媒体时代究竟是一个什么样的时代？在旧的媒介平台被替代，新的媒体生态正在或即将被建立的大背景下，广告与营销的生态自然也需要重新构建。

显然，在媒介平台和传播环境全部已经发生翻天覆地的变化下，如果还沿用传统的广告投放和品牌营销手段，效果必然大打折扣。在新媒体时代，企业必须调整自己的营销思维，重新审视当前的媒介平台环境，并尝试重新构建自己的营销认知。那么，究竟该如何重构自己的营销认知呢？主要是以下四点：

（1）从"效果"到"精准"。首先，这是一个大数据的时代，媒体已经不再是简单的信息传递平台，而更多的会成为能够沉淀大量用户访问行为的数据仓库。特别是随着移动智能设备和移动应用的普及，人们在媒体平台上浏览信息时便沉淀下大量的行为数据。

（2）从"硬"到"软"。如今，互联网媒体平台的属性也发生着实实在在的变化，就拿现在的视频网站来说，已经不再仅仅是一个播放平台，比如爱奇艺、腾讯视频等早已有了自制节目的能力，甚至这些视频网站还涉足电视剧、电影等传统文化产业的生产。这就使得作为互联网媒体平台的视频网站自主性更强，广告不再一味以强硬的展示方式植入节目，而是在软性营销层面具有更多的操作空间。

（3）从"覆盖"到"互动"。尽管目前企业认识到移动端的广告价值，但是大多数企业在进行营销时仍然在电视、计算机、移动终端和平面媒体等多个媒介平台上单纯地进行海量广告的投放，相互之间割裂没有联系。然而随着手机等移动设备和微信、支付宝等移动应用的快速崛起，现在已经是一个多屏互动的时代。很多人应该还记得春晚上的摇一摇领红包活动，人们边看春晚边摇一摇领红包，成为了春晚独特的风景线，这也使得参与其中给用户发红包和优惠券的企业们赚足了眼球，提高了曝光率，这便是一个典型的多屏互动营销案例。

（4）从"轰炸"到"影响"。这是一个人人皆是自媒体的时代，根据腾讯官方的数据，仅在2017年，微信公众号的注册数量就已突破2 000万。微信用户每天在微信平台上平均要阅读五六篇的文章，而且80%的阅读量来自朋友圈。而今日头条、一点资讯等新的媒体平台的崛起也表明，这已经是一个碎片化阅读的时代，媒体正在快速去中心化。在媒体去中心化之后，新媒体广告正在成为品牌和用户的连接器，通过信息、渠道、服务、体验等各个方面影响着用户，并与之产生互动，广告不再只是简单的品牌曝光，而是需要有足以带来用户心智变化的深度影响力量。

行业观察
新媒体时代，雕牌如何继续引领行业营销创新？

1. 深入洞察市场　坚持以情动人

雕牌，这个家喻户晓的国民品牌，一直以有情有家为品牌理念，那句让人感动的"妈妈，我可以帮你干活了！"广告语在今天看来仍旧有着暖暖的温度，深深影响了亿万中国家庭。随着社会发展及80后当家作主，中国人的家庭观念也逐渐发生改变，过往略显陈旧的家庭观念，已逐渐被平等、沟通、互爱的新观念所取代。而以80、90后为主的新一代家庭，正是雕牌想要对话和沟通的对象。因此，雕牌顺应这一消费者情感变化趋势，用更年轻的方式提出"新家观"，与新一代消费群体进行更具个性化的沟通。2016年，邀请人气超高的新一代国民家庭李小鹏一家为品牌代言，倾情演绎"新家观"，针对消费者健康保障的需求与生活品质的提升，强势推出雕牌除菌系列产品。

2. 全媒体发声，引爆全民话题

2016年3月8日，全国8个城市的地铁共驶出38列"新家观号"专列——北京、上海、广州、深圳、杭州、武汉、沈阳、苏州的地铁上齐刷刷地被#雕牌新家观#观点及插画装扮一新。80条年轻、走心、张扬个性的新家庭观点将整列地铁装点得妙趣横生。独特的插画风格瞬间抓住乘客的眼球，引发人们纷纷拍照分享。"细菌不可怕，失去对世界的好奇才可怕""细菌不可怕，不能参与孩子的童年才可怕""细菌不可怕，让爱有了距离才可怕""婆媳关系要融洽，常和婆婆去广场咚恰恰"，还有"要想老婆皱纹少，多做家务少争吵"等等年轻、时尚的个性表达，传递了最正能量的新时代家庭观，引发了大家的共鸣。

随后在3月8日下午发行的上海《新民晚报》上，#雕牌新家观#以"全版+多版面报花"的形式曝光，整份报纸都被#雕牌新家观#覆盖，将话题再度升温。不仅如此，3月8日，雕牌地铁及报纸事件，被陆毅、鲍蕾、李小鹏、李安琪等明星接力曝光，他们在微博上以#雕牌新家观#话题互动，引发全网热议，各路人气微博大号的纷纷转发，使#雕牌新家观#瞬间成为微博话题榜热搜第一名。"五千年家观简史"视频在各大视频网站上线，以网友喜闻乐见的幽默逗趣方式梳理了中国五千年来家庭观念的变化。走心的视频内容也为#雕牌新家观#带来了大量关注、吐槽及转发分享。

深度解读此次#雕牌新家观#整合营销运动，不难发现在大互联网背景下的日化行业精准营销，区别于以往传统媒体的单向营销，需要传统媒体与新媒体的结合，制定整合营销传播方案。而传统媒体与新媒体营销传播理念的一致性，是此次营销成功的关键。大互联网背景下市场营销的核心是内容为王，如何用营销传播内容来丰富品牌内涵，如何通过营销传播互动有效地调动消费者对品牌的认识，如何使得品牌传播内容能够成为与消费者互动的素材和纽带，针对不同的媒体进行定制化和强适应性的内容创造，都是此次#雕牌新家观#主题营销活动中可以学习思考的关键。

2. 新媒体营销文案的特点与趋势

伴随着移动互联网的快速发展，用户习惯发生颠覆性改变，营销行为也在发生重构，新媒体营销文案呈现以下特点与趋势：

（1）从单一发声到人人自媒体。互联网向来就不是一个唱独角戏的地方。尽管主流发声的仍是BGC（Brand Generated Content，品牌生产内容）或PGC（Professionally Generated Content，专业生产内容），但如今用户对网络的需求不仅是简单的获取信息，而是渴望从旁观者转变为参与者，发声的意愿也越来越强烈，UGC（User

Generated Content，用户原创内容）模式由此应运而生。

随着互联网从中心化走向去中心化，传统的"高门槛"文案也发生变化，现在人人都可以是写手。移动互联网时代，只要你有才、有品、有料，在某一领域足够专业或有一技之长，能够熟悉使用微博、微信等社交媒体工具，坚持文案创作，便都有可能成为意见领袖。

（2）从传统渠道投放到新媒体传播。从纸媒到新媒体，从电视到网络视频，从计算机到手机，文案送达用户的渠道发生了巨大变化，整体而言体现出以下几点不同：

① 受众阅读习惯不同。新媒体与传统纸媒的受众大部分均为受教育者，较高的文化素质使得他们对新闻信息的摄入有强烈需求，但偏爱新媒体阅读的多为城市中的年轻居民，他们生活节奏快、阅读时间有限，具有追求时尚、新鲜的心理倾向，所以多习惯快速的、碎片化的阅读。纸媒受众多为老一辈知识分子或者各行业精英，比如党政机关干部、老教师、商界领袖等，他们幼时便养成阅读印刷刊物的习惯，对信息的介入较为主动，往往有合适的时间及地点进行长时间的慢速阅读。

② 传播媒介特质不同。新媒体传播媒介的受众不仅是接受者，还是参与者。作为一种交互式媒体，互联网凭借其技术上的优势，改变了传播者与受众之间"点对面"的传播，两者之间可以极其方便地随时交流想法，不受地域和场所限制。这种一点对多点、横向与纵向交织的多元化互动交流关系使每个人都可以发布信息。所以新媒体所使用的文案不可避免地具有网民的心理倾向和叙述习惯，自由随性、具有口语化倾向。

（3）从语言规范到时尚多元。随着新媒体发展的日益成熟，新媒体文案逐渐突破传统的语言规范，在语法、句型、词汇等多个层面形成了不同于传统纸媒的特征。

思政园地
新媒体用词的法律约束

广告文案别把低俗当有趣

虽然随着互联网受众阅读习惯的变化，新媒体用词从语言规范发展到时尚多元，但遵守法律法规是底线，以下法规要特别注意。

新华社发布《新华社新闻信息报道中的禁用词和慎用词（2016年7月修订）》。在2015年11月发布的《新华社在新闻报道中的禁用词（第一批）》45条禁用词、规范用语基础上，这版新增57条内容。其中，对大量网络不文明词语明令禁用。

修订后的《中华人民共和国广告法》于2015年9月1日起正式施行，堪称"史上最严"的处罚尺度震动了整个广告圈。甚至是"好到违反广告法"这样的说法作为广告发布，也涉嫌违法。新广告法实施后，极限用语的处罚由原来的退一赔三变更为罚款二十万元起。

① 新颖前卫。新媒体文案具有新颖前卫的特点，经常使用网络新词、流行语、缩略词、方言谐音等，生动活泼、新鲜有趣。

② 多元立体。新媒体不仅使用文字，同时还使用数字、表情、图片、声音、视频等多种形式传递信息，打破传统媒介之间的界限，传播方式多样，效果立体多维。

③ 语言风格轻松。相较于传统纸媒，新媒体语言风格更轻松、更自由、更开放。新媒体的报道往往感情强烈，口语化特点显著。纸质媒体比如报刊用语极其规范严谨、高度专业化。

纸媒标题一般都有主副之分，标题句式工整、用词用韵考究。而新媒体题目则对工整押韵不太重视，多使用口语词和语气感强的标点符号。

 **行业观察**

"湖北今后可与五个省市异地互办身份证"的新闻，湖北日报的标题为"七月起，湖北与这5省市可异地互办身份证！"官方微博的表述则为"好消息！湖北与5省市可异地互办身份证啦～～～"。"好消息""啦"等十分口语化的字眼和"～"号，使得传统意义上严肃的新闻变得轻松随性，具有强大感情张力。

"唤醒责任意识，激发担当精神——中央政治局会议审议通过《中国共产党问责条例》（2016年6月29日的湖北日报）"和"中国共产党问责条例通过，释放啥信号？（湖北日报官方微信）"也是同类的例子。

3.1.2 新媒体营销文案的类型

新媒体最大的革新就是传播方式由集团对受众的广播变成了受众的自发点击和内容定制。在这个基础之上，传统而粗暴的营销文案已经不可能再赢得优质受众们的点击和青睐。

总体而言，新媒体时代营销文案写作的主流特征就是重视标题的吸引力，或娓娓道来的故事，或互动参与性强的活动推广，以充分满足受众的好奇心和获取信息的便捷性作为其宗旨。目前以新媒体平台类型作为文案分类标准的做法并不合适。按照新媒体文案营销不同目的，可以将其分为产品营销型文案、品牌营销型文案、活动营销型文案与导购销售型文案四大类。此外，也可以用不同维度来对文案进行分类：

1. **按营销目的分类：销售文案和传播文案**

企业的所有营销文案都是为销售服务的，但为了更好地区分文案类型，可根据企业营销的主要目的分为销售文案和传播文案。

（1）销售文案，即能够立刻带来销售的文案，如商品销售时介绍商品信息的文案，为了提升销售而制作的引流广告图等。

（2）传播文案，即为了扩大品牌影响力的文案，如企业品牌故事，企业节假日情怀营销文案等，不同的文案类型，写作创意方法也各有不同，销售文案需要能够立即打动人，并促使产生立即行动，而品牌传播文案则侧重于是否能够引起人的共鸣，引发受众自主自发传播。

2. 按篇幅长短分类：长文案和短文案

按照文案篇幅长短，可分为长文案和短方案，长文案一般为长微博、微信公众号文章、头条文章等，短文案通常指仅为140字的微博文案或短小的微信朋友圈文案等类型。通常来讲，长文案需要构建强大的情感情景，而短文案则在于快速触动，表现核心信息。

3. 按广告植入方式分类：软广告和硬广告

软广告即不直接介绍商品或服务而是通过其他方式代入的广告形式，如在案例分析或故事情节中植入品牌广告。受众不容易直接觉察到软广告的存在，它具有隐藏性。硬广告则相反，是以直白的内容发布到对应的渠道媒体上，广而告之。

4. 按渠道及表现方式不同分类

传播渠道不同，文案的表现形式也有不同，按渠道可分为微信推文、微博文案、头条号文案、百家号文案等。如微信公众号支持多种形式的文案表现，包括文字、图片、语音图文、视频等。

协作创新：
江小白的借势文案

以小组为单位，按照新媒体营销文案的不同类型搜集案例并分析不同类型文案的特点。

3.2 新媒体营销文案创作思维

互联网时代，获取注意力越来越困难，要想让文案"吸睛"，就必须同注意力的"区隔"和"稀缺"进行博弈。文案必须达到足够的兴趣强度和情感强度，才能让人产生分享和传播的欲望。但是，无论时代如何改变，都不要忘记回到文案的起点：用最精准的文字，最精准的策略和渠道，抵达最精准的受众。那么，文案该如何找到最适合自身的进化方式呢？下面，我们从七个维度解析如何写出具有互联网思维的营销文案。

3.2.1 用户视角

每个人在考虑问题时都是以自我为中心，这是生物的本能。当眼前的信息与本人无关时，大脑便会自动地进入"节能模式"以保存能量。只有与自己有关的信息才能引起注意，比如"你的快递到了，麻烦下楼取一下"。

新媒体营销文案人员在思考创作的时候会想着要做到从"用户视角"出发，但是在面对电脑屏幕时便进入了"自我视角"，这样只会写出一些自认为很走心的文案，这样只能感动自己。

那么，如何进入到"用户视角"中呢？

 **行业观察**

小米体重秤的文案不会说"灵敏随行，智掌未来"，而是说："100克，喝杯水都可感知的精准。"（见图3-1）这样消费者会非常容易的感知到小米体重秤"非常精准"的优点，从而影响消费者的购买决策。

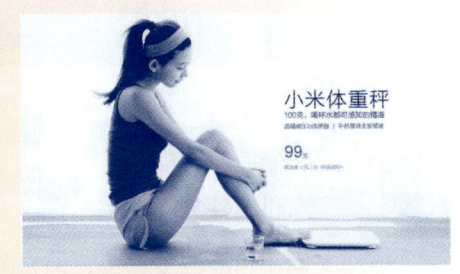

图3-1 小米体重秤文案

所以，如果想影响用户的感受，就要站在用户的角度思考什么样的文案能够影响消费者的感知，而不是影响自己。文案是用户感受的设计，而不是产生这些感受的文字的设计。

3.2.2 制造对比

消费者往往需要在不同的产品之间做出选择，但是市场上众多的产品同质化非常严重，导致用户很难快速做出决定。解决这一问题最好的办法就是制造对比，塑造差异，帮助消费者减少思考需要消耗的脑力和时间。

人的大脑非常容易对身边的事物产生熟悉的感觉，通过对比可以使得不同的产品之间的差异体现出来，从而形成清晰的记忆和印象。

 **行业观察**

小米笔记本 Air 比 MacBook Air 小 11%，但是消费者很难感知到 11% 到底是多少。

于是，小米就把两种产品放在一起，画出小掉的 11%（如图 3-2 所示），这样消费者的大脑就能清晰地比较出两种产品的差异，使用户感知到小米笔记本更小的价值。

所以，制造对比可以让消费者的大脑快速地对产品产生印象，从而更快地做出决定。

图 3-2 小米笔记本对比 MacBook

3.2.3 去抽象化

虽然文案不可能改变产品，但它能改变消费者对产品的观感。现代广告教皇大卫·奥格威说，广告是词语的生涯。失败的广告往往是由于缺乏一种最基本的技能——找到准确的语言。但是语言的本质是抽象的，文案的目的是为了销售，重点在于让人记住，以实现传播，说服消费者购买。所以文案使用语言的重点在于：去抽象化。当然也不是说一篇文案全都使用具体的词汇。类似"易操作""自动化"这种词汇，对于提炼浓缩产品特征很有帮助，否则只能使用更多的具体化的词语来说明"自动化"是怎么一回事。

 **行业观察**

乔布斯在发布第一代 iPod 时并未说明自己的产品内存空间有多大，而是说"把 1 000 首歌装进口袋"（如图 3-3 所示）。

图3-3 第一代ipod文案

因为内存空间对于消费者来讲是很模糊的信息，1 000首歌的大小这样具体的信息就变得非常容易接受，使得用户可以快速地感知iPod的存储价值。

3.2.4 可视化表达

具体的信息描述再加上视觉化表达，往往可以让信息传递如虎添翼。人很难理解抽象的事物，比如古人无法解释下雨这种现象，便描绘出雷公和电母的形象，使得每一个人都可以快速接受并且能向他人解释。

文案的目标是为了影响消费者的行为和认知。因此，需要寻找具体的信息将其视觉化表达出来。寻找关键产品的特点进行类比往往能够快速地影响用户的感受。

 **行业观察**

小米在介绍自己的笔记本电脑时，为了突出产品轻薄这一关键特点，运用了视觉化的表达方法（见图3-4）。

人的大脑对重量的感知能力往往并不强。所以，在突出笔记本轻薄这样抽象的特点时，往往需要寻找用户熟悉的事物进行类比。例如小米选择了杂志作为对比物，让人一秒便可以感受到产品的轻薄。

再比如，为了让睡小宝在同类竞品中突围，一定要跟U型枕区分开，不能直接带入U型枕的情景，必须把它变成视觉化、情景化的表达。"让办公室午睡获得类似于床上的睡眠体验"（见图3-5），一句话就把舒适性带给文案的阅读者。

图 3-4 小米笔记本文案　　　　　图 3-5 睡小宝文案

3.2.5 调动用户情绪

消费者并不是时刻都保持理性的，如果文案能够影响人们的情绪，很多时候往往会产生意想不到的效果。例如，人往往会对重要的纪念日、重要的亲人离世、毕业这样的情绪记忆比对事实记忆更加深刻。

文案应该先挑起用户的需求，这样用户才会决定付款购买一种产品或服务。没有人仅仅因为文案写得好而达成购买行动。

文案要和用户建立感情，交朋友；品牌也是一样，超越"商家和顾客"的关系，对用户要真诚用心，互相欣赏，"三观"统一、灵魂契合，才能让用户爱上你！

 行业观察

虽然滴滴的用户体验与运营安全存在问题与争议，但滴滴的文案值得我们细细品味（如图3-6所示）。在品牌为王的时代，我们依旧尊重温情的付出、尊重每一个相信文字力量的创造者。如果你想写一篇治愈人心的"走心"文案，可以从三个词入手：故事、情感、记忆。或讲用户身上发生的故事；或诉诸那些强烈的情感，比如理想、感情、情怀、奋斗等；或找回某个群体的记忆。

图 3-6 滴滴四周年文案（车主篇）

3.2.6 引发关注

在信息泛滥的时代,一则文案吸引读者注意力的时间只有短短几秒,而在这几秒内,文案首先要起一个好的标题,瞬间击中消费者的"好奇心缺口"。一旦文案标题吸引了消费者的好奇心,他/她就会顺势阅读下去。

就文案而言,最有效的是那些向读者承诺了利益的标题。比如"每升油让车跑得更快""免受粉刺之苦",类似的表达很容易吸引消费者继续阅读。这样的标题可以参考公式来写:怎么做+可以得到什么好处。

要打开读者的好奇心缺口,不妨试着像写新闻那样写标题。"新闻"式写法不仅是新,还在于出人意料,令人惊讶。要善于利用"让创意更有黏性的"六大原则",即:简约、意外、具体、可信、情感、故事。

协作创新

来看看下面这些阅读量"爆表"的标题,分组讨论它们是如何引发关注的:
- 谁规定女人一定要活成"贤良淑德"的模样?(灵魂有香气的女子)
- 有事直说,别问"在吗"(卡娃微卡)
- 什么样的包,真正经得起时间考验(黎贝卡的异想世界)
- 薄如蝉翼的金华火腿,每一口都是时间的味道(一条)

3.2.7 讲个好故事

从文案的角度来讲,最容易传播的内容毫无疑问是故事。爱听故事是人的天性。人们不会探究故事的真假,你只需要植入"题材"给人留下印象就够了。

人们在读一个故事时,会做这样几件事:思维复述→角色代入→投入感情。这是一个心理模拟的过程。故事的吸引力和说服力就在于此:它很容易激发人的大脑中与之相关的区域,让人产生"代入感",实现"角色转换"。例如,武侠小说就是让读者产生了把自己代入那个武侠世界的身临其境的感受。

实现"角色转换"还有一个条件:尽量在故事里描述美好的场景。

美国著名的商业演说家斯科特·麦克凯恩在其代表作《商业秀》里提道:用户最希望从企业身上得到的七种"东西",其中第一种就是企业的"可沟通性"。品牌也是一样,如果能让品牌像人一样说话,可沟通,简洁、逗趣、活泼,品牌就会像一个好玩有趣的人。

当然，开口说话，也不能随便说。不同的人，性格不同，说话的风格和内容也会不同，文案作为品牌的"发声器"，必须找准"品牌人格"再说话。品牌人格，是就品牌进行拟人化、拟物化、情感化，彰显品牌拥有的价值观、格调、情怀等。品牌人格化，是时代的一大趋势。

直通职场
新媒体运营人要靠思维活下去而不是技能

做新媒体运营都需要什么？
1. 编辑、审美以及严以律己的思维

编辑能力不用过多的解释，任何一个平台的后台你都需要熟练操作和使用（包括第三方编辑器）。

审美能力需要逐渐培养——什么样的配图是好看的、合适的；什么样的排版是舒服的，图文的配比该如何安排，这都是需要注意的。

可能很多人说严以律己是个什么能力？说白了就是克服自己的惰性，工作中不要敷衍。

2. 文案策划、活动运营及换位思考

经历了运营专员岗位的洗礼，能力出色的你应该升到了运营主管的职位。在这个阶段你忙碌的不仅仅是简单的复制、粘贴、去水印的杂活，现在需要有自己的一套思想、一套文案组织能力。

文案策划技能，需要能写出与众不同的内容。活动运营是每个运营人都需要掌握的技能，不论线上线下都需要用活动做曝光及拉新。这里需要注意活动运营的KPI不仅仅是粉丝数这么简单，做活动之前需要认真地考虑平台定位和粉丝用户群画像是否吻合。做任何文案和活动之前，都要换位思考，先站在用户的角度考虑，不要把自己囚禁在自己的思维里。

3. 商务洽谈及孩童般的好奇心

主管之上就是总监，总监日常主要的工作就是督察工作、商务洽谈及资源调配。做到总监这一级别，基本上日常的资源积累已经足够支配和支撑部门和公司所需。到这个阶段大部分人容易犯的错误就是，觉得自己什么都好了，对新鲜的东西和大家日常谈论的内容不以为然。其实这个阶段恰恰需要清空自己，放下身段，对一切东西充满好奇。

强调一个观念：技能是安身立命之本，思维才是畅通无阻的真正技能。

资料来源：人人都是产品经理·牧天专栏，有删改。

3.3 新媒体营销文案创作方法

对于企业开展新媒体营销而言，无论选择哪一种新媒体平台，也无论是哪一种文案风格，归根到底都是为了达成营销目的。回归传统营销本质，企业开展营销活动的目的包括：将产品（服务）推广出去让大家所熟知并促成销售；扩大品牌知名度并形成品牌影响力。因此，对于新媒体营销而言，文案的创作也应围绕营销目标出发，其创作方法主要有以下几点。

3.3.1 产品文案创作

无论是从流水线生产下来的工业产品，还是从枝头采摘下来的农产品，很多都被装进箱子，藏在深山，无人知晓。要想被大众发现并接纳，就要靠充满温度的文案激活冷冰冰的产品。那么，如何让写出来的文案直抵人心？如何不仅仅让客户"心动"，还要让客户付诸最后的购买"行动"？

1. 产品卖点提炼方法

通常我们所说的产品卖点是指产品本身的价值。产品被生产出来是为了兑现其价值承诺，没有卖点的产品也就没有价值。然而，每一个产品本身的卖点是不一样的。

面对不同的产品，要提炼其自身的卖点。提炼产品卖点，就是要告诉消费者为什么要选择购买我们的产品，要给消费者一个购买的理由——产品核心卖点。精准提炼的产品核心卖点，犹如一发从枪口里射出的子弹，会狠狠地击中消费者的痛点，激起其购买的欲望和冲动。

产品的特征、产品带给消费者的好处以及产品的服务都是卖点的来源。产品每个有形的结构，无形的好处与服务，都是卖点的有机构成，在提炼产品卖点前，要把产品所有的特点全部挖掘、展现出来。挖掘卖点要从以下三个角度考虑：

（1）围绕产品特征提炼核心卖点。对于几乎所有的非标准化产品来讲，来自于产品本身的卖点都是提炼核心卖点的第一选择。这个产品本身的要素包括很多，比如产品的大小、材质、颜色、形状、包装、味道、面料，等等。

（2）围绕产品利益提炼核心卖点。产品的核心卖点指的是产品能给消费者带来的利益和消费者对该产品需求之间的最佳连接点。每个品类的产品都需要提炼出一个核心卖点以及一系列的支持点，而这个核心的卖点便是该产品传播口号的基点。

例如，消费者对食品的需求主要集中在时尚、天然、营养、健康等几个方面。提炼产品的核心卖点的过程就是要把产品自身的特点、优势与消费者对休闲食品的需求有机结合，提炼出该产品对时尚、天然、营养、健康等基本需求的理解，并以形象的方式表现出来。

（3）围绕产品前后端提炼核心卖点。并不是所有的产品都能够从产品层面寻找到差异化卖点,有很多产品,尤其是标准化的产品,很难通过产品本身寻找卖点。这时就需要从产品的前后端寻找差异化卖点。例如:服务、销量、荣誉、专利、研发力量、品牌定位,等等。

消费者购买标准化产品的时候,关注的焦点无非有以下几个方面:是否是正品、售后服务、产品质量、包装、配送速度等。那么,对于标准化产品,从服务这个层面上切入就是找到差异化卖点的最佳方法之一。

比如化妆品销售,如果能够根据不同的用户建立不同的社群,然后有针对性地提供化妆技巧方面的免费培训,配备专业的老师,那么就会比别的品牌多一个很独特的卖点。

行业观察
溪水藏——赣南脐橙的核心卖点提炼

下面我们以溪水藏——赣南脐橙为例进行核心卖点提炼。

在核心卖点提炼中,"九宫格思考法"是一个很好的分析工具,配合团队头脑风暴,在中间的格子填上分析的维度,接下来在其他8个格子中填上可以帮助提炼卖点的产品优点,这是一种训练创意思维的方法(如图3-7所示)。

优点1	优点2	优点3
优点8	分析维度	优点4
优点7	优点6	优点5

图3-7 九宫格思考法示意

1. 围绕产品特征提炼核心卖点

卖点1:个头大,皮薄;

卖点2:水分足,酸甜比例适中;

卖点3:口感肉质脆嫩、化渣,风味浓甜芳香,有较浓郁的橙香味;

经过对产品特征的分析,我们发现,赣南脐橙在以上特点中很多都具有高度相似性,因此差异化的核心卖点很难在产品特征中脱颖而出。

接下来,我们继续通过产品利益提炼核心卖点。

2. 围绕产品利益提炼核心卖点

卖点1:产自赣南寻乌的稀土王国,富硒土壤,有助于提高免疫力;

卖点2：原生态种植，农残检验全部达标；

卖点3：富含维生素C和胡萝卜素，有益身体健康；

卖点4：东江源头，果园群山环抱，溪水长流，倍受保护的山中净土；

经过对产品利益点的分析，这款脐橙产品有着与众不同的天然优势，就是产地，东江源头的地理优势是十分稀缺的资源，并不是每个产地都具备，消费者对于水果的原生态、健康的诉求是十分强烈的，因此，产品的差异化卖点就十分突出了。

3. 围绕产品前后端提炼核心卖点

卖点1：品牌化运营，优选精品果径，确保品质如一；

卖点2：产品多次被评为国家优质产品，并被国家评定为"无病毒优质出口产品"；

卖点3：快递驻扎果园，现摘现发，新鲜直达；

卖点4：针对售后问题，建立"快速赔"服务机制；

卖点5：发现与坚守，品牌创始人的情怀。

经过以上三个维度的分析，基本把赣南脐橙的卖点提炼出来了，但是正如前面所说，在微创新的背后又隐藏一个弊端：产品创新增加，意味着卖点增加，卖点多了似乎就可能会有更多打动顾客的理由，更能体现品牌的专业性和产品价值。其实不然，卖点不在于多，而是精！

卖点的提炼，是基于产品创新、消费习惯与认知、市场竞争态势综合来进行的。所以，我们需要提炼出最精炼的3个能体现产品价值的卖点，也就是最能打动消费者的点，然后用最通俗易懂的语言表达出来。

经过分析，精心提炼，得出溪水藏的三个核心卖点，如图3-8所示。

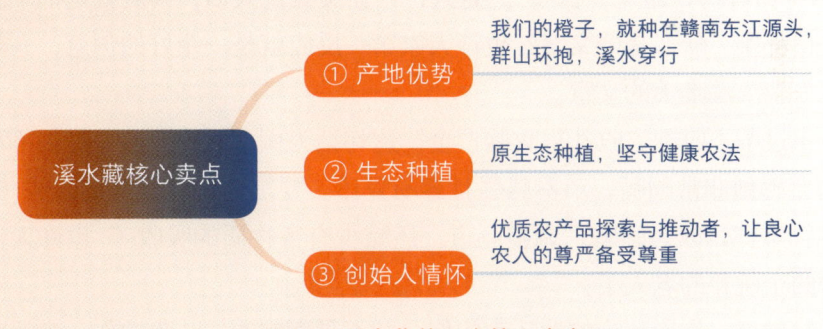

图3-8 溪水藏的三个核心卖点

协作创新

请各小组自选一款产品进行核心卖点提炼。

2. 产品详情页文案写作

产品详情页是唯一一个向顾客详细展示产品细节与优势的地方，顾客喜不喜欢这个产品、是否愿意购买，都取决于产品的详情页。绝大多数的订单也都是在看过产品的详情页后产生的，可见产品详情页的重要性。产品详情页是提高转化率的入口，可以激发顾客的消费欲望，强化顾客对店铺的信任感，打消顾客的消费疑虑，促使顾客下单。

（1）产品详情页文案的写作原则。产品详情页文案不是纯粹的文案，它是介于产品说明书和广告文案之间的一种表达。它比产品说明书更生动，比广告文案更客观。好的详情页文案，最重要的是什么？不是华丽用词，也不是读起来有趣，很多详情页文案在这两点上动了太多心思，写出来的东西却连文字通顺都做不到。

因此，好的产品详情页文案关注的并不是文案本身，而是对用户感受进行的设计，它的目标不是卖弄文采，不是彰显个人的文学素养以及创意能力，而是有效地设计并影响用户的感受。

① 紧贴品牌定位。如今网购不仅是一种渠道，也是一种人们的生活方式。一篇好的产品详情页文案能让人从文中知晓品牌调性、产品属性和受众类型，比如可口可乐的品牌调性就是青春、健康、有活力，可口可乐每年推出的广告片和广告文案都是围绕这三个调性展开的，而它的受众也以正值青春年华的、有活力的年轻群体为主。因此文案调性是基于品牌调性而言的，但是文案调性也有自己的特性，如果精炼提取文案调性的关键词，那么就是：清晰、鲜活、有性格。

② 用语平白朴实，避免"自嗨"。有人说：让文案说人话，其实就是把华丽复杂的文案变得平白朴实。什么是好文案？也许大家第一反应就是一个好的创意，一句蕴涵深刻的言语，一篇辞藻唯美的文章。

以"今年过节不收礼，收礼只收脑白金"这句话为例，只看文字真是俗不可耐，但一说出口却会感到非常顺嘴，节奏感强且容易复述。要是这句广告文案改成"脑白金，调整人体生物节律，改善睡眠，调整肠道，还减少有害物质的吸收。"也许人们能记住的就只是那两个跳舞的老人了。

有这么一句话：你所认为的他认为的你，并不是真实的他认为的你。意思就是，你认为你所表达的并不是受众所感知的。你认为你都表达清楚了，其实有可能什么都不清楚。所以，不要站在自己角度去写文案，一定要代入用户视角。

③ 明确对象，从痛点入手。产品文案的精髓就是要结合自身的产品卖点与竞争对手的产品和详情页，明确对象。所谓痛点不是说买了这个怎么好，而是不买这个会怎么样。痛点的寻找可以使用同理心的方法，设身处地为客户思考，找到为什么必须要买这款产品的理由。以消费者的痛点带出店铺产品的卖点，这就加深了消费者的认同感，也提升了他们的购买欲。除此之外，还要深度挖掘购买这款产品的人所关心的事物是什

么。因此，只要找到目标人群的痛点与兴趣，在详情页文案里放大，逐个击破，层层递进，就能写出转化率好的文案。

（2）产品详情页文案写作逻辑框架。

产品详情页文案写作逻辑框架如图3-9所示。

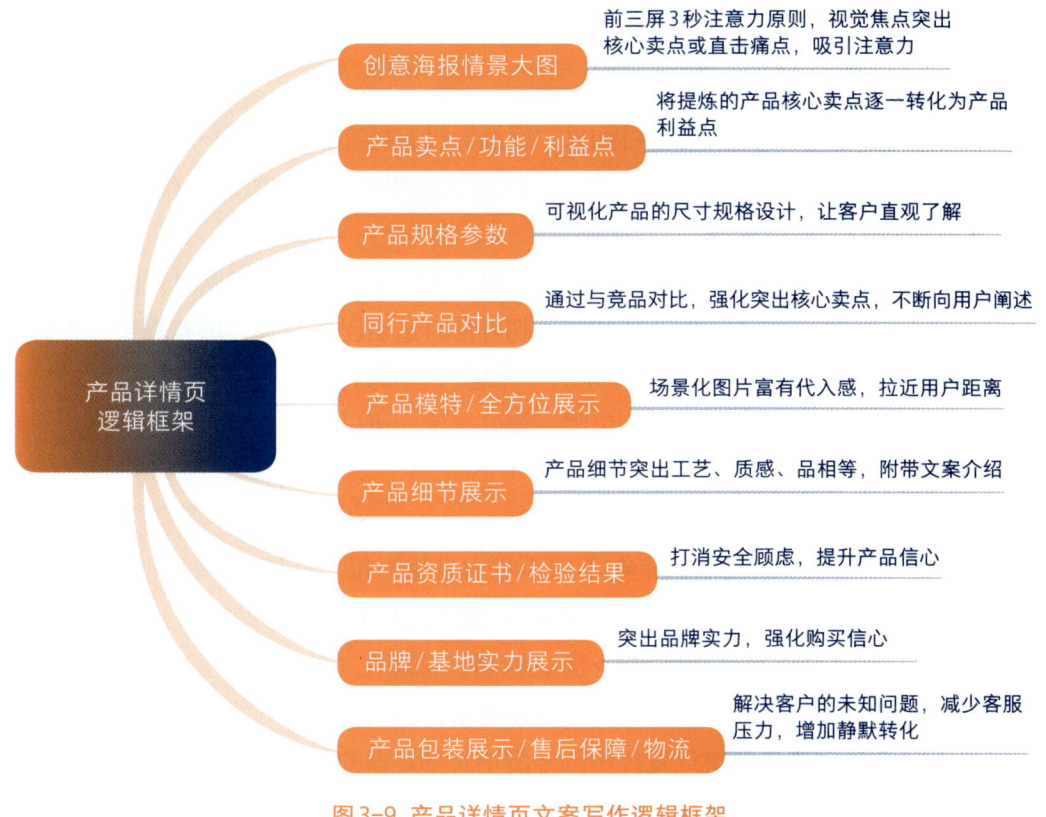

图3-9 产品详情页文案写作逻辑框架

① 普通型产品详情页文案。普通型产品文案通常从产品核心卖点出发，站在客户角度，将产品卖点转化为利益点，循序渐进，不断增强客户的购买信心。

② 解决痛点型产品详情页文案。好的详情页非常注重逻辑性，根据客户的实际顾虑，解决痛点，用逻辑严密的详情页文案引出客户选择产品的理由。重点抓住这个产品的客户心理以及产品的特性展开，层层递进地击破客户的心理顾虑，在每一个产品卖点里再进行细分，围绕卖点从不同角度切入，直到最终促成购买。

③ 故事型产品详情页文案。"讲故事卖产品"这个模式在产品详情页设计上越来越常见，无论什么类别，如果能讲好故事，为产品添加附加价值，顾客会更加受用。一个优秀的故事必定能调动浏览者的情绪，在观看过程中潜移默化，让他/她认同商品的价值，最后促成购买。

 协作创新

请各小组为进行过核心卖点提炼的产品设计并创作详情页。

3.3.2 品牌文案创作

人常说:"好酒不怕巷子深。"可如果"好酒"没有好文案来与用户沟通,各种优质创新的"好酒"只能停留在生产者手里,难以真正被用户接受。所以,在互联网时代,"好酒更怕巷子深!"

传统品牌以商品为中心,互联网品牌则是以人为中心。移动互联网时代的本质是粉丝经济。因此,越来越多的企业,都想尽一切办法打造自己的品牌,培养真实、忠诚的粉丝群体。例如,苹果有"果粉",小米有"米粉",华为有"花粉",等等。

有时,卓越品牌与平庸品牌之间仅隔一篇好文案,可以说,文案是品牌与用户沟通最锋利的工具。

1. 消费升级背景下的用户需求

近年来,中国经济增长结构正在不知不觉中发生着根本性转变——消费已经取代投资成为中国经济增长的第一驱动力。据国家统计局数据显示,2018年最终消费支出对GDP增长的贡献率高达76.2%,创下历史新高。总理在《政府工作报告》中也指出,"消费在经济增长中发挥主要拉动作用"。可以预见,随着居民收入的持续增长,消费结构不断升级,居民消费还将继续发挥中国经济增长稳定器的作用。

伴随着消费升级的不断深化,消费者选择商品的决策心理在这十几年中发生了巨大的转变,从最早的功能消费到后来的品牌式消费,再到近年流行起来的体验式消费和参与式消费(如图3-10所示)。在新消费升级的浪潮下,打造好消费主题,是抢占市场、打造用户忠诚度的方法。

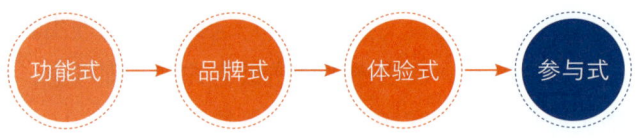

图3-10 消费者决策心理变化

同时,消费升级也应运而生。当物质基本需求和衣食住行层面的消费得到满足,新一代消费者的消费方式和消费观念也开始变得和上一代不一样,开始寻求品质标准。不

同生活形态之下，生活水准有了分层，消费变得更重视品质、体验、情感设计等整体上的"消费升级"。

消费者开始注重更高品质的生活，衣食住行方面由价格敏感转变为开始追求时尚、健康、舒适和便捷。另外，还更注重精神层面的消费，比如娱乐、教育。这一阶段的消费品牌一定要建立在高品质上，当品质被用户所接受，产生口碑传播，进而也就认同了品牌。消费正在从实物型向服务型、从生存型向发展型和享受型升级。

随着消费升级，用户需求具有如下发展趋势：

（1）价格敏感变为时间敏感。在web 2.0时代的淘宝类电商主打的就是价格敏感，电商之间的竞争在于谁能把价格降到最低，淘宝模式也孕育了今天阿里巴巴的体量。现在移动互联网兴起，O2O的热潮很大程度上建立在用户对时间的追求上。例如，京东依靠快速的物流打响了自身的品牌；打车软件的消费者大多不会为了省几块钱而多等十几分钟，所以打车软件获取市场竞争优势的关键在于汽车的数量和调度算法的快速合理。

（2）在意高品质和品牌价值。80后、90后开始成为消费主体，更多的追求高品质的商品和生活，对外国知名品牌的消费越来越多，也造成了跨境电商的快速发展。依靠设计理念打造的高品质品牌，比如被大家所熟知的无印良品，依靠简单的设计，把日式美学的"侘寂"理念表现得淋漓尽致，这种品牌的流行与追求快消费时尚的繁华喧嚣形成对比，这种有"工匠精神"的产品品牌带来了良好的口碑传播，而这类产品的销售增长也得益于这种专注于品牌和注重设计、体验的理念。

（3）更注重精神层面的泛娱乐消费。用户开始愿意为好的内容付费，如果这个内容能够给自己带来知识层面的提升或者给自己带来愉悦，那么就有人愿意消费。当前泛娱乐领域创业蓬勃发展，以"IP"（Intellectual Property）为核心的知识财产呈现横向和纵深的延展。同时，泛娱乐行业呈现年轻化态势。用户对于内容领域的付费欲望越来越强，爱奇艺、优酷等大公司在IP方面的投入让更多高品质内容的IP占据消费主体，以90后、00后为主的年轻用户接触到多元信息且追求个性，他们对于内容更为挑剔，对自己认同的内容会有更深的情感且忠诚度极高，更愿意围绕优质内容进行电影、电视剧、游戏、周边等领域的多维度消费。泛娱乐层面消费的垂直领域机会也会有很多，可以预计的是，若能对付费用户精准定位，泛娱乐行业还可以造就产业巨头。

（4）追求多元文化。泛娱乐也好，自媒体的流行也好，如果只是依靠单一的内容形式很难吸引用户。内容生产者需要输出的是一种价值观，一种可以广泛被接受的文化和生活方式。文化是多维度的，二次元文化、科技文化、泛娱乐文化等亚文化虽然与主流文化存在着一定的距离，但是在某个特定群体中依然很受推崇。追求多元文化下人们会关注自我，并寻找社区有类似价值观的人，一起建立或者参与到某种亚文化中，这些文化就需要有消费品来承载和代言，消费的文化也就成了一个标签。文化作为产品的一种价值观延伸输出，可以把目标受众留住并更好地拓宽自身产品线。

（5）人和物的更深层次连接。消费不仅是满足物质和精神上的需求，更多的还是建立一种人与物之间的联系或者情感，它传达了消费者的品位、个性，以及是一个什么样的人。购买的产品为购买他的人打了标签，划分了属性，消费者与产品也就建立了一种联系。在消费升级的趋势下，可以帮助消费者找到感兴趣的商品，以更好的方式来筛选出"什么是值得买"的东西。

主打消费升级的产品，需要考虑用户消费观念转变，专注于打造高品质、优体验、连接用户情感的消费行为，在内容领域具备更强的"专业度""场景感"和"引导力"，才能左右用户"不同于以往"的消费决策。

2. 品牌口号的创作方法

一个好的品牌口号是品牌的一种超级符号，能够帮助解读品牌内涵，赋予品牌新的生命。企业品牌口号的本质需求，能够有效地降低传播成本和认知成本，令用户看一眼或听一次就能记住，而且乐于介绍给别人。例如，"有钱有势不如有范"的"有范App"在奇葩说第二季播出后，品牌认知度提升了6倍多。除此之外，品牌口号还能直接向用户传递品牌的精神和理念。

品牌和商品之间的区别在于品牌最重要的是抢占消费者的认知，而商品是一个物质客观存在。例如，最好喝的凉茶未必是加多宝和王老吉，但是他们却抢占了"这两个品牌最好喝"的认知，品牌的目的也在于此。虽然和客观事实会有一定的差异。但是品牌营销的出发点即是抢占消费者认知，消费者认知中的事实就是商业事实，未必等于客观事实。

下面我们就介绍几种品牌口号的创作方法。

（1）产品功能与独特卖点。产品功能型的品牌口号在广告中较为常见。用简洁口语把产品的USP（Unique Selling Proposition，独特销售主张）写出来，直接明了地告诉消费者我是做什么的，你使用了我的产品有什么好处，解决了用户哪些需求，给出了哪些实际利益与心理利益承诺，以此来打动消费者（如图3-11所示）。

（2）突出体验感。这种方法放弃产品功能诉求，转为突出产品的体验感，是在满足展示产品功能的基础上增加感官、心理等多角度，多层次的使用体验，更具有暗示性（如图3-12所示）。

（3）号召行动，场景联结。这类品牌口号通常会给出产品的使用场景，让消费者在置身于相同场景下时，产生与品牌相关的联结记忆（如图3-13所示）。

（4）品牌主张。品牌和产品的卖点如果和竞争对手大同小异，使用利益也都雷同，或已上市很久了,那可以另辟蹊径,去设计一句能引起该阶层核心消费者内心共鸣的主张,以新的口号或话题的型式,巩固消费者的品牌忠诚度。品牌主张,多数是一句信心十足的肯定句,并与产品的精神主张息息相关(如图3-14所示)。

图3-11 产品功能与独特卖点品牌口号

图3-12 突出体验感品牌口号

图3-13 号召行动,场景联结品牌口号

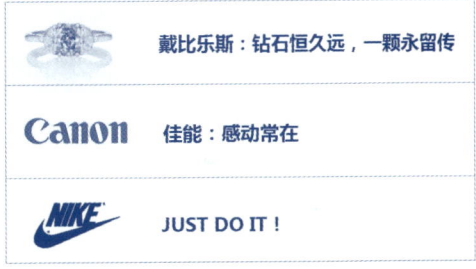

图3-14 品牌主张品牌口号

(5)情感唤起,引起情感共鸣。在现实中,这类情感唤起口号基于产品或品牌的基础,衍生对应的情感,用比较感性的语句来刺激用户的心理需求,引起情感的共鸣,继而拉近与消费者的距离(如图3-15所示)。

例如蜂蜜品牌"等蜂来"的品牌口号:一瓶蜂蜜=100万次飞行。

——越是珍贵的东西,越是来之不易,越是来之不易的东西,越值得去珍惜。

图3-15 情感唤起品牌口号

3. 品牌故事的创作方法

（1）三步写好品牌故事。移动互联网的快速发展，让品牌故事和传播有了不同于以往的新面貌和更多的想象空间，但也因为这种速度带来的信息爆炸和人们对品牌接触点的增加，导致很多的品牌和传播容易被人们忽略或遗忘。到底什么样的品牌故事才能打动人心，让人们永远的记住呢？

全球品牌战略咨询公司思睿高亚太区总裁希斯莱克（Jason Cieslak）认为，所有关于品牌的故事都是关于品牌体验的。品牌不仅仅是叫什么名字，更重要的是它带来的体验。有感染力的品牌都是通过故事和体验来创造的。

要讲好一个品牌的故事，可以参考这三个步骤：

① 确立一个简明的故事要点。所谓品牌，就是一个故事。看看下面这些品牌都在讲述什么故事：

褚橙：一只冰糖橙的励志故事；

锤子手机：一个用匠心的精神做手机的故事；

荔枝妹妹：一对姐妹花的创业故事。

就好像自我介绍一样，如何快速地讲出一段让人可以马上记住企业的叙述过程，就是品牌故事。每个人都有很多故事，很多经历，很丰富的人生过程，企业也是一样。但重点是如何突出企业的差异、内涵、愿景，这就是故事的蓝本，需要不断去提炼、精简出容易理解、富有情感因素、简约清晰、诚实质朴、能够有效传播的品牌故事。

② 讲更可信的故事。如果品牌故事的核心内容已经确定，接下来要思考的就是用什么样的方式讲出这个故事才会让人信服。有如下几个关键点：

从"是什么"到"意味着什么"。在品牌故事里，不仅仅要告诉别人能做什么，重要的是能为别人做什么。品牌故事要有生命力，就要选择那些与人们的生活联系密切的素材，持续地将故事讲下去。

③ 企业身体力行，强化受众体验。好的品牌故事要从让员工相信开始，让品牌故事积极影响员工。这样的品牌故事可以让员工感同身受，愿意不断地讲给更多的消费者听，变成一个日常的行为模式。

喜茶真相

品牌故事从创造到传播是一个漫长的过程，也许网络可以加快一点速度，但务必记得不要揠苗助长，能够讲出好的品牌故事代表背后有很多的坚持，而这些坚持往往是需要时间来沉淀与积累的。此外，消费者需要引导，整体营销方案和执行也不可少，否则就只能孤芳自赏了。

（2）品牌故事写作的切入点。好的品牌故事会产生情感倾向，打动人心，促成销售，最后形成购买偏好。

既然是从"情感"切入，我们就应该避免虚情假意，讲一个具有真感情的故事。所以一个新品牌也没必要把目标定得太高,与其跟自己的实际品牌不搭,不如讲一个更贴切的品牌故事。

很多企业没有品牌历史、创始人也没什么传奇故事,那么还有什么内容可写?其实不然,任何品牌的诞生都一定有其独特之处,都有讲述自己品牌故事的切入点。

英德红茶与英国女王的故事

① 品类的历史和故事。品牌虽然会是新品牌,但商品一定不是全新的,所以这个商品的品类一定有历史和故事可讲。

比如做茶叶品牌,就可以从茶的品种历史切入,也可以从茶的产品切入。如果不具备这种历史底蕴,比如是童装,那么也可以从童装的一个小故事作为切入,比如父母和孩子关于衣服的一个感人小故事。但不管是历史还是故事,即便不是100%真实,在加工和创作的时候,也要遵循真实性的原则,保证情感的真实性。

② 创始人的创业故事。可以通过创始人的创业经历,表现他/她对这个品牌和行业的热爱,希望通过努力用自己的品牌和商品改变人们的生活,带给消费者幸福和快乐。好的创业故事就像好电影一样,能够把观众带入故事情节,让观众的心理跟着故事的主人公"起起伏伏",甚至能够让主人公成为观众心里的"自我象征"。

励志褚橙

③ 当地文化。一些地域性的品牌,可以把当地的风土人情、文化特征作为切入点。这样的品牌故事对于本地人来讲会有认同感和共鸣,外地人则会觉得好奇,并觉得这个品牌有文化内涵。

汨粽:粽子发源地的文化味道

协作创新

请各小组选择一个熟悉的产品品类进行品牌塑造,创作品牌口号与品牌故事。

3.3.3 推广文案创作

作为新媒体文案专员,不仅需要优秀的文案能力,更需要一定的策划推广活动能力。在新媒体营销中,不管是用户运营还是内容运营,或多或少都会接触到活动,而一个小小的简单的活动方案,写起来也有很多细节,有很多容易忽略的地方需要去注意,去优化。策划人需要有较好的文字驾驭能力,但是文笔好并不一定就是一个好的策划。隐藏在优美的文字背后的思想和策略才是策划的精髓。

1. 活动策划文案的写作框架

（1）明确并拆解目标。任何活动，无论线上线下，大的小的，都必须要有目标，而且目标越明确具体越好。那怎么样才叫明确具体？两个字——数据！真实的数据会明白地说明活动推广得怎么样，效果如何。所以，在一开始就要有一个推广目标，比如活动想达到多少销售额，或者App推广要带来多少新注册用户，或者是想要多少曝光率。

（2）活动背景及主题。活动背景主要阐述为什么要做这个活动，比如市场环境的因素。活动主题主要是给目标人群一个参与活动的理由，主题需要简短、有力、有号召力。例如京东坚果促销活动设计了"全民坚果狂欢"主题。

（3）确认推广渠道。推广渠道，也就是活动策划想要曝光的地方。任何可以曝光的地方都是推广渠道，只要有足够的预算，线上、线下，PC端、移动端都可以进行推广，当然，前提是必须合理可控，也就是省钱而且超预期。

（4）设计活动方式与内容形式。活动目的、人群、背景的不同都决定了活动方式的不同，例如新媒体活动的常见方式有抽奖、有奖转发、有奖征集、留言点赞等。

不同的曝光渠道，具体的内容展现形式不一样。只做一张图或写一篇软文，然后发布到各大网站，那样肯定是没有任何效果的。选择不同的渠道，就要设计一个最适合曝光渠道的形式。而且对应的文案也可能完全不一样。

（5）安排推广时间。推广时间，其实就是节奏。不同的主题，不同的曝光渠道，是在一天内全部推送出去还是分开？是打算在周末推送还是工作日？是晚饭后还是中午？……这就是节奏，节奏把握得不好，效果必然也不会好。比如微信推文，有数据表明用户在早晚上下班高峰和睡前22点最活跃，可以挑这些时间段推送。节奏的问题怎么把握，需要经过数据分析和推广经验的积累来判断。

（6）计算预算分布。列出各项事务需要花费的明细以及总金额，以评估具体花费是否合理。

（7）数据结果预估。数据结果预估是一个PDCA循环（Plan、Do、Check、Act）的过程，不断测试、反馈，对比再调优。一开始估算的数据可能离实际效果偏差非常大，但有了一次经验，就可以更加准确地预估第二次的推广效果了。

（8）安排执行负责人与验收人。设计、技术、运营、文案、媒介……大大小小，各环节执行落地都需要具体的负责人去做。验收人就是对做的内容进行检查、监督。

（9）相关附件。附件一般包括"活动统筹执行表""活动推广表"等，主要是确保活动能够顺利进行，相关配合人员都需要了解自己的工作职责及完成时间，还会涉及法务（合同）、财务（预算申请、发票）、行政等各种问题。

2. 活动海报文案写作方法

无论是平面型海报，还是H5海报，其文案的写作步骤和要点是异曲同工的：

（1）主题。主题是文案的灵魂。确定了主题，文案就有了重点，文案内容也就有了依据。确定了主题，才知道文案的内容怎么写，围绕主题写文案，内容才不会跑偏。

① 根据推广目的确定主题。根据推广目的确立主题，要知道推广的目的是什么，是活动推广、产品或服务推广、品牌推广还是公益推广？例如，烟台大樱桃——恋红妆品牌2017年首发时，推广的目的是品牌曝光，突出品牌升级，推出产品（如图3-16所示）。所以在确定主题的时候，要先想一想推广的目的是什么？

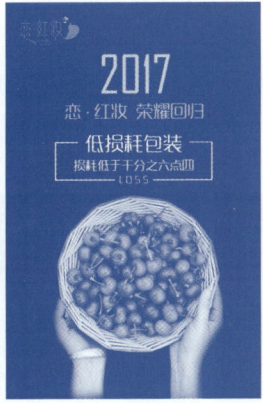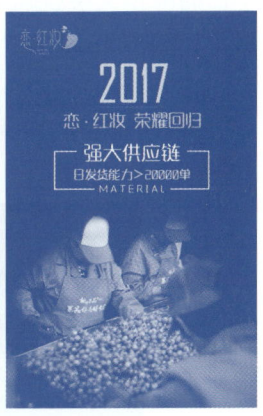

图3-16 恋红妆海报

② 根据消费者层次及心理确立主题。根据消费者层次及心理确立主题，能更准确地抓住目标受众的心理，吸引他们的兴趣，从而达到宣传的效果。首先要了解或者调查消费者，进行用户画像分析，了解他们的心理需求。

例如：New Balance消费者大都是十八到二十几岁的年轻人，要么是学生，要么怀念学生时代的青春时光。所以New Balance把主题定为青春，内容是关于青春的一些记事，以引起年轻消费者的心理共鸣（如图3-17所示）。

（2）标题。如何写出一个好标题？写标题前，我们需要问三个问题，第一，标题写给谁看（目标用户是谁）；第二，这些人关注什么（根据目标用户确定卖点）；第三，标题的风格是怎样的。了解了以上信息，我们通常有以下方法撰写标题：

① 恐吓型标题。例如，"你知道吗？洗衣机比

图3-17 New Balance海报

马桶脏64倍,也许你正在使用这样的洗衣机……"这样的标题就是恐吓型标题,会吸引人点进去浏览,看看自己的洗衣机是不是真比马桶脏64倍。

② 夸张型标题。例如,"日本女性驻颜的秘密"就是一个很夸张的标题,这样的标题很吸引人的眼球。

③ 情怀型标题。在内容电商时代,越来越多的品牌打起了情怀牌,更多地把品质诉求、特色风格融入营销推广活动中,用走心的文案唤起消费者内心的情感,例如,江小白的海报文案就瞄准了年轻消费者的情怀,新上市的拾人饮标题便是——团队管理利器(如图3-18所示)。

④ 利益型标题。任何时候,充满利益诱惑的海报主题都是"吸睛利器",例如京东"6·18"与天猫"双11"时都使用利益型标题(如图3-19所示)。

图3-18 江小白海报　　　　　图3-19 京东"6·18"海报

(3)内容。每一个字、词、句所传达的思想与情感,都对文案作者的写作水平有很高的要求,好的文案内容是关键。触动人心、激发想象或是幽默搞笑,好的文案内容能吸引人,让人惊叹和佩服。

① 要点罗列写作法。这是一种最常见,而且运用十分广泛的文案表现手法。它将某个产品或主题直接、如实地展示,充分运用视觉设计能力,细致刻画并着力渲染产品的质感、形态、功能和用途,将产品精美的质地呈现出来,让消费者产生亲近感和信任感(如图3-20所示)。

② 亮点突出写作法。在运用这种写作方法时,需要抓住和强调产品或主题本身与众不同的特征,并把它鲜明地表现出来,将这些特征置于海报的主要视觉部位,或加以烘托处理,使观众在接触画面的瞬间立即感受到并对其产生注意、引起兴趣,达到刺激

购买欲望的促销目的。例如，华为P9手机上市时，海报主打采用徕卡双摄像头，着重突出手机的拍照功能（如图3-21所示）。

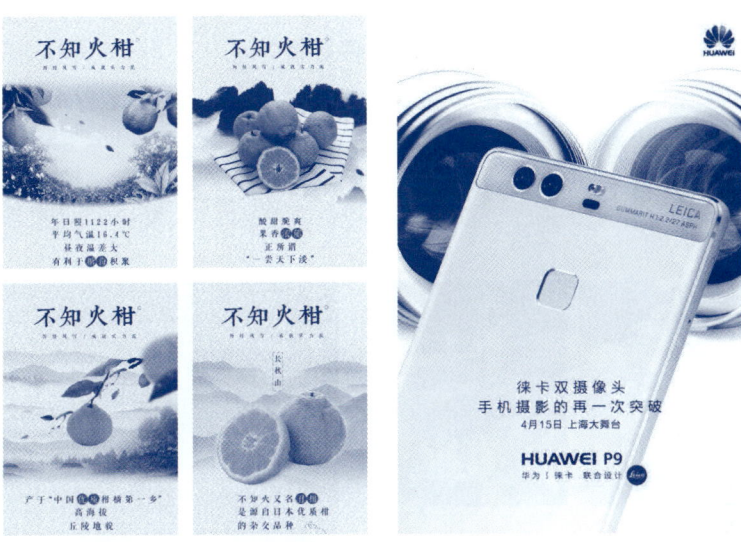

图3-20 蒲江不知火柑海报　　　图3-21 华为P9海报

③ 热点借势写作法。借势营销是新媒体营销的常用手法，也产生了很多的经典案例。这种方法有两个诀窍：一是要快，速度很关键；二是要巧妙，独特构思，与众不同。例如，麦当劳借势高考热点进行宣传（如图3-22所示）。

④ 幽默写作法。幽默是一种高级技巧，特别是高雅有内涵的幽默文案，需要用心推敲。围绕品牌、企业等创作的幽默文案，因为软性植入、趣味性、去广告化等因素，没有了广告的生硬，使得传播"细无声"。一句合适的幽默文案的效果，抵得过千言万语。例如，咕咚App的父亲节海报就运用了这种方法（如图3-23所示）。

图3-22 麦当劳借势高考海报　　　图3-23 咕咚App海报

第三章　新媒体营销文案创作

⑤ 情怀感情写作法。基于感情色彩的沟通内容最容易触动人的内心世界，这也是很多广告人强调要潜入用户心智进行沟通的原因。例如，京东的"6月6日中国品牌盛典"选择了永久、联想、五粮液、回力等经典国民品牌，以"时光流转、品牌传承"为主题进行宣传，成功唤起人们心中的美好情怀（如图3-24所示）。

⑥ 设置悬念写作法。在文案上设置悬念，使人对广告画面乍看不解其意，造成一种猜疑和紧张的心理状态，驱动消费者的好奇心，然后通过正文把广告主题点明。例如小米的米家发布会海报（见图3-25）。

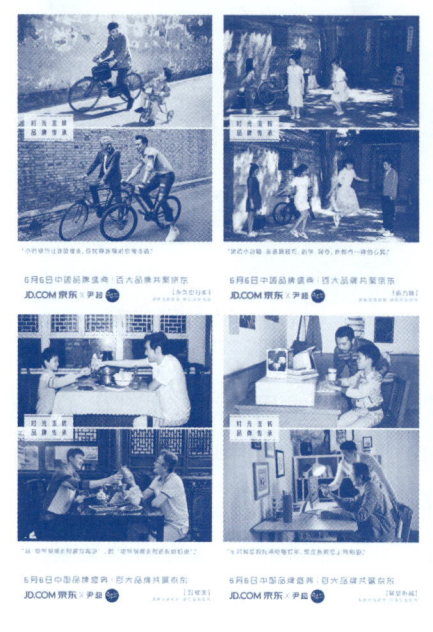

图3-24 京东品牌盛典海报

图3-25 小米新品发布海报

行业观察
一枚好文案的"三观"

1. 对象：定位精准

我们总说，文案是经过对目标消费者的细致洞察，发现痛点而写出的句子。目标对象不仅决定品牌要与之沟通什么内容，也决定品牌文案的语气、调性、态度和风格。

例如，《人生一串》这部纪录片的定位就是"接地气的江湖老炮儿烧烤片"，目标对象囊括市井的普罗大众，这也决定了片子的文案充满男性特征：粗犷、接地气。与大多数治愈、精致的美食片相比，《人生一串》一下就抓住大众眼球，成为一股清流。故而，好的文案,背后一定有好的定位,文案是在一个大品牌定位和对目标对象洞察下的具体输出。

2. 具象:直观可感

好文案应该对一切抽象宏大概念心怀警惕。取而代之的是,应具象直观、生动可感,写出故事、情节、数字,让人感受到描述对象的身份和情绪,如此才能最大化引发消费者的共鸣。

例如,某外卖使用高频场景"吃饭"来连接消费者——"人生不过76 000多顿饭",将具象的吃饭次数与抽象的高品质生活相联系,一语双关地告诉用户:每顿饭都值得用心对待,容易给消费者留下深刻印象。

闲鱼借助"毕业季"的时间节点,用简短的话语叙说一个个青春故事:学妹我带走了,吉他留给你;健身卡还没到期,但学生证过期了……遗憾、离别、回忆等都浓缩在一个个具象的故事之中,充分调动了消费者的感伤情绪。

3. 形象:简洁有力

好的文案读起来简洁有力,信息传达形象、准确而直白。像奔驰这种大品牌,文案不需要多余的描述,只用一句话就能把"做自己"写得很有诱惑力。像"买包解决不了的事,背包试试""她有三千烦恼,更有万千解药",让独立女性一眼即心动。

除此之外,提取产品的本质特征,并将海报与文案进行创新性结合设计,更能够塑造品牌形象,加深人们对品牌的印象,形成心理烙印。例如,网易云音乐就借助极具视觉震撼效果的镜面长廊与意蕴丰富的乐评内容,让每个人都能在音乐中"照见自己",并在新年之际充满力量地前行。海报设计与文案相辅相成,简洁有力、形象地诠释出意蕴丰富的品牌内涵。

3.3.4 导购文案创作

移动互联网时代的到来,以平台电商为代表的中心化运作正在被移动互联网的"碎片化"割裂到"去中心化"。中国互联网络信息中心的数据显示,截至2018年12月,我国手机网民规模达到8.17亿,越来越便捷的上网行为已经让商品品牌的触达方式发生转变,以往是门户网站、搜索引擎入口主导流量,现在微信、微博这样的平台上,人人都有机会成为一个流量入口,消费者与品牌的关系正从过去橱窗里的仰视行为,变为从身边人的口碑推荐的平时行为。如果说淘宝、京东是交易型电商,那么现在另一种电商——内容电商正在逐步崛起。越来越多的消费者在看直播、看自媒体文章、看帖子的过程中购买商品。

1. 导购型新媒体平台概述

这里讲的导购型新媒体平台是指基于个性化推荐引擎技术,根据每个用户的兴趣,位置等多个维度进行个性化推荐的平台。利用这些大数据,重点挖掘购物需求的用户。通过引导用户阅读感兴趣的文章来激发用户购买欲望,进而引导到目的地下单的过程。

这个目的地可以是淘宝店铺、微店、微信公众号、公司自己开发的网站等。目前衔接做得较好的是今日头条平台，引导大量用户在阅读资讯的过程中完成交易。

导购型新媒体平台会根据用户喜好，引导自媒体运营者提供相应的文案来满足用户的需求，促进成交。行业内普遍将其称为意见领袖或意见达人（KOL），他们是人群中较多接触大众传媒信息，并将经过自己再加工的信息传播给其他人的人，具有影响他人态度的能力，他们介入大众传播，加快了传播速度并扩大了影响。

从购买角度分类，导购型平台可以分为淘宝站内导购、资讯导购平台、自建平台导购三个大类。

（1）淘宝站内达人导购。随着手机淘宝的全面改版，淘宝运营60%的流量将来自内容，目前淘宝达人已经增至10个入口，包括：淘宝头条、有好货、爱逛街、必买清单、达人淘（红人圈、视频直播、搭配控）、我要日报、微淘、社区、每日新品。

这几个内容页面都集中在淘宝网App重要位置，可以很明显地发现，淘宝给予内容导购大量流量扶持。之前淘宝网站展现在首页重要的流量位置都是活动促销、天天特价、聚划算活动之类的内容。现在用户在直接搜索产品关键词时推出的结果则是内容导出的产品。

（2）资讯导购平台。大家都想用内容给电商带流量，但是谁给内容带流量？这成了现在做内容电商一个很大的问题。传统电商平台上面内容本身带来的流量成本越来越高。因此，越来越多的媒体资讯平台加入了内容电商的队伍，下面将分析三个主要的资讯导购平台。

① 今日头条。今日头条是一款基于数据挖掘的推荐引擎产品，它为用户推荐有价值的、个性化的信息，提供连接人与信息的新型服务，是国内移动互联网领域成长最快的产品服务之一。

它由国内互联网创业者张一鸣于2012年3月创建，于2012年8月发布第一个版本，在2018年7月公布的数据显示，今日头条用户平均日活达到2.4亿，阅读量可观。据2018年头条创作者大数据显示，每天有超过30万创作者在其平台获得流量分成。

目前，头条给头条号作者提供的收入来源主要有广告分成、针对优秀自媒体的"千人万元计划"、商品返利和赞赏4种方式。

② UC订阅号。UC订阅号是UC推出的自媒体服务平台，旨在以文章、图片、视频、直播等形式传递价值内容。UC通过大数据资源，形成真实用户画像，进行精准信息推荐。UC通过打通阿里系的业务资源，牵线自媒体与各商家、平台，塑造个人（内容）品牌。

③ 百家号。百家号于2016年6月启动并正式内测，9月账号体系、分发策略升级、广告系统正式上线，9月28号正式对所有作者全面开放。百家号是全球最大中文搜索引

擎百度向微内容创作者提供的内容发布、内容变现和粉丝管理平台。

百家号支持内容创业者轻松发布文章、图片、视频作品，还将支持H5、VR、直播、动图等更多内容形态，内容一经提交，将通过手机百度、百度搜索、百度浏览器等多种渠道进行分发。

以上三个资讯导购型平台目前发展最为迅速，用户量下载最高。作为内容运营者，我们在选择平台的时候，有一个重要的指标，那就是用户，用户多就会吸引更多内容创业者。目前这些平台通过以经济手段实现内容变现的方法来吸引大批内容生产者入驻。

（3）自建导购平台。在国内，最被大众熟知的综合购物平台非淘宝、京东莫属。但由于商品多而杂，加上广告推送多，消费者想找到合适的商品变得越来越不容易。与此同时，消费者的消费习惯也正变得越来越多元化和个性化。于是，细分的导购平台变成了另一种需求，一批小众导购类App、微信公众号应运而生。它们不仅对消费群体和商品进行了细分，往往还打着或文艺或个性的标签，做起了有品质的社区消费导购。这些自建导购平台欲借分享经济，利用熟人社交来挖掘属于自己的一片蓝海。

行业观察
有调App——推荐全球品质好物

不管你是美食家、家具客、网购狂还是旅行控，在"有调"都能找到属于自己的高品质好物。有调每天推送全世界值得买的好东西，分享海内外精品网站及购物经验。这里还有丰富的美食清单、旅行日志、服装搭配、健身指南，让你更有品位更懂生活。如果你不败家会砍价，那么每日值得买、有调评测团以及"福来day"活动一定能满足你的需求。哪些东西在打折？这件物品好不好？团购优惠有多高？这些问题在有调都能解决。有调可以让你把每一笔钱都花在刀刃上。

购物简单，但买到好东西很难；生活平淡，有调让它不平凡。这无关乎价格，在于选择。选择品质，选择细节，选择属于你的有调。

2. 导购文案创作方法

在综合分析目标人群需求，创造合理的需求缺口，创设合适的销售环境后，我们可以总结出一个软文写作的创作框架，让客户从最初的吸引注意、有代入感到产生信任并购买（如图3-26所示）。

（1）一个好标题——如何吸引注意力来看文章。都说看一个人漂不漂亮，要看她的脸，而看一个人的脸，最重要的是看她的眼睛。一篇文案好看不好看，首先看的就是标题,标题有没有吸引力,能不能抓住读者的眼球至关重要,没有吸引力的标题就没有点击率。所以从文案写作来看,标题怎么写是最重要的一个环节。

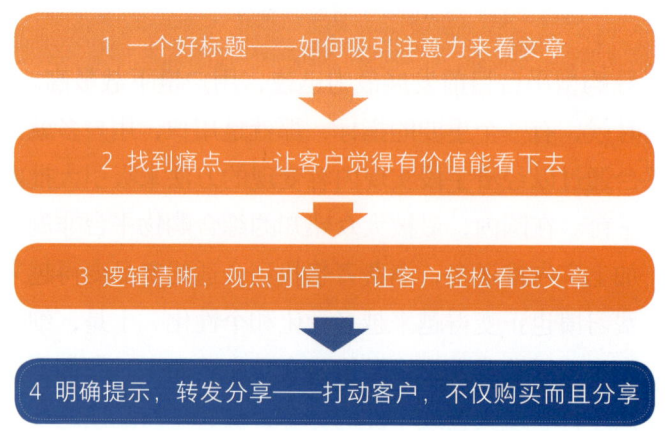

图 3-26 导购文案写作框架

① 以"利"诱人。与其他类型的文章不同,文案一般都是商家宣传产品、品牌的文章,所以一定要以"利"诱人,应在标题中直接指明利益点。

例如:"用对了牙膏,一生能省100万"

"一口能用100年的铸铁锅,在德国竟比奔驰还有名"

② 以"新"馋人。人们对新鲜的人和事物感兴趣,把握住这个特点,创作出具有新闻价值的软文,就可能会引发一篇爆文。人们对这些内容特别好奇,这类新闻标题常用的词语包括:惊现、首度、首次、领先、创新、终于。标题效果明显,阅读量就会增加。

例如:"画了一个月眉毛,眉毛竟然越长越浓密!比画得还好看"

"奥巴马只爱这套保暖内衣,薄如裸感,却32℃恒温保暖"

③ 以"情"动人。我们时刻都被"情"包围着,"情"有爱情、亲情、友情,围绕"情"来感动读者,很容易把用户带入到场景中,产生共鸣,作者写这篇文章的时候也要投入感情。

例如:"老公,烟戒不了,洗洗肺吧"

"美国色盲小男孩收到一副眼镜,戴上后激动地哭了"

④ 以"事"感人。从小到大,"故事"一直陪伴我们身边,而故事型标题也更容易感动人,吸引人阅读。

例如:"430年的非遗中药眼膜传奇"

"我和采茶美女的邂逅"

⑤ 以"悬"引人。从标题上就埋下伏笔,使读者由于惊讶、猜想而去阅读正文。

此类标题应具趣味性、启发性和制造悬念的特点,并能引发正文作答。

例如:"1 秒止鼾的神器,你信吗?"

"颠覆了 4 000 年洗涤历史的利器……"

⑥ 以"密"迷人。人类的求知本能让大家更喜欢探索未知的秘密,最喜欢听到各种真相。这类标题常用的关键词有:秘密、秘诀、真相、背后、绝招。

例如:"这么性感的高跟鞋,竟然比平底鞋还舒服"

"如何在夏天猛减 30 斤?秘诀都在这里!"

⑦ 以"险"吓人。恐吓式标题最早见于保健品软文中,通过"恐吓"的手法吸引读者的关注,陈述某一事实,而这个提供的事实,能让别人意识到他/她从前的认识是错误的,或者产生一种危机感。

例如:"一生有三分之二的时间,是在床上度过的,为什么不选个好床垫呢?"

"如果你不在乎钙和维生素,请继续喝这种豆浆"

⑧ 以"问"呼人。提问式标题让读者感觉更亲近。显然,对话、发问的形式或者直呼其名的方式往往更能吸引读者的目光,甚至可能一些其他人群会因为奇怪而关注。

例如:"1 亿人都喜欢吃的美食,你不来尝尝?"

"湿气缠身?吃它比拔火罐有用"

⑨ 以"趣"绕人。一个好的标题,读者阅读后往往会记忆深刻,这得益于创作者所使用的语言。生动、幽默、诙谐的语言,可以将标题变得活泼俏皮,恰当运用修辞手法与谐音的效果,可以令读者回味无穷,甚至乐意进行口碑传播。

例如:"赶快下'斑',不许'痘'留"

"有'锂'讲的清"

⑩ 以"议"动人。建议性的标题是我们经常看的标题,特别是做促销活动时候,这样的标题更为多见,但是建议性的标题要想跳出常规,需要下一番苦功。

例如:"别让衣服上的褶皱,暴露你的生活状态"

"果珍建议:冬天要喝热果珍"

(2)找到痛点——让客户觉得有价值能看下去。要站在对方的角度去思考问题,考虑读者为什么要看文章,文章能给读者解决什么问题。首先,写些与读者相关的内容,让读者找到共鸣,以吸引读者观看下去。其次,要站在对方角度来写。最后,写具体好处,让读者读了有所启发。文章的总体框架结构为:痛苦、好处、原理、方法和案例。

有的文章也是用导语的方式开头。导语是为下文产品介绍所做的铺垫。这段引导语需要使用简明扼要的文字点出文章中最重要、最新鲜、最吸引人的内容。以便让用户迅速了解文章介绍的重点、吸引用户进一步阅读全文。导语可以结合时下的热点话题展开,带有一定的故事情景,这样能够提高读者的阅读积极性,导语的最后一句/段最好要有承上启下的自然过渡作用。

（3）逻辑清晰，观点可信——让客户轻松看完文章。我们应该逆向思考一下读者拒绝的原因。其实主要有两点：① 没有一个框架逻辑结构。解决办法：文章要有一个清晰的结构（如总分总）。② 不懂排版中的留白处理。解决办法：文章每隔3—4行就要分段，段与段之间留白，切记大片文字堆砌，多预览调整。

（4）明确提示，转发分享——打动客户，不仅购买而且分享。第一招：结尾暗示用户转发。结尾暗示好就分享的意思，如"喜欢就分享吧""请大家分享我的文章""本文欢迎转发""请注明作者和出处"等。第二招：结尾诱惑用户转发。

总之，文章要用心写，要用文字传递情绪给读者，文章要坚持写，敢写敢发。

知识与技能训练

一、单选题

1. 相比传统营销而言，下面不属于新媒体营销变化的是（　　）。
   A. 从"效果"到"精准"　　B. 从"覆盖"到"互动"
   C. 从"软"到"硬"　　　　D. 从"轰炸"到"影响"

2. 以下不属于新媒体营销文案的特点与趋势的是（　　）。
   A. 从单一发声到人人自媒体　　B. 从传统渠道投放到新媒体传播
   C. 从语言规范到时尚多元　　　D. 从长文到短文

3. 按营销目的分，新媒体文案可分为（　　）。
   A. 销售文案和传播文案　　B. 长文案和短文案
   C. 软广告和硬广告　　　　D. 微信文案和微博文案

4. 以下不属于产品卖点提炼方法的是（　　）。
   A. 围绕产品特征提炼核心卖点　　B. 围绕产品利益提炼核心卖点
   C. 围绕产品包装提炼核心卖点　　D. 围绕产品前后端提炼核心卖点

5. 随着消费升级，以下不属于用户需求发生变化趋势的是（　　）。
   A. 价格敏感变为时间敏感　　B. 在意高品质和品牌价值
   C. 更追求物质层面的消费　　D. 追求多元文化

二、多选题

1. 以下属于新媒体营销文案创作思维的有（　　）。
   A. 用户视角　　　　　　　B. 制造对比
   C. 去抽象化　　　　　　　D. 可视化表达
   E. 讲个好故事

2. 以下属于产品详情页文案的写作原则的有（　　）。
   A. 紧贴品牌定位　　　　　B. 逻辑结构固定
   C. 明确对谁说，从痛点入手　D. 平白朴实，避免"自嗨"
   E. 用词华丽

3. 以下属于品牌故事写作切入点的有（　　）。
   A. 品类的历史和故事　　　B. 创始人的创业故事
   C. 品牌态度　　　　　　　D. 当地文化
   E. 产品的用途

4. 以下属于导购型新媒体平台的有（　　）。
   A. 今日头条　　　　　　　B. 淘宝店铺
   C. 百家号　　　　　　　　D. UC订阅号
   E. 淘宝头条

5. 你认为以下哪些工作属于新媒体文案的工作内容？（　　）
   A. 新媒体渠道的文案写作
   B. 策划产品或品牌推广活动
   C. 为一个海报写宣传主题
   D. 根据时事热点撰写品牌借势营销文案
   E. 为天猫店铺写导购文案

三、判断题

1. 新媒体传播内容也正在突破传统文字的单一局限，包括文字、数字、图表、音频、视频，等等。（   ）

2. 伴随着移动互联网的快速发展，用户习惯发生颠覆性改变，但营销行为仍然离不开传统营销的方式方法。（   ）

3. 文案不可能改变产品，但它能改变消费者对产品的观感。（   ）

4. 好的详情页非常注重逻辑性，在线上，我们根据客户的实际顾虑直击痛点，用逻辑严密的详情页文案引出客户选择我们产品的理由。（   ）

5. 导购型文案中，重视正文的撰写至关重要，标题并非是文案的重点。（   ）

四、案例分析题

江小白，一款有自己卡通人物形象的小白酒，说自己是"当下的热爱生活的文艺青年的代表"。以"我是江小白，生活很简单"为品牌理念，坚守"简单包装、精制佳酿"的反奢侈主义产品理念，坚持"简单纯粹、特立独行"的品牌精神；2017年7月3号，江小白联合同道大叔推出了一款十二星座瓶身限量版包装，并且每个星座都有专属于你的星座酒话文案。

有人觉得"江小白"的口味并没有其他同等档次的白酒好，在醇香程度上还是有很大欠缺。但是，它的文化营销策略促成了成功。江小白提倡直面青春的情绪，"不回避、不惧怕，与其让情绪煎熬压抑，不如任其释放"。这个宣言直接决定了"江小白"的市场定位，就是年轻群体。2011年才出道的江小白，瓶身营销一度被业内奉为经典。每一句文案语录都抓住了痛点，说到了年轻人的心坎里。

试分析江小白的瓶身文案有何成功之处？

五、实训实战题

（一）实训背景

本项目实训为导购型文案的写作，学生通过本项目的学习，掌握导购型文案标题与正文的写作方法，下面的巩固与提高部分，选取一款游泳眼镜为对象，完成一款导购型文案的写作，以进一步提高文案写作能力。

产品品牌:速比涛(Speedo)是世界著名的运动品牌,来自澳大利亚,创立于1928年。

产品描述:集聚Speedo精粹科技,带来更佳表现的专业泳镜,让锐意进取的专业泳者,清晰水中每次泳动,不断刷新泳绩。

(1)大框设计,视野更广阔,水中环境一览无遗,更精准掌控泳动节奏。智感贴合技术,以人体头部大数据为依据,不同人脸轮廓皆可适应,终结渗水困惑。

(2)UV防护及防雾功能镜片,抵御紫外线伤害且视野更清晰。

(3)快速调节镜带更稳定贴合头部,柔软高弹头部更舒适。

(二)实训任务

1. 撰写文案标题

   根据产品推广要求,结合标题写作技巧,撰写导购文案标题。

2. 构建正文写作框架

   教师引导学生,小组讨论,形成文案撰写框架。

3. 撰写文案

   教师布置任务,学生根据要求撰写文案并排版成文。

实训拓展:
星巴克与有书共同用文案成就营销奇迹

Chapter

04

第四章

新媒体营销图文类内容设计

- ») 新媒体营销内容的标题拟定
- ») 新媒体营销内容的爆文打造
- ») 新媒体营销内容的图片设计
- ») 新媒体营销内容的正文编辑

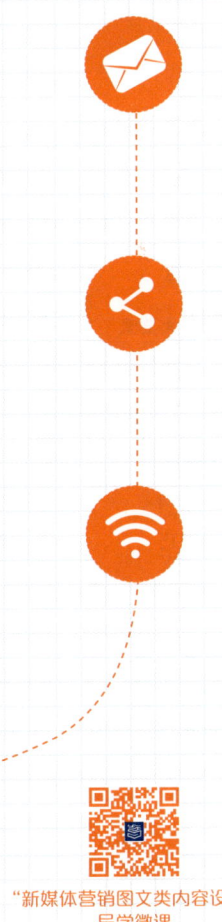

"新媒体营销图文类内容设计"
导学微课

知识目标
- 了解新媒体营销图文类内容标题设计思路和拟定方法
- 掌握新媒体营销爆文的三类文体和四类要素
- 掌握新媒体营销内容图片设计的基本原则
- 熟悉新媒体营销内容正文编辑的技巧

能力目标
- 能够拟定新媒体营销内容的标题
- 能够写出新媒体营销的爆文,并阐明自己的见解
- 能够合理应用新媒体营销的图片设计原则和技巧,能为内容合理搭配图片
- 能够规范写出新媒体营销的正文

思政目标
- 培育并践行社会主义核心价值观
- 培育新媒体营销人员的法治意识与职业道德

思维导图

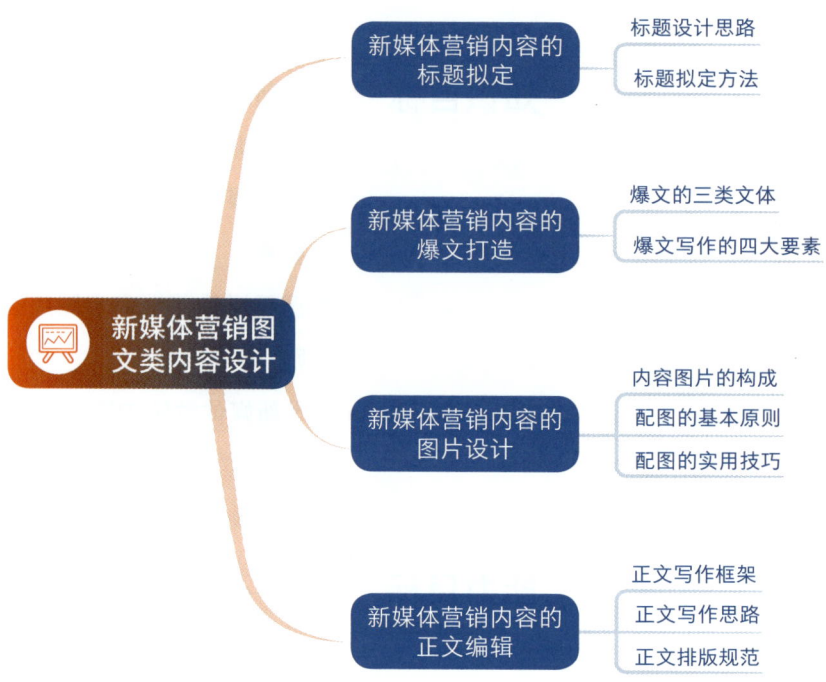

案例导入
一篇文案卖掉35.8万元啤酒

一篇文案卖货35.8万元,这是关健明的亲身经历。毕业之后关健明进入了一个小的牙科诊所,这个牙科诊所有一个很棒的医生,但他不太会营销自己,所以关健明帮他来做营销宣传工作。4年的时间,这个牙科诊所业绩增长了11倍,发展成为拥有6家连锁店的企业,已经获得了A股上市公司的投资。之后关健明专门研究如何通过新媒体文案进行营销,而营销是很多企业非常关心的问题。其中,斑马精酿的老板委托关健明做了一篇推文,发在一个"大号"上,广告费是5万元,总共卖了35.8万元的啤酒,也就是投入1元钱可以挣回7元钱营业额,这个投入产出非常不错。很快,斑马精酿的月销售额突破100万元,这个品牌的估值已经超过了1亿元。

好的文案可以改变一个产品的销量,可以改变一个企业,让一个企业加速发展。最重要的是,它能够改变你的人生——你帮助企业创造了价值,你的人生也会有不一样的风景,不一样的平台。那么,营销人员应该怎样通过文案高效率地把产品卖掉?总结为四个步骤。

一篇文案卖啤酒

1. 抓人眼球

这一点没有太多疑问,因为只有标题让人们想点进来,里面的内文才能被看到。否则,内文写得再精彩绝伦也没机会被人们看到,更不可能会下单。

2. 激发购买欲望

进入内文读者会关心什么呢?这个产品跟他有什么关系,他要不要买它,他是否需要这个产品?很多产品,如耳机、灯或者充电宝,对于读者来说常常是可买可不买的。所以,所写文案要让他感觉这个产品非买不可。

3. 赢得读者信任

当读者对这个产品有了购买欲望,接下来会关心什么呢?他会很关心企业所做宣传的真实性。

4. 引导马上下单

我们需要让读者感觉今天只要花一点点的钱就可以获得巨大收益,会获得巨大的满足和幸福感;这个优惠非常难得,一旦错过,之后要花更多的钱来买,很不划算。引导读者立刻下单。

案例启示:从关健明的案例分享可以看出,新媒体时代的营销活动形式虽然越来越多样,但图文类内容仍然是主流。各种写手将营销活动植入到文章中,通过各具特色的软文去吸引相对应的粉丝群体。所以,写好一篇成功的软文并配上合适的图片,抓住读者的心理引起共鸣则显得尤为重要。

资料来源:搜狐财经:文案大咖关健明——一篇文案卖掉35.8万元啤酒!引文有删改。

4.1 新媒体营销内容的标题拟定

当信息选择的主动权转移到读者手中时,一篇文章最吸引浏览者的是什么?毋庸置疑是标题。只有一个好的标题才能吸引浏览者点击文章进行阅读,从浏览者转变为阅读者,继而转变为潜在消费者。无论文章的主要内容是什么,首先吸引读者点击阅读的都是标题,所以撰写一个有吸引力的标题很有必要。

思政园地
"标题党"应守住道德底线

近年来,随着新媒体的发展,媒体间的竞争日渐加剧,特别是一些商业网站、微信公众号为了吸引受众的眼球,争抢"第一看点",追求"爆炸效应",置新闻内容的基本事实于不顾，为达到增加点击量的目的，在新闻标题上挖空心思，出现了一些耸人听闻或者媚俗、低俗、庸俗的"标题党"。在激烈的新媒体竞争中，"标题党"吸引眼球固然可以，但不能不讲道德底线，更不能一味为了追求点击率而造成对公众和社会的损害。

在首都互联网协会新闻评议专业委员会2016年度第十一次会议上，北京市网信办网管处梳理了北京属地重要商业网站存在的六个"标题党"乱象："正题歪做，违反正确导向""侮辱调侃，突破道德底线""无中生有，违背真实原则""断章取义，歪曲炒作报道""夸大事实，引发社会恐慌""格调低俗，败坏社会风俗"。

标题党们需要有底线意识，这个底线就是不违反国家法律政策和伦理道德。

4.1.1 标题设计思路

1. 标题的内涵

想要给文章起一个好标题，首先应该了解标题的重要性及意义，这样才能更加认真地对待拟定标题这件事情。

在信息爆炸的"互联网+"时代下，从电子邮件到短信广告，我们每天的生活都充斥着各种形形色色的信息。科学家们计算出了每人每天会接收到的信息量。他们发现，在一年中，有两万亿兆字节的信息会通过电视、广播、报纸、海报和邮件的方式传播出去。这相当于每人每天阅读174份报纸所含有的信息量。在海量的信息中，读者往往只会选择自己感兴趣以及被标题吸引的文章进行阅读，因此标题的重要性不言而喻。互联网阅读是碎片化的浅阅读，同样的正文，采用的标题不同，达到的效果可能有天壤之别。

标题，承载着内容的主旨，通过简短的文字让读者在短时间内了解信息内容。与正文的性质不同，标题的主要功能就是要吸引读者的视线，脱颖而出。新媒体营销中图文类内容的标题的内涵及意义，具体如图4-1所示。

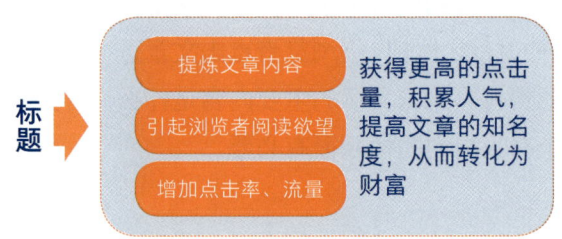

图4-1 标题的内涵及意义

2. 标题拟定应坚持的原则

写好新媒体营销图文类内容的标题，让标题具有销售力，是新媒体营销的一个重要基础。那么，在标题拟定时应该坚持以下原则：

（1）从读者角度出发。在拟定标题的时候，要站在浏览者的角度去思考其想要看到什么样的内容，而不能仅仅站在企业的角度考虑目前需要销售什么。换句话总结就是"换位思考"，把自己当成是面对铺天盖地信息的浏览者。如果浏览者想要了解一件事情或者找到一个产品，他/她会如何进行搜索找到自己想要信息？这样写出来的标题，一方面更加贴近浏览者的心理，另一方面，根据搜索引擎匹配性的原则，越是与客户搜索语句匹配的文章越能获得更好的排名。

在拟定文章标题的时候，推广者可以先将关键词输入搜索引擎中，就会发现许多浏览者或客户提出问题的语句，尽管这些语句多种多样，但还是能找出关键词背后的规律。这样，推广者的标题拟定就会更接近客户或读者的提问，也就会在客户提问的搜索结果中获得更好的排名，从而更容易让客户能够看到。

（2）让搜索引擎容易收录。一篇文章如果想要发挥营销价值，前提条件是必须被搜索引擎收录，只有被搜索引擎收录的文章才能让浏览者在搜索中找到，获得点击量并传播开，仅仅存在于自己账号内的文章，是没有办法转化为经济价值的。

决定搜索引擎收录的因素有很多，但就标题而言，最主要的就是一定要"原创"。拟定的标题不能有太多的类似条目，并且最好可以做到新鲜，与当下的热点话题、流行语相结合，这样会使得搜索引擎收录的速度增快。在标题写作的时候可以先将拟好的标题搜索查看一下，假如已经有很多相同或相近的，推广者就不要再用这个标题了。

协作创新

某新媒体运营准备采用"微店开店秘籍"作为标题写推文，请各小组上网查阅后讨论这个标题是否合适？如果不合适应该如何进行修改？

（3）善于用好关键词。通过对点击量与转发量高的文章标题进行观察分析就会发现它们有一个共同点——由多个热门关键词组合而成。标题很新颖，也被搜索引擎收录，但如果只有单一关键词，同类的条目太多排名也不会靠前，而多个关键词组合后，不仅相同条目减少而且排名也会靠前。

例如"新鲜樱桃烟台直供"这个标题，如果仅以"樱桃"一个关键词进行搜索，那么搜索结果不仅多而且被收录的文章的排名也不好。如果标题上含有"新鲜""直供""烟台"等多个关键词，则搜索结果的数量会大大降低，标题"露脸"的机会就会显著增加。

行业观察
善用关键字，打造好标题

总体来说，微信公众号的文章除了给该公众号的订阅者阅读之外，另一个目的是吸引潜在阅读者。

因此，在进行公众号文章标题编写的时候，需要充分考虑怎样去吸引潜在阅读者。文章编写者要做到在标题中善用关键词，就应该考虑以下两方面：

1. 与公众号的相关性

微信公众号文章的编写者要做到在标题中善用关键词，就需要十分清楚标题中的关键词与公众号之间的相关性。

并不是每一个词都能叫作关键词，标题编写者需要善用关键词，将那些与公众号相关性最强的词巧妙地嵌在标题中，这样才能够确保搜索者在进行关键词搜索时更容易找到自己的公众号。

2. 关键词含有词根

词根指的是词语的组成根本，只要有词根就可以组成不同的词。微信公众号文章的编写者在标题中加入有词根的关键词才能提高文章的搜索度。

例如，一篇文章题为"十分钟教你快速学会手机摄影"，这条标题中"手机摄影"就是关键词，而"摄影"就是词根，根据这一词根可以写出更多的与摄影相关的标题。

（4）标题形式要新颖。新媒体营销文章的标题形式要新颖多样才能吸引浏览者的眼球，具体的方法有很多，这里具体介绍几种比较实用的标题形式：

① 故事：描述创始人的故事类标题，将产品人格化，这样更利于得到浏览者的情感认同，拉近彼此距离，增强说服力。

例如："他曾凭借微观辨水一战成名，如今活成人生艺术家！值得我们学习"

"阿里著名loser的反击：疯子无招和他的钉钉帝国"

② 数字：相比于繁杂的文字，人的大脑对于数字更加敏感，数字让浏览者感觉具体详细真实，采用数字命名的方式可以起到事半功倍的作用。

例如："中国人酷爱的名言，99%都是假的"

"靠8分钱利润年赚2.6亿元、靠1包榨菜市值达180亿：你看不起的行业往往最赚钱！"

③ 标点：标点符号的运用可以提升文字点击率，利于优质内容的传播。常用的有，感叹号能提升标题的情绪渲染，吸引更多浏览者的注意；问号能提升与读者互动效果，提升读者代入感；省略号能提升标题神秘感，吸引浏览者的注意力。

例如:"窗户缝又黑又脏?1个塑料瓶轻松搞定!"

"为小时候的自己掉滴泪:原来少吃糖不能杜绝蛀牙……"

④ 利益:要尽量将浏览者可以收获的利益写出来,无论是阅读本文所带来的利益或本文涉及的产品或服务所带来的利益,都应该尽量反映在标题上,从而增加标题的吸引力和销售力。

例如:"干掉平庸的自己,你只需30天"

"最高7 000元!不限户籍!深圳这些人千万别错过了!"

⑤ 蹭热度:利用一些知名的人物、事件、物品等,借助其流量优势加大文章的曝光与宣传。每个热点人物或事件,其背后都有巨大的读者基础及流量来源,可以借助其增加传播量。

例如:要说2018年暑假最火的剧,非《延禧攻略》莫属,自开播以来每天都能刷到关于它的话题,甚至出现在了台湾某大学学科能力测试中。这部剧本身就具有热度,所以在拟定标题时,可以借助其热度进行传播,如图4-2所示。

图 4-2 利用蹭热度来拟定标题

协作创新

分小组讨论,找出一些不合时宜的"标题党"的文章,并分析它不受读者喜欢的原因。

3. 拟定标题的思路

一个成功的标题能够吸引读者的一个重要原因,就在于能满足读者的需求,好的标题一般可以满足读者以下6种需求中的一个或者多个,具体如图4-3所示。在拟定标题时,也可以以此为思路进行创作。

(1)从满足娱乐需求出发。现如今,大部分人有事没事都会掏出自己的手机看看,逛淘宝、刷微博、浏览微信朋友圈和公众号信息,以满足自己的娱乐需求。

图 4-3 成功标题可以满足的读者需求

不少人点开微信公众号里各种各样的文章，是出于无聊、消磨闲暇时光，给自己找点娱乐的目的。那些以传播搞笑、幽默内容的文章比较容易满足读者的娱乐需求，如冷笑话、幽默与笑话集锦这一类公众号。这一类公众号，文章内容的标题给读者的感觉就是比较开心、愉快的，如图 4-4 所示。

图 4-4 能满足读者娱乐需求的标题

（2）从满足好奇需求出发。人人都是"好奇宝宝"，对于那些未知的、刺激的东西有一种想要去探索了解的欲望。微信公众号文章编写者在写文章标题的时候就可以抓住读者的这一特点，将标题写得充满神秘感，以满足读者的好奇需求，这样就能够吸引更多此类读者的阅读。

这种能满足读者好奇需求的公众号文章的标题都带有一点神秘感，让人觉得看了之后就可以了解事情的真相，如图 4-5 所示的例子。

图 4-5 能满足读者好奇需求的标题

（3）从满足价值需求出发。有部分人在浏览网页、手机上的各种新闻、文章的时候，抱着可以学到一些有价值的东西、扩充自己的知识面、增加自己的技能等目的。因此，文章编写者在写公众号文章标题的时候，可以将这一因素考虑进去，让自己编写的标题能够给读者一种满足价值需求的感觉。

这种能满足读者价值需求的公众号文章，只要读者阅读之后觉得真的有用，就会自动地将文章传播开来，让身边更多的朋友知道。能满足读者价值需求的文章标题，在标题上就可以看出文章所蕴藏的价值，可以让读者学习到一些知识或技巧，如图4-6所示。

图 4-6 能满足读者价值需求的标题

（4）从满足私心需求出发。人总是会对与自己有关的事情多加关注，对关系到自己利益的消息比较注意，这是人类很正常的一种行为，文章标题满足读者私心需求其实就是指满足读者关注与自己相关事情的行为。在写文章标题的时候就可以抓住人的这种需求，将文章标题打造成这种类型，以引起读者的关注。

但是需要注意的是，如果一篇文章写了这样的标题，文章的内容就要真正与读者的实际利益有关，不能一点实际价值都没有。如果每次借用读者的私心需求来引起读者的兴趣，可实际却没有满足读者的需求，次数多了读者就会对这类标题产生"免疫力"，在看见标题的第一时间就知道文章的内容没有一点用处，久而久之，不仅会让读者不点击文章，甚至会引起读者的反感。

如图4-7所示，这些文章的标题就是能满足读者的私心需求的标题，它能引起读者的兴趣，从而进一步点击文章进行阅读。

图4-7 能满足读者私心需求的标题

（5）从满足情感需求出发。大部分人都是感性的，容易被情感所左右，这种感性不仅体现在真实的生活中，还体现在他们所看到的包含了感情的文章中，这也是很多人在看了有趣的文章会捧腹大笑、看了感人的文章会心生怜悯甚至不由自主流下泪水的原因。

在如今的现实社会中，大部分人为了自己的生活在努力奋斗，与身边人的感情也因缺乏交流而显得淡漠，生活中、工作上遇见的糟心事更无处诉说。很多人养成了从文字中寻求关注与安慰的习惯,当他们看见那些传递温暖、含有关怀意蕴的文章标题时,都会去点击阅读。因此,公众号文章的编写者在写标题时,便可多用一些能够温暖人心、给人关注与关怀的词语,以满足读者的情感需求。能够满足读者情感需求的文章的标题,必须是真正发自肺腑的情感传递,最好文章内容也充满关怀,这样才能让读者不会感觉被欺骗。

一个成功的微信公众号文章的标题就需要做到能满足读者的感情需求,进而打动读者,引起读者的共鸣。如图4-8所示的标题就是能满足读者情感需求的标题,给人的感觉就像是老朋友在谈心。

图4-8 能满足读者情感需求的标题

(6)从满足怀旧需求出发。很多人都有怀旧情结,对于逝去的岁月都会去追忆一下。例如看见了童年的一个玩具娃娃、儿时吃过的某种食品都会忍不住感叹一声,"仿佛看到了自己的过去"。

人们对于那些追忆过往的文章也会禁不住想要点开去看,所以微信公众号文章的编写者就可以写这种能引起人们追忆往昔情怀的标题,以满足读者的怀旧需求。能满足读者怀旧需求的文章标题,在文字上大多都会有一些代表年代记忆的字眼。

例如:"70后,80后,90后看完别哭""70、80年代的经典回忆""80、90后都玩过的游戏"。

 **直通职场**

很多人说:"在新媒体时代,标题决定了一篇文章的生死!"这句话就是那些"标题党"想出来的,过分夸大了标题的重要性。设想,读者充满期待地点开你的标题,发现选题无聊,逻辑混乱,就会大失所望,往往不会看完,甚至会因为这一篇"标题党"文章感觉被欺骗,分分钟取关!同样也有好多好文,就因为没有吸引人的标题而被埋没,实属可惜。新媒体是一个产品,不是单单某个部件做好了就能被大家认可。一篇"10w+爆文",其成功是由文章内容和标题共同实现的。

资料来源:馒头商学院,引文有删改。

新媒体营销标题设计要注意,在日常工作中一定要建立标题库,把平常看到吸引人的标题、爆文的标题、竞品标题、领域内大号的标题都收集起来,定期更新,不断分析,找到适合自己读者的标题模式。然后基于读者需求的关键词和热点词汇进行提炼,分析数据,找到那些阅读数高的文章出现频繁的关键词,以此校准读者画像,才能创造出读者"想要分享"的标题。另外,在拟定标题的时候一定要依靠团队的力量,大家集思广益一起讨论,不受限于个人思维,才更有可能拟出大众喜欢的好标题。最后就是留意读者反馈,不断复盘与迭代,与读者一同成长。

4.1.2 标题拟定方法

1. 标题拟定的基本步骤

想要写出一个好的新媒体营销标题,仅仅知道基本原则是不够的,下面将介绍标题写作的基本步骤(如图4-9所示),在标题确定之前做到多想、多练、多问,积累出自己的标题库。

图4-9 标题拟定的基本步骤

(1)在拟定标题之前,自己需要先明确以下三个问题:

① 这篇文章的目标读者是哪些人?每篇文章都有自己的目标读者,只有确定了目标读者才能确定他们的需求,将文章内容精准对应并推送,以取得最大的效益。

② 我要传递给目标读者什么信息？一篇新媒体营销的图文类内容，究竟想要传递给目标读者什么信息？这篇文章的目的是单纯为了增加流量，还是为了介绍产品？这些确定之后才能确定这篇文章的主旨内容并匹配不同类型的标题。

③ 这些信息如何能够抓住目标读者的痛点？当前面两个问题都确定之后，就要进一步选择可以打动目标读者的思路和信息，让他/她在众多的文章标题中被你的标题所吸引，然后点开阅读并觉得物有所值。

（2）根据上面的三个问题，先草拟一个初步的标题，把最重要的利益点加上去。然后咨询周边属于目标读者的人，询问他们是否有兴趣阅读这样的一篇文章。如果有则可以进行下一步，若没有则返回上一步重新考虑。

（3）按照设想写完文章后，再次根据文章内容提炼要点，将全部要点一一列出来之后进行分析，找出最能打动目标读者的要点。

（4）在平时看到吸引人或者点击量高的文章标题时将它收集起来，形成各种经典的标题套路，然后对照文章的要点仿照套路写出若干个标题，数量、类型都应尽可能丰富。

（5）写好之后，继续优化标题，可以通过增加利益点、细节描述、情绪、悬念、可信度和吸引度，或是让标题的立场更加"极端"一些，激起更大的好奇心等方面入手，使得标题的吸引力更强。反复确定这些标题是否可以立即读完并且能够一眼就看懂，如果不能则需要继续斟酌。

（6）将优化好的标题找目标读者进行投票，看看他们更喜欢哪一个，将拟用标题筛选出来。

（7）选出一个标题不等于结束，在文章推送出去之后，还要收集相关数据，进行分析。如果数据表现良好，就总结好的经验；如果反馈不好，就反思哪里出了问题，怎么样可以修改得更好。

（8）将好的标题放进优秀标题库，将不好的标题放进垃圾标题库，定期整理、回顾。隔一段时间就对近期好的标题进行研究与思考，最重要的是，要总结出自己善用的标题方法。

2. 标题拟定的常用方法

拟定一个好标题，可以从以下几个方面入手：

（1）私密。好标题的第一种类型便是私密性标题。这种类型的标题容易让读者产生一种得到重视的感觉，因而较容易获得读者的好感，拉近与读者之间的距离。因为当读者看到这类标题时，会觉得这是内容创作者专门为自己打造的。在这种心理作用的驱动下，读者自然会详细阅读。

另外，从心理学的角度来看，私密性标题容易引发读者的好奇心，从而让读者从众多的信息中挑选你的内容进行阅读。这其实也是一种心理战术。在设置标题、策划内容的过程中，更像是在与读者的心理作战，与读者的需求作战。所以，这就要求对读者的心理需求要有一个较为全面的把握。

例如："小伙伴都不知道，我只告诉你"这样的标题，就属于私密性标题。当读者在浩如烟海的信息中看见这条标题时，心里很可能会想："这位内容创作者究竟要表达什么呢？到底是什么神秘的事情呢？我得点开看看。"于是，标题的目的就达到了。值得一提的是，虽然标题的类型属于私密性，但它的内容依然是面向广大读者的。私密性的标题是为了吸引读者的注意力，让读者进一步查看内容。因而，作者在创作内容的时候，不要受到标题的影响，应该朝着吸引更多读者的方向努力。

（2）权威。权威性标题是能吸引用户注意力的第二类标题。互联网的发展为信息提供了更多的传播渠道，也为用户提供了更多寻找信息的途径。信息传播渠道与寻找信息的用户增多的同时，也让虚假性信息看到了市场。所以，尽管目前的信息非常丰富，但信息的可信度却让人感到担忧。在这种情况下，权威性信息以及标题也就具有了极大的吸引力。

例如："听马化腾亲口说，什么是互联网金融"这一标题。互联网金融无疑是目前一个非常火爆的概念。关于对互联网金融的看法，网络上也出现了各种各样的说辞。那么，究竟哪一种是正确的呢？显然，在这一领域内越权威的人所说的话，其可信度越高。因此，诸如"听马化腾亲口说，什么是互联网金融"这样的标题能显示内容的权威性。由此，也能得出打造权威性标题的方法，即在标题中添加行业名人、权威人士的名字，以此来增强标题的权威性。另外，他们所说的典型语句，以及提出的影响力较大的观点也可以直接作为标题。事实上，这些行业内非常著名的人物，已经成为其他用户的楷模。所以用户在搜索信息时，直接就会用这些人的名字作为关键词。基于这种情况，用这些行业内名人的名字作为标题时，还能大大提高所写内容被搜索到的可能性。

（3）疑问。故意在标题中设置疑问，也是吸引用户的一种方法。这同样是利用用户的好奇心，这种类型的标题也叫作疑问性标题。由于在标题中提出了疑问，所以用户看到这样的标题后，就会产生寻找问题答案的念头。显然，用户首选寻找答案的方式肯定是点开标题，阅读文章。毕竟这两者之间具有非常直接的强相关关系。为了保证疑问标题的效果，在设置标题时可以适当地添加一些搞笑词汇，这样可以提高标题的趣味性，从而对用户具有更强的吸引力。

例如："你这个样子，能找到对象吗？"就是一个典型的疑问性标题。相信很多单身用户看到这个标题后，肯定会忍不住想要点开看看其中的内容。在设置疑问性标题时，一方面要注意对用户的定位和把握，另一方面要结合当下的时代趋势和社会热点。因为并非所有的疑问性标题都能吸引用户的注意力。定位目标用户的需求，是设置符合用户审美以及需求的标题的前提。面对当下时代趋势以及热点的把握，能为标题设置提供有力的内容支撑。

（4）情绪调动。在消费心理学中，如何调动消费者情绪非常重要。优秀的销售员非常善于调动情绪，促成用户的购买行为。

其实，对于内容电商来说也是如此。当设置了一个具有情绪调动效应的标题时，读者的情绪就会被调动起来，从而点击查看具体内容。

例如："'00后'都出来创业了，再不开公司就晚了"这个标题，无疑就调动了广大想要创业，但却没有付诸实际行动的读者的情绪。因为这则标题给这类读者带来了极强的心理压迫感。可能这类读者不仅会因为这则标题点击浏览这篇内容，还会因为这则标题采取创业的实际行动。

通常情况下，能起到情绪调动效果的做法有两种。第一种做法是将目标受众与低层次群体相比。上例中的标题利用的就是这种方法。这则标题下面的内容肯定是针对"00后"之前的读者创作的。当"90后""80后"读者看到这则标题后，情绪也就被调动起来了。

第二种做法是针对产品而言的，是将其与同级别其他产品相比较并突出其优势。这种做法在销售中更为常见。例如，很多销售员在推销产品时会说："我的这款产品功能是同类产品的所有功能之和，而价格则只有一半。您要是不买下它，一定会后悔的。"于是，用户的情绪也就被调动起来了，做出了购买行动。

（5）利益诱惑。趋利心理同样是人类普遍存在的心理，人们也极易在利益的驱动下行动。这也提供了又一种标题创作的方法，即利益诱惑法。这种方法是在标题中加入具有利益诱惑的词汇或事实，引导用户去点击查看内容。如果词汇或事实确实具有利益诱惑性，那么就能够起到吸引用户注意的效果。

例如："只需三个月，百万元年薪就到手"这一标题抓住了读者希望得到高收入的心理，百万元的年薪，这显然是一个非常高的，许多IT工作者理想中的薪资水平。可以说，这则标题具有极强的利益诱惑性。

在使用这种类型的标题时，可以适当地将利益放大。例如实际上平均年薪50万元，可以说成100万元。但也不能过于夸张。因为读者也有基本的判断力，过于夸大事实，就成了虚假的消息，自然也就会被屏蔽掉。

另外，即使是利益诱导法，也要正面地使用。因为在设置标题的过程中，依然要遵守相关法律法规的规定。积极、健康、正面、充满正能量的内容是主旋律，标题设置也要达到这些方面的要求。

（6）特殊词汇。要想让自己的标题足够醒目突出，使用特殊词汇也是一个不错的方法。所谓特殊词汇，就是指在特殊情况下、特殊环境下使用的词汇。由于使用该词汇的情况的特殊性，使得该词汇也具有了特殊的含义。而这类词汇对用户来说，吸引力较大。

小米手机的创始人雷军，用六年时间缔造了国产手机的神话。而他本人也因此成为了国人心中的新一代"网红"，"米粉们"亲切地称他为"雷布斯"。在一次新品发布会上，雷军说了一句，"站在风口上，猪也能上天"。此后，"风口上的猪"就成为一个特殊的词汇，也被很多网友运用到各种情景中。

例如："爆品战略，做一头风口上的猪"。这是一则关于淘宝运营的文章，这样的标题帮助它在发布后，获得了极高的点击率。显然，其原因离不开"风口上的猪"这个特殊词汇的使用，这个词已经被赋予了新的内涵。因此，这个标题出来后立即引起了读者们的关注。

要想在标题中加入特殊词汇，首先要知道特殊词汇有哪些。换句话说，要与时俱进，通过多种渠道广泛了解当下最新的消息。对于过于陈旧的特殊词汇，即使包含丰富的内容，也要谨慎使用。这是一个快节奏的时代，过时的内容很难引起读者的阅读兴趣。

（7）热点内容。2016年的里约奥运会上，中国运动健儿们奋力拼搏，再创佳绩。既展现了顽强不息的民族精神，也让国人认识了一些新面孔。游泳运动员傅园慧在比赛的过程中，拼尽全力；在接受采访的过程中，展现自我，真情流露。正因为如此，所以当她在采访中说出了一句"我已经用了洪荒之力"后，迅速得到了网友的认可。广大网友也通过各种渠道向她表达喜爱之情。"洪荒之力"一词也就成了一个热点词汇，代表着一个热门事件。

热点事件本身就具有一定的影响力。正是因为在当下能引起人们的思考和关注，才使它成为热点事件。因此，使用这种词汇自然能收到较好的效果。所以，在标题中使用热点内容也是一个非常不错的做法。

热点内容包括热点事件和热点词汇。在利用热点事件时，需要归纳出事件的核心内容，并将其用简洁高效的词语表达出来。毕竟标题不是正文，不能长篇大论式地展开。同时，不能是过时的内容。使用热点词汇比较简单，可以直接将之作为标题词汇。对热点词汇的新鲜度要求没有热点事件高，近期热度较高的词汇都可以作为标题的素材。

为了保证对热点事件有一个较好的把握，需要经常关注新闻，了解热点。当然，并不是所有的热点都可以作为标题的内容。积极的、具有正能量的，与宣传内容相关度高的热点事件和词汇，才可以化用为内容的标题。应始终记住，设置好标题是为了让用户查看阅读正文，而不是仅仅让用户的注意力停留在标题本身上。

行业观察
600岁故宫成为新晋网红,你知道它有多努力吗?

早在2017年年初,故宫淘宝官方微博发布了这样一篇文章——《假如故宫进军彩妆界》。短短几天之内,这篇文章就被转载超过6万次,文章的阅读量更是超过了858万。这篇文章为读者透露了不少创意,文中展示的眼影、腮红、指甲油都别出心裁,美观雅致。究其创意来源,其实是一组用胶带重新"包装"的口红,当口红遇见具有故宫特色的胶带,竟然碰撞出了极具美感的火花。读至文末,猝不及防地被"安利"了一波胶带纸时,大家才恍然大悟,原来这才是文章的重点。

2018年12月9日晚,"故宫博物院文化创意馆"公众号"官宣"了一条消息:"故宫口红,真的真的来了!"文章一发布,阅读量立即达到"10W+",不到一个小时所有色号的口红都已售罄。两天后,故宫的另一官方店铺"故宫淘宝"发布了仙鹤系列彩妆,其中主打产品仙鹤口红当天就售出65 000支,可以说是非常不错的成绩了。

大家不禁好奇,故宫这个有着600年历史的高冷范儿文博机构,是怎么把自己捧成顶级流量"网红"和"带货能手"的呢?故宫的网红成长史,是一个不断尝试新媒体营销玩法的过程。在彩妆之前,它就已经打造过许多爆款案例。

2013年之前,故宫给人的感觉还是严肃庄重、遥不可及的。它为了拉近与大众的距离,开通了新媒体官号。2014年8月1日,一篇名为《雍正:感觉自己萌萌哒》的文章让平均阅读量四位数的故宫新媒体账号有了第一次的"10W+",雍正行乐图被做成gif,雍正在河边洗脚、喂猴子,并配上"朕……脚痒……"的接地气文案。

从此之后,故宫新媒体官号在各大平台发布了一系列搞笑却又带有知识性的文章标题,如图4-10所示。故宫借助新颖的理念,吸引更多年轻群体好奇、了解、喜欢上传统文化并得以传承。

> 朕再不许别人说你土!
> 朕为什么只下六次江南?
> 简直看不下去各种玛丽苏,明明她才是帝王的心头肉!
> 朕是如何把天聊死的!
> 故宫淘宝的胶带厉害到飞起
> 本宫有故事,你有酒吗?
> 中国的筷子每一双都不简单,你真的了解吗?
> 锦鲤=好运?不,是瑞鹿!
> 在所有画面里,朕最喜欢你!
> 写"年终汇报"这事儿,都赖乾隆皇帝!

图4-10 故宫淘宝近年来部分文章标题

4.2 新媒体营销内容的爆文打造

新媒体营销文案的写作手法与传统文案有共通之处,但因新媒体营销文案的投放方式不同,读者的阅读习惯也有一定的变化。因此,新媒体营销文案的打造方式具有一些特性,本节将从文体和要素两方面进行阐释。

思政园地
新媒体运营中的法律风险

1. 知识产权侵权

"眼球经济"下,为了吸引公众注意,媒体运营者迫切需要优质内容,在自身缺乏创作能力时往往会随意抄袭、转载、篡改,因而新媒体运营中的知识产权侵权主要集中于著作权侵权方面。

第一,不注明作者及来源,也未经授权就转载或使用他人的作品。

第二,注明了作者和来源,但未经授权。

第三,未经授权擅自对文章进行改编。

2. 个人人格权侵权

在新媒体中对他人进行诽谤诋毁,或者擅自使用他人形象做宣传,往往会侵犯他人名誉权、肖像权,现实中,该类案件也屡见不鲜。

第一,侵犯他人名誉权。实践中,微博、微信上各类语言犀利、个性鲜明的评论性文章经常刷屏,更有甚者凭空捏造不实消息,对他人或者公司进行诽谤、侮辱,这可能侵犯他人名誉权。

第二,侵犯他人肖像权。公民享有人格权,未经本人同意,不得以营利为目使用公民肖像。

4.2.1 "爆文"的三类文体

1. 人物故事类

人们对于故事所具有高敏感度几乎是天生的,因此,营销类的文章如果采用叙事类的问题来描述一个故事,比单纯的提炼道理,会更受读者欢迎。那么,人物故事类文体应该具备如图4-11所示的要素:

(1)文案需要有主题。一篇成功的营销文案,需要有一个明确的主题。再精彩的情节、再有话题性的主人公、再努力奋斗的过程,都不能弥补主题不够明确的缺憾。尤其是文章结尾的部分,需要紧扣主题,这就要求在写作开始之前,要明确主题,才能将之贯穿于文章当中。

图4-11 人物故事类文体应具备的五个要素

(2)故事需要有困境。《小说课》作者许荣哲曾提出,一部小说的结构有七个:目标、阻碍、努力、结果、意外、转折、结局。只要有这七要素,3分钟内就可以完成一篇故事的构思。作为新媒体营销内容的作者,必须思考这7个问题:故事的主人公有什么目标?在实现目标的过程中陷入了什么困境?为了达到目标,主人公是如何努力奋斗的?奋斗的结果如何?过程中发生了什么意外?主人公是如何处理意外的,有没有反转?最后的结局如何?

(3)过程需要"有麻烦"。文章是否精彩,取决于其解决麻烦的精彩程度,越是紧张的气氛,越能吸引读者的注意力,甚至还会设身处地想:自己要是遇到了这类问题应该怎么处理?这就是为什么人们在看电视剧时总是废寝忘食或是容易钻进小说的世界中难以自拔的原因。对于新媒体营销文案的写作也是一样,要达到吸引读者眼球的目的,就必须不断地给主人公"找麻烦",读者才能跟随主人公的脚步,逐步解决问题。

(4)人物需要有个性。叙述人物故事类的文章时,对于主人公的描述极为重要,不能只叙述故事而没有人物的描写。如果故事的主人公个性不突出,就会造成存在感较弱,不能支撑故事情节的问题。下笔之前,除了要明确主题以外,还要明确所描写的人物最大的特性是什么?读者可以通过故事从人物身上学到什么?

(5)情节需要有细节。描写人物故事,最忌讳的就是只摆出大量的观点或道理,却不分析其中的原因,过多地描述事件本身,而对于其中的细节部分描述过少。细节往往能决定一篇文章是否能吸引读者,就像一个好的演员通过对于细节的把握来打动观众一样。

 **行业观察**

2014年,阿里巴巴发布了钉钉测试版,设计理念为服务大企业。随后"钉钉"的广告轮番出现在机场、地铁、报纸、微博、朋友圈中,仔细研究钉钉的营销策略,正是以"讲

故事"为主的。钉钉最初是这样讲自己的创业故事:"一群从失败的阴影活下来的,满身是伤的年轻人,回归产品初心,最终逆袭的,大集团内部的创业故事。"

之后钉钉将自己的创业故事搬上了深圳卫视,做了一场"关于初心和酷公司"的品牌发布会,邀请高晓松和张泉灵来阐述新的品牌理念——成为酷公司,或者随波逐流。

而这次钉钉通过讲述26位创业者的故事来致敬创业者,通过前后两波"创业很苦,坚持很酷"的广告,主打创业者"城不倒,人不退"的共鸣。

2. 精神食粮、观点类

纵观当今公众号的营销内容,精神食粮和观点类的文章一直非常重要,也是"10万+爆文"的最主要文体。以下从四个方面归纳如何写好此类文章:

(1)观点要明确。人物故事类的文章需要明确主题,精神食粮类的文章也需要明确观点,这是写好一篇文章的灵魂。好看的皮囊千千万,有趣的灵魂万里挑一,很多精神食粮类的热文,其观点可以直接通过标题表现出来。

例如:"45岁朴树,28岁吴亦凡:拥有的都是侥幸,失去的都是人生"

"李诞:在爱情里寻找幸福,不如在爱情里寻找舒服"

"最有魅力的坚持,是从不被冷漠同化"

首先,需要与读者产生共鸣。当读者看到标题时,若能产生极强的共鸣,就能制造文章与读者之间的认同感,例如"世道变好,从每一个坏人都得到应有惩罚开始"。其次,需要颠覆大众的常识。让读者看到标题时能感到很新颖,甚至颠覆过去的经验认知。一般当读者读到这类文章时,出于对自身认知的坚持,都会选择继续往下读,例如"真正的教育就是拼爹"。再次,戳中读者痛点,例如"真正的平庸,源于过早地精于世故"。

(2)事例要与观点匹配。若一篇文章只是单调的观点堆积,没有事例来支撑,则会显得枯燥无味,只有通过事例来论证观点,才能达到好读好用的目的。因此,选一个精彩且匹配的事例,对一篇精神食粮观点类的文章来说尤为重要。

(3)频出金句。例如,在各种娱乐、选秀以及真人秀节目频出的今天,《奇葩说》作为一档辩论类的节目,能获得如此高的收视率,就是因为各位辩手在节目中能频频说出发人深省的金句。

例如:"善良是很珍贵的,但善良没有长出牙齿来,那就是软弱"

"手段不够硬,身段就要软"

(4)传递正能量。传统的精神食粮类文章,通常可以达到为读者解决问题、重新对生活充满希望的目的。

例如："哪有什么锦鲤躺赢，其实都是咸鱼翻身"

"成熟是一种能力，保持天真是一种超能力"

"别看年轻人天天转锦鲤，背地里可努力了"

新媒体的营销文案需要对读者产生积极的影响，因为读者希望能从文章中获取正能量，并将此分享到自己的生活中，展现自己积极向上的一面。此外，若能通过文字的力量对读者产生积极的作用，也能吸引读者持续关注。

协作创新

协作创新：
标题——美丽的吸睛术

以小组为单位，以"双十一"为话题，为空气净化器产品提炼出一个适合新媒体营销内容的精神食粮类观点，并以此观点写出三条可以作为标题的"金句"。

3. 软文营销类

新媒体时代的营销文案，往往有别于传统的销售文案，既不会直接介绍商品或服务，也不会让读者一眼就看出这是一篇广告。这就催生了新媒体时代一种常见的营销文案——软文，以微信公众号推送的文章为主。软文营销类文体的编写，可分为如图4-12所示的步骤。

图4-12 软文营销类5个步骤

一般而言，当企业需要增加曝光度，而非简单的提高销量时，会采用软文的类型来进行营销。同时，利用讲故事的方法来进行营销，也会增加读者对文章的黏性。为营销文案增添跌宕起伏、励志或有情怀的情节，往往能使读者受到感染，想要进一步了解文章背后的作者所经历的辛酸或借鉴成功的经验，从而增加阅读量。

4.2.2 爆文写作的四大要素

协作创新

你最近有没有分享文章给朋友？分享的原因是什么？分小组讨论内容创作时添加什么样的元素可以促进传播？

一篇图文类文案，内容是核心。写一篇好的文章就像做一道好菜，选择优质的食材，设计独特的菜式，打造诱人的卖相，最后食客愿意拿起手机拍照分享。这也是一篇爆文写作的四大要素：

1. 优质的食材——选题

巧妇难为无米之炊，没有好的食材，很难写出一篇好的营销文章。通过总结可以得出好的选题热点具备以下共性特征：

（1）新鲜。时效性要强，就是要保证这个选题一定是当下最热的。具体的信息来源可以每天关注微博热搜榜、百度的今日热门搜索排行榜等，国外的热点可以参考google趋势。保证自己能在第一时间获取最新的资讯。

行业观察
啥是佩奇

2019年第一个跨行业、跨圈层、不贩卖负面情绪的现象级刷屏热点：啥是佩奇？这一热点讲的其实是关于一个春节团圆的故事。画面刚开始是一位乡下的老爷爷在山上给儿子打电话，爷爷问孙子过年要什么礼物，孙子说："佩奇！"可因为手机信号不好，孙子再说些什么，老人就听不见了。但爷爷记住了"佩奇"二字，开始了他寻找"佩奇"的故事。

啥是佩奇

随后的时间里，新媒体写手们开始从各种角度进行撰文，例如：人民日报发布的《愿你也有"佩奇"》，认为佩奇就是物化的爱，通过为自己43岁女儿买小乌龟的老爷爷；每次离家满满的行李箱以及分别时母亲含泪的目光引起大家对于家人的爱；馒头商学院发文《啥是佩奇，为啥刷屏？》以此为例子剖析为何小猪佩奇能火，顺便推销自己的新媒体课程；复旦管院的《除了"啥是佩奇"，你还被长辈问过什么？》以长辈提问来引发大家的讨论。

（2）话题的争议性与可延展性够强。比如周杰伦结婚，虽然这个话题足够热，但争议性不够大，这就不容易写出有深度的好文。在选择话题的时候要选择可以引起大家多维度争议的热点，并且可以通过这个热点衍生出其他的撰文角度。

（3）适合目标群体。如果一个科普类的新媒体号去深挖娱乐新闻，是没有什么意义的，需要知道自身用户喜好。这里有两个比较好的检验方法：① 用一个单独的账号去添加所有用户的微信好友，然后每天总结朋友圈重复转发次数最高的3篇文章，最后去总结大家喜欢的文章的共性；② 用这个账号去研究朋友圈热文，看看他们都在了解什么信息。

2. 独特的菜式——角度

如果食材与别人的一样，菜品摆放一样，烹饪方法一样，那该如何吸引消费者？与做菜一样，同样是跟热点，如果不能保证有一手资料，那就要从事件的多维度去分析，结合自家产品，以独特的观点去切入。

例如，同样是"洪荒之力"，有的公众号就是做一堆图片，但有的公众号可以从中提炼出国家不再唯金牌论的观点，虽然少一枚金牌，却多出了一份快乐。

（1）抓住痛点。利用痛点营销，是现在新媒体营销的一个重要方式。消费者在使用某个产品或者某项服务时，往往会因为自身的期待没有得到满足而失望、不满或产生一定的心理落差，这类情感最终会在消费者心智模式中形成负面情绪，让消费者感觉到"痛"。而利用痛点营销，往往就是为了填补消费者因产品或者服务不足而产生的这种落差。

例如，在某品牌洗发水刚上市之初，有很多美妆博主对其进行了推广，但是短时间内的反响并不是特别好，只为一直关注头皮护理、美肤这一领域的人所知。直到后来，有一位美妆博主发微博称，发现了一瓶可以四五天不洗头而发丝依然保持柔顺、飘逸的洗发水，才使得越来越多的人开始知道该品牌。究其原因，就是之前的文案在对产品进行宣传时，只做了与其他品牌洗发水相差无几的宣传，而没有把产品的核心特点告诉消费者——它能够解决消费者，尤其是女性消费者总需要频繁洗头、吹头这样一个想解决而一直难以解决的非常"痛"的问题。知乎上曾经有个戳中了万千网友"膝盖"的问题，说：为什么约会一个女生，总是被推脱说第二天才有空？原因是：因为没洗头！所以，在进行新媒体营销时，一定要选准合适的角度，抓住痛点。

（2）悬念。人类对于未知的事物，通常都具有好奇的心理，越是神秘、未知的，越想去一探究竟。对于新媒体营销文案的创作者来说,抓住人们的好奇心十分重要。

一个好的设置悬念的标题,可以增加点击率与继续阅读的欲望。

以微信公众号"小蛮蛮小"的《××结婚这么美,还不是都靠他!》这篇营销文案为例,该文不仅很好地抓住了当下的热点,利用明星大婚,成功地吸引住了人们的眼球,并且还抓住了大多女性读者的心理:我要怎么样才能和女明星一样美呢?一下就把读者的注意力和自信心都提升了,大多数人也会接着往下读。这篇文章最后,作者顺势推广了某品牌化妆品的新产品,告诉读者,只要护肤护得好,你也能像女明星一样美貌出众。

再以微信公众号"衣锦夜行的燕公子"的《"不择手段"的爱,到底有没有错?》一文为例,在感情世界中,总有人为此而迷茫,该文案也是开篇就道出了现如今无数少女的美梦,然而这个梦并不可能实现,那么要怎么去"不择手段"呢?多数读者抱着好奇的心理会一直往下看,在不知不觉中,就中了作者的套路。文末,作者写道:"既然决定要爱,就要用最大的热情去爱,就会得到最大的乐趣,正如某牌最新香水一样,我们都要'全情以赴'"。非常巧妙地将推广的产品呈现在读者面前,达到了利用读者移情的热度,让产品的设计、理念深入人心。

行业观察
如何打造独一无二的切入视角

(1) 了解清楚事情的来龙去脉是基础。只有清晰地知道热点事件的整个过程,找到热点背后的原因,才能够做到从上帝视角去解读事件。

(2) 联系热点不要抓全局,要去深挖某一点。往往抓大而全的结果是四不像,反而讲得非常浅。真正有价值的观点体现在某一细分领域的深入挖掘。

(3) 走心。只有自己走心,才能输出观点。拿自己真实的事例去举例,才能够引起别人的共鸣。

资料来源:搜狐网,有删改。

3. 诱人的卖相——包装

有了好的选题与角度,还要在内容的包装上注意:

(1) 容易获取。如果新媒体营销传播内容不利于被用户获取,显然是不利的。创作者创作内容时应尽量选择主流的大流量平台,如微信公众号、微博、今日头条等,这样才容易触达用户。当然,某些平台允许创作者在内容发布之前为内容选择匹配的标签,这样更利于内容触达至同类兴趣用户，便于内容快速被用户获取。

（2）容易理解。创作者进行内容创作时，需要考虑用户群体的理解水平。如果内容中都是用户难以理解的生僻词或成语，显然不利于内容的电商转化。所以，在不同平台上创作内容时，应选择不一样的表达形式。例如，今日头条粉丝群体偏三四线城市，可以使用通俗易懂的小故事阐释道理，而且文章篇幅通常不长；知乎上的粉丝群体则多来自一二线城市，可以采用理论干货或长篇论述来进行个人观点的输出。

是否易于理解是衡量内容好坏的标准，创作者应充分考虑用户的理解差异，尽量减少"自嗨式"创作。

（3）节奏紧凑。如今是互联网碎片化阅读时代，用户的忍耐力差，如果创作者的内容拖拖拉拉，无法直击用户痛点，很容易使读者中途放弃阅读，根本看不到结尾的核心宣传内容或产品。创作者进行内容创作时，内容节奏必须紧凑，全文要明快顺畅。内容中可以多使用短句、图文混排、图表，加快节奏，持续激发用户的阅读兴趣。

4. 争相的拍照——分享

当一道菜卖相足够好，货真价实时，消费者才愿意去拍照分享。用户愿意把文章主动分享到朋友圈，主要是这两种心理：① 表现我是个什么样的人；② 对特定事件表达观点。

比如果壳网的这篇10w+爆文《"洪荒之力"是多大力？不不不，你看到的解释都是错的！》，观点很新颖，把重点放在了力上，而且非常符合目标人群（科普爱好者）的口味。最重要的是很多人会觉得分享出去可以表明自己是个有趣、科普素养高的人，与众不同。

对于运营者来说，无论是哪一种营销模式，自然是盈利越多越好。要想增加盈利，就要确保用户群体的数量持续增长。如何让用户的数量不断增多呢？如果目标受众在阅读了内容后，再进行分享，显然就可以扩大覆盖范围，也就能增加用户数，使得盈利不断增多。由此说明，目标受众是否会去分享就变得十分重要。

事实上，并非所有的内容都能得到用户的分享。用户在分享内容之前会做出一个判断，当用户觉得此内容有价值时，就会主动分享该内容，否则用户对该内容持有的态度只是"看看而已"。为了提高用户主动分享内容的可能性，运营者可以从以下两个方面着手：

（1）增加内容的情感触动点。各大社交软件都有分享功能。人本来就是情感性动物，很多时候情感对人的行为有着不可忽视的引导作用。运营者的内容能触发用户的情感，也就能轻易地引发用户的分享行为。增加内容的情感触动点，就需要运营者深入地了解和研究用户的特点。诸如性格、学历、工作性质、所处环境等，都会对用户的情感触发点造成影响。

（2）定制化推送内容。除此之外，运营者向用户传递信息的方式也会影响用户的分享行为。如果运营者传递信息的方式刚好切合了用户的喜好，那么用户分享内容的可能性也会随之增大。例如，目标受众的空闲时间是17:30—19:00这段在车上或者地铁上的时间，而运营者却在10:00上班时间推送了内容，这样用户很有可能只做草草阅读甚至直接忽略。

4.3 新媒体营销内容的图片设计

图片代表了文章的颜值，可简单直接地吸引用户的关注。只有拍案叫绝的好文案，却没有合适的图片衬托，其影响力和冲击力都会弱化不少。

图片会传递情感，所以选择图片的时候要联系设计中的场景，也要切合文字。图片与内容不符，尺寸不合、清晰度不够甚至带别的公司的水印等问题是非常尴尬的，新媒体营销内容中的图片设计，不容忽视。

4.3.1 内容图片的构成

一张合适的图片有时可能会胜过千言万语，对于营销运营者而言，微信公众号、微博、App软件等在图片上的运营，首先要掌握三个方面：头像图片、封面图片与文章内容配图。下面以微信公众号为例，进行详细介绍。

1. 头像图片

新媒体运营企业的头像代表着企业的品牌、商标或者标志，一个优秀、合适、吸引人的头像可以吸引精准的粉丝流量。那么，什么样的头像才能吸引更多的粉丝呢？一定是符合自己平台定位，清晰、辨识度高的图片。例如"果壳"科技的头像就是非常简单的"果壳"两字，搭配蓝绿颜色，无论是微信公众号、微博还是App都采用一致的头像，如图4-13所示。

图4-13 果壳在各类新媒体中的头像

设计好一个吸睛的头像，对于新媒体营销而言非常重要，它将会出现在企业运营的各类新媒体平台中，并且随着企业的发展，还会成为企业的一种标志，为企业的品牌发展发挥主要作用。

要设计一个优秀的头像，首先了解常用的方式。

（1）用账号的名字。可以直接用账号名字做头像，背景色可以直接使用品牌的颜色（如图4-14所示）。

图4-14 账号名字头像

（2）人物形象。人物形象又分为真实头像和个人漫画头像。例如"年糕妈妈""彭程de美味人生""逻辑思维"的公众号就是使用个人真实的头像，"科学育儿师""英国那些事儿"就是个人漫画头像（如图4-15所示）。

图4-15 人物形象头像

（3）品牌标志。这种头像一般企业或者公司使用得比较多。当网民每次看到该公司新媒体营销账号的时候就能够看到企业的标志，这样可以加深企业在网民心中的印象，有着很好的传播作用（如图4-16所示）。

图4-16 品牌标志头像

综合分析，头像图片一般要做到如下要求：
- 图案简单，不要太复杂，一般头像尺寸非常小，一定要让别人看起来舒适。

- 色泽鲜明，头像颜色不要过于暗沉，否则看起来会显得标志性不强。
- 关联名字，如果用账号名称设计头像可以用账号中一个最特别的字设计；如果是图片，应尽量与账号名称相关联。
- 图片清晰，有些图像点开看大图比较清楚，但放在列表里就会模糊不清，需要不断调试。

2. 封面图片

一篇文章的标题是否具有吸引力、能否引起读者的共鸣，是决定这篇文章点击率的关键。以微信公众号为例，除了文章标题，另一个对文章的点击率有着极大影响的因素是封面图片。一篇文章的内容方向可以通过标题，以文字的形式表现，也可以利用一张合适的封面图片表现。而在绝大多数情况下，图片对于视觉的吸引力要远远超过文字。封面图片的吸引力越强，读者点击打开文章的概率也就越高。

封面图片分为主封面图片与侧封面图片，文章的主封面图片指的是打开一个公众号时，读者能够看见的文章列表栏中头条文章所配的图。文章的侧封面图片是指如果有两条或以上文章时，除了头条文章之外的文章封面配图（如图4-17所示）。

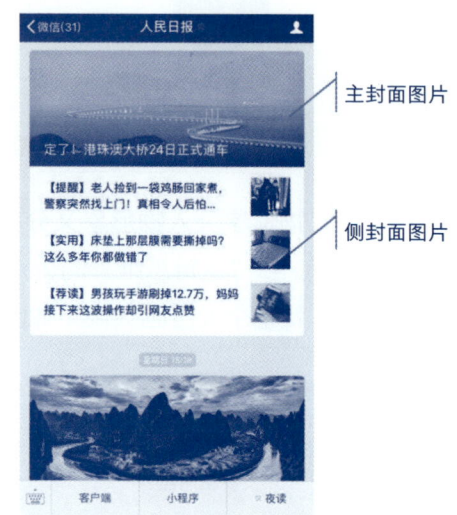

图4-17 封面图片分类

在选取文章封面图片时，需要考虑图片的大小、比例是否合适。2018年12月更新后，微信官方建议的主封面图片尺寸是"宽900像素，高383像素"。但是官方建议的这个尺寸可能会由于移动终端差异而自动剪裁一部分，所以需要尽量把主要信息展示在图片中心。侧封面的像素是"宽200像素，高200像素"，其选取风格要与主封面图片的风格一致。

3. 内容配图

内容配图，能使公众号的文章更有说服力，提高读者对文章内容的满意程度。总体来说，内容配图有以下作用：

（1）展示产品详情。商家在微信公众平台上进行产品推广、宣传的时候，通过图片展示产品详情，再配上相应的文字描述，可以达到更好的宣传效果。

（2）让读者产生代入感。在微信公众号推送的宣传软文中放入产品交易对话图、用户晒图及使用感受截图等，能让其他读者产生代入感，提高产品购买转化率。

（3）让产品效果可视化。在推广软文中，图片能让读者直观地看见产品的样子，同时也能提前看见使用该产品的效果,这样能打动读者,让读者产生购买的欲望,从而达成交易。

 **直通职场**

移动互联网时代,微信公众号推送的文章是大家娱乐、互动、获取信息的最主要的渠道之一,图文兼备的文章会获得更多的阅读量。有的文章作者往往写完一段文字,随手在网上找个配图就发布,而且还注明"原创",完全没有意识到图片也不能未经许可擅自使用。"1人原创,99人转载"已成了微信公众号的真实写照。微信公众号往往用于从事营利性的商业推广活动,或者作为营销的一种手段,不属于个人欣赏、研究、评价等"合理使用"的范畴。只要未经权利人许可,擅自使用配图,就属于著作权侵权。在发布时注明了作者、出处等信息,写上"来源于网络,如有侵权请联系删除"同样不能免责。

在发布微信公众号文章时,应严格防控著作权侵权风险,要做到以下几点:

(1)无论是文字还是图片,即使是再小的配图,都应使用自己创作或经过权利人许可的作品,切忌在网上搜寻后随意使用。

(2)在转载他人文章或图片时,应慎重确定被转图文的原始权利人并获得其许可。

(3)在转载他人视频时,除了应当取得视频内容著作权人的许可之外,还应当取得该视频制作者的许可。

(4)设置明显的联系方式,一旦涉嫌侵权,便于权利人联系,获取许可或及时删除,避免进入司法程序。

(5)一旦因侵权被起诉,应及时选择专业的律师,根据具体案情提出有针对性的抗辩,或进行有效的沟通调解,避免扩大损失。

在互联网时代,每个人都是信息的发布者,微信公众号内容虽小,权利却不小。无论是运营者还是普通个人,都是互联网社群的一份子,我们有责任让知识的分享获得更多的尊重。

4.3.2 配图的基本原则

在微信内容运营过程中,配图自然是少不了的,在文章中加上图片,会使文章更加形象,让读者视觉感官和思维受到图片的影响,增强认可度,进而帮助公众号凝聚人气,从而培养出微信公众号的忠实粉丝。有的公众号只发布图片内容,就可能胜过千言万语,让读者感受到公众号的情怀。

协作创新

分小组合作，搜索两篇配图的营销软文，讨论文章配图的优缺点。

协作创新：
加多宝说"对不起"，你接受吗？

1. 图片清晰无水印

首先，要保证配图的清晰度，这是每一个内容编辑者都需要注意的。其次，在没有特殊原因的情况下，配图要尽量色彩明亮，大部分读者在阅读文章的时候都希望能有一个轻松、愉快的氛围，不愿意在压抑的环境下进行阅读。而色彩明亮的图片恰好能给读者带来轻松的阅读氛围。最后，选择图片时，要选择没有水印的。带水印的图片不仅会影响整体的呈现效果，还会让读者觉得很不美观，或者有打广告的嫌疑。

例如，小罐茶每一篇营销软文中的图片都可谓典范，图片清晰，色彩鲜艳，充满创意（如图4-18所示）。不仅将产品单独展出，还将产品融入生活场景中，通过美好的生活场景打动读者。

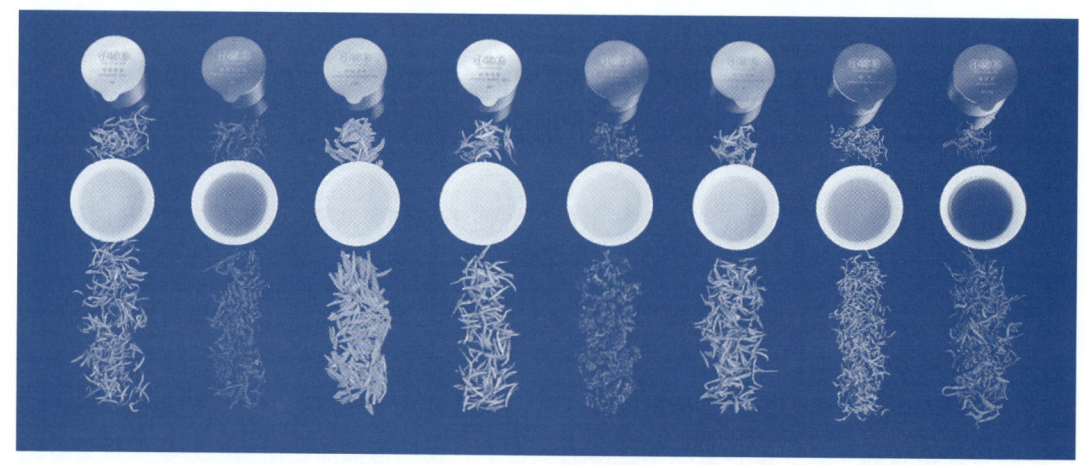

图4-18 小罐茶配图

2. 图文一致

在进行新媒体账号运营的时候，运营者应根据自己的文章内容选择合适的图片，使文章内容与图片之间搭配和谐，在挑选这些图片时也要注意图片内容、色彩冷暖的一致性，以达到借助图片加深与读者之间互动与交流的目的。如果推送的内容比较欢快、轻松，就需要选择与内容相适应的颜色的图片，而不可使用太过沉闷的颜色，因为这样会使整体感觉不协调。例如，微信公众号"地球知识局"的每篇文章配图都固定一种基调,给人整洁醒目、清新明快的感觉,让人印象深刻,形成了自己的特色,也让读者感觉到其对待内容的专业态度。

带有文字描述的配图才是好配图,如果缺少必要的文字描述,或者有文字描述而缺少必要的配图,都会不同程度地影响用户对文章内容的理解,所以文章跟配图应该是紧密配合的。

例如,在小罐茶营销软文《高,实在是高》中阐述小罐茶秉承"品质即品格"的理念,以四大高品质铸就小罐茶台湾乌龙茶的绝妙韵味——高海拔产出上品原茶,高技艺制成醇厚美味,高洁净保障安全健康,高颜值丰富视觉享受。配上与文字对应的图片,相得益彰,锦上添花(如图4-19所示)。

图4-19《高,实在是高》配图

3. 图片尺寸要适宜

推文中的每一张图片都应该经过仔细斟酌,选择适宜的尺寸大小。图片的格式有PNG、JPG、GIF、TIFF等许多种,无论何种都应该尽量将单张图片的容量大小控制在1.5 MB~2 MB,在这个容量限制下,文章编辑可以从以上图片格式中选取效果最佳的格式进行图片制作。

同时,文章编辑可以根据读者阅读时间的多少而对图片的大小做调整。之所以说要选择合适的图片大小,就是从读者阅读体验出发的,过大的图片会在耗费读者大量流量的同时耗费图片加载的时间。如果目标读者一般习惯在晚上八九点阅读文章,而这个时间段人们基本上是待在家里或者其他可以使用无线网的地点打开公众号进行阅读,不用担心流量耗费,也不用担心图片加载时长,那么文章编辑就可以适当地将图片的容量放大一些,给读者提供最清晰的图片,让读者拥有最好的阅读体验。如果读者大部分都是在早上七八点钟阅读文章,那么读者使用手机流量上网的可能性就会比较大,这时候如果公众号发送文章的话,就需要对图片的容量进行控制,节省流量和图片加载时间。

4. 图片色彩相协调

在同一篇文章中，用到的图片在色彩、格调、版式上要注意整体一致性，这样给读者的感觉就会比较统一。例如，"小罐茶"的配图采用了大自然茶树的绿色作为主色调，读者看到图片就仿佛置身于茶园之中，茶香四溢（如图4-20所示）。

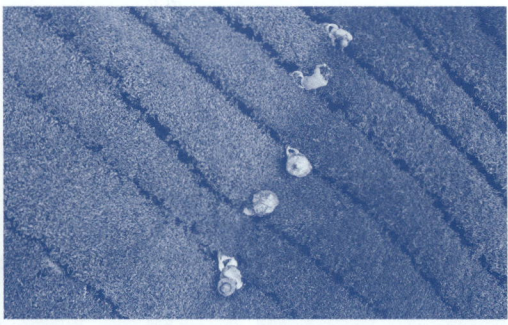

图4-20 小罐茶配图

以微信公众号为例，一些做得比较精致的公众号从文章内部的排版、配图到文章外部的封面，都下了一番心思，使版式和色调达到了统一。例如，公众号"人鱼线VS马甲线"，每次发文配色都尽可能使用"黄黑"两种颜色搭配，与公众号头像的配色相一致，形成了自己特色，无形中也让读者感觉到了他们对待内容的专业态度（如图4-21所示）。

图4-21 公众号搭配

4.3.3 配图的实用技巧

文章的配图虽然不是文章点击率的首要决定因素，但一个用心设计的配图绝对比一张随意抓取的图片更深入人心。一个优秀的新媒体账号除了在文章内容上下功夫，一些能够体现账号深度和态度的细节同样值得运营者去用心思考。要让读者记住账号，先要记住文章，那么不妨在他/她准备点开文章时，先留下一个好印象。

新媒体配图讲究简明有力，创意优美，把选题、灵感和画面完美结合。那么怎样才能做出这样吸引人的配图呢？下面介绍一些实用技巧。

1. 美化图片更悦目

对配图加以美化，可以让图片更鲜活，更吸引人。图片美化可以在两个阶段着手进行：第一阶段，在拍摄时，注意拍照技巧、拍摄场地、照片比例、拍摄光线等细节，能初步达到为图片美化的效果。第二阶段，拍摄完成或者是以素材网站收集图片后，可以通过后期处理来美化图片。新媒体营销编辑可以根据自己的技能水平选择图片后期处理软件，专业的如Photoshop，简易的如美图秀秀，通过软件让图片变得更加生动、吸引人。其中，Photoshop软件需要专业的操作技能，并不是所有新媒体营销人员都能掌握的。对此，可以使用无须安装下载、拥有海量素材在线图片编辑平台，例如"创客贴""图怪兽"，简单易学，可以快速完成在线图片编辑，还可以利用模板编辑，让每一个人都可以成为"设计师"。

2. 巧用动图更生动

动图让图片更有动感，一张动图甚至可以演示一个动作的整个过程，相对于传统的静态图，动图包含了更多的信息，比静态图片更有表现力，可以更好地展现一段动态场景，更加准确具体地展现所要传达的信息，表达能力更强大，自然效果会更好。图4-22所示的是一篇草莓营销软文中发布的动图，使用可爱的动画效果展示草莓，生动逼真。

图4-22 动图示例

3. 采用长图文更震撼

长图文是使图片获得更多关注度的一种好方法，因为长图文将文字与图片融合在一起，借文字描述图片内容的同时使图片所要表达的意思更生动、形象，两者相辅相成，结合在一起，能使文章更加生动形象，提高阅读量。

例如微信公众号"伟大的安妮"，它所发布的所有文章都是采用长图文的形式，以图片加上文字的漫画形式描述内容，其点击量非常高。

4. 多样二维码更活泼

在现实生活中，到处都有二维码的身影，二维码营销已经成为一种很常见的营销方式。二维码对于新媒体软文而言不仅是非常重要的一种引流图片，同时也是平台的电子名片。因此，在进行新媒体营销时，可以制作多种类型的二维码进行推广与宣传，吸引不同审美类型的读者。除最常用的黑白格子二维码外，还可以尝试指纹二维码、彩色二维码、LOGO二维码以及动态二维码等多种样式，使图文内容更活泼。

4.4 新媒体营销内容的正文编辑

营销文案的标题决定了读者对文章的第一印象，决定着读者是否会点开文章阅读；而文案的内容和编排，则直接影响到营销效果的转化率。对于文案而言，题目就好比灵魂，而正文的结构则是身体，二者必须强强联合，再配以金句，对主题进行升华，方能写出一篇让人印象深刻的文章。

4.4.1 正文写作框架

1. 总—分—总

这是营销文案中最常见的结构。一般会在开篇提出一个观点，然后在正文中列举若干事例来支撑总论点，最后在结尾部分进行总结，与开篇部分首尾呼应。

例如，宜家的微信公众号推送过一条名为《用你喜欢的方式探索世界》的营销文案。在文章开头，作者就点题——用你喜欢的方式探索世界，接着就为读者推送了客厅中四套不同的家具摆放、装饰的方案，最后结尾总结——"家是我们放下疲惫彻底放松的地方，而客厅作为家的核心区域，为它定制几种可能，让你和家人既能互相陪伴，也能有足够的私人空间"（如图4-23所示）。

图4-23 开头结尾相呼应

传统的总—分—总模式的优点是读者在第一时间就能了解这篇文章的核心；缺点是如果读者对这个内容不感兴趣，就会造成点击率不高、最终购买转换率也不高的结果。因此，新媒体时代背景下更多的营销文案会选择下面这种转折型框架。

2. 问题—转折—原因

由于大部分读者并不喜欢看到平铺直叙的广告营销文案，所以品牌除了在自己的平台、官网上更新产品信息以外，还会请各类平台的KOL来推广自己的新产品。这类营销文案往往需要有新意，让读者主动点开并阅读到最后。同时，随着新媒体平台的不断发展，这类营销文案也发展得越来越不像营销推文，反而会觉得这篇文章就是作者自己的亲身经历，并不会反感被植入文章中的产品。

还有一部分营销文案，则不会将文章和推广信息如此结合，虽然二者间有一定的关系，但就像人们常说的"猜中了开头，却猜不中结尾"，读者看了半天才发现是一篇营销文案。这种类型的营销文案，常常让人出乎意料，因为前后形成了强烈的反差，让读者在毫无防备、始料不及的状况下接受了广告。

例如这一篇雪花秀的推广文案，以"比萨斜塔为什么是斜的"命名，任谁也不会看出是一篇营销文案，反而会觉得是一篇一本正经的历史科普文。在叙述了比萨斜塔为什么倾斜，以及建塔以来的历史之后，转而告诉读者，"地基不好，再怎么修，也修不好。就和护肤的道理是一样的，打好肌肤基础，才能加乘后续产品的吸收，进而造就梦寐以求的莹润肌肤光泽"，从而引出雪花秀新出的精华露。虽然介绍产品的文字只有寥寥数语，然而产品的功效已经通过前文对比萨斜塔的介绍深深映入了读者的心里（如图4-24所示）。

图4-24 雪花秀广告推文

再以微信公众号"毕导"的《直男口红鉴赏：从入门到入土》推文为例，看标题和开头，就算知道是一篇营销文案，最多也只会猜测与口红或者化妆品有关的品类，最后却不曾想，作者告诉大家前文所讲的众多口红，不过是为了衬托其推广的"佳洁士美牙仪"，只有牙齿白了，才能任性地买口红。

 协作创新

请以小组为单位，运用"问题—转折—原因"的框架，写一篇300字左右的故事。

4.4.2 正文写作思路

在创作吸引人的标题、架构好文章框架的基础上，就需要充实框架中的内容。正文的写作主要分为7种类型（如图4-25所示），下面介绍其基本写作思路。

图4-25 正文的7种类型

1. 情感型

情感的抒发和表达已经成为新媒体营销的重要媒介。一篇情感丰富真切的文章往往能够引起许多消费者的共鸣，通过满足消费者的心理需求与情感需求，提高消费者对品牌的归属感、认同感和依赖感。

一篇好的新媒体推文可以通过文字、图片的组合触动消费者的情绪，引发情感消费。情感消费是一种基于个人主观想法的消费方式，要打动这部分消费人群，就必须要关注他们精神世界以及情感的空缺。

爱情、亲情和友情是人们最主要的三种情感。人的情感非常复杂，不论是满足人们的哪种情感或情绪需求，都能打动人心，将广告信息传递给消费者，在不产生反感情绪时实现营销的目的。

2. 故事型

故事型的正文是一种容易被用户接受的题材，一篇好的故事正文，很容易让读者记忆深刻，拉近品牌与用户之间的距离，生动的故事容易让读者产生代入感，对故事中的情节和人物也会产生感情。如果能写出一篇优秀的故事型正文，寻找潜在客户，提高企业信誉度就会变得相对容易。

对于文章作者来说，如何打造一篇完美的故事型文章呢？首先需要确定产品的特点，将产品关键词提炼出来。然后将产品关键词放到故事线索中，贯穿全文，让读者读完之后印象深刻。同时，故事类的正文写作最好具备合理性与艺术性两个要点，如图4-26所示。

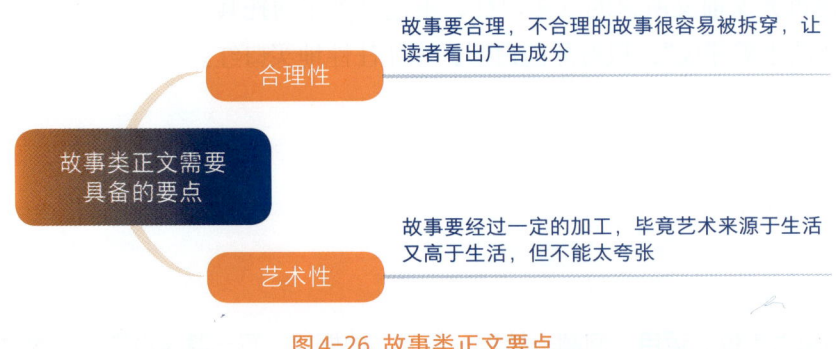

图4-26 故事类正文要点

3. 促销型

促销型正文其实是一种比较直白的推广方法，它是企业目前用得比较多的一种新媒体营销方式。一般来说有纯文字形式与图片搭配促销标签形式两种，有时越直白越好。

纯文字形式的正文依靠文字，向读者推荐品牌或者活动的内容、时间、地点等信息；图片搭配促销标签形式的正文，则在产品活动的图片上搭配一些促销标签，从而促使消费者产生购买欲，具体方式如图4-27所示。

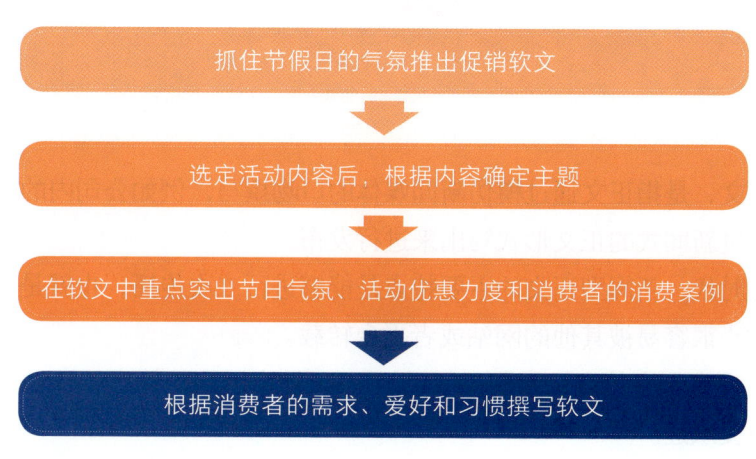

图4-27 促销类正文的撰写方法

4. 逆向型

逆向型正文的写法指的是不按照大家惯用的思维方法去写文章，而是运用反向思维方法去思考、探索。人们的惯性思维是指按事情惯常的发展方向去思考某一件事件并寻找解决措施。有时换一种思考方向事情可能会更容易解决。

在写作逆向型正文时，有三种逆向思维方式可以参考，分别是反转型逆向思维、转换型逆向思维以及缺点型逆向思维。

5. 悬念型

所谓悬念，就是人们常说的"卖关子"，作者通过设置悬念，激发读者丰富的想象和阅读兴趣，从而达到写作的目的。

正文的悬念型布局方式，指的是在正文中故事情节、人物命运进行到关键时设置悬念，不及时作答，而是在后面的情节发展中慢慢解开，或是在描述某一奇怪现象时不急于说出产生这种现象的原因。这种方式能使读者产生急切的期盼心理。

总而言之，悬念式正文就是将悬念设置好，然后嵌入情节发展中，让读者自己去猜测，去关注，等到吸引了受众的注意力后，再将答案公布出来。制造悬念通常有三种常用方法，具体内容如图4-28所示。

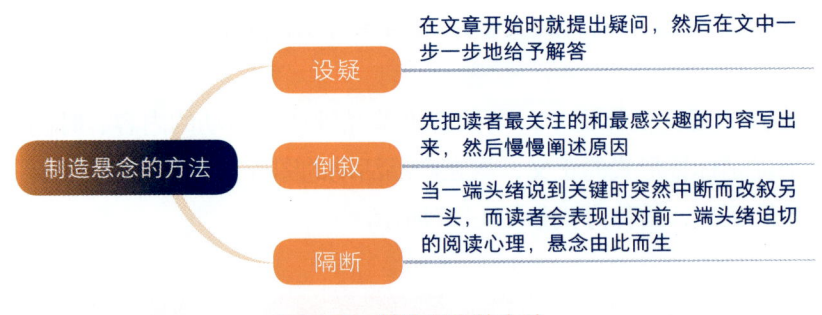

图4-28 制造悬念的方法

6. 新闻型

新闻型正文，是指正文通过模仿新闻媒体的口吻撰写，例如公司内的大事、公益事业，都可以通过新闻式的正文形式写出来进行发布。

在互联网时代，新闻型正文的主要特点是能够进行二次传播，也就是企业的新闻软文发布出来后，很容易被其他的网站或者平台转载。

新闻型正文有很多特点，如图4-29所示。正是由于这些特点的存在，才使得新闻型正文一直备受欢迎。

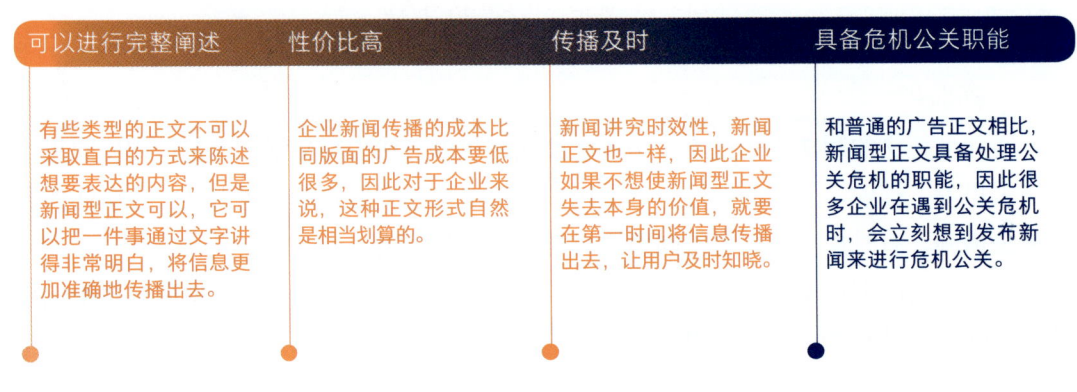

图4-29 新闻型正文的特点

7. 知识型

对于专业性比较强的产品，诸如电器、家居、保健品等，就可以运用知识型的正文来吸引受众。因为这类文章往往专业性比较强，对于特定人群来说，内容的可读性和接受度都是比较高的。

另外，还可以以消费者的口吻来写，站在消费者的视角，自然地将知识型经验引入，从而让读者逐渐接受、得到读者认同。

4.4.3 正文排版规范

1. 将正文模块化

将正文模块化，就是将文章分段，用可以概括段落大意的文字拟出小标题。这样可以让读者快速掌握文章脉络，减轻阅读压力。采用这种方法时，要注意两个小标题之间的衔接是否符合文章的逻辑关系，例如是否有递进关系、并列关系、转折关系，让读者体验流畅的阅读过程。同时，篇幅要控制在2~3个手机屏幕的长度，并且分段要控制在3~6段。过多的小标题会给读者造成阅读方面的困难。此外，要善用多个级别的小标题。如果文章过长，分段超过了6个，可以用二级标题或者三级标题来将文章进一步拆分。

2. 将段落标准化

将段落标准化，就是对每一个小标题下的文章进行合理的分段。每一段的文字尽量控制在2~8行，这样会给读者营造较舒适的阅读体验，超过8行文字，会给读者带来视觉上的压迫感。

如图4-30（左）所示：每一段的文字短小精简，阅读起来较为舒适；如图4-30（右）所示：文字过于冗长，容易使读者产生视觉压迫感和疲劳感。

图4-30 段落分布对比

3. 将格式规范化

通常转发与阅读量大的营销文案，大都排版美观，会使用合适的字体、字号和配色，并且不会随意更改，久而久之就形成了独特、固有的风格模式。

一般的营销文案对于字体的要求并不高，大多采用系统默认的字体。如果整体风格较为特别，可以采取其他字体。为了符合大众的阅读习惯，正文字号建议为14~16号字，备注性的文字建议为12~14号字。太小的字号读者会有阅读困难；而字号太大则会造成排版困难。营销文案的内容大多较为稳重，因此在文字的用色方面，建议采用较为中性的黑、白、灰搭配。

4. 将内容等级化

读者花在一篇文章上的时间是有限的，因此，让读者在短时间内掌握一篇文章的主题和重点极为重要。但是也要注意，划重点要适度，不要给读者造成一种"全文都是重点，全文都不是重点"的感觉。

协作创新

分小组讨论，每组列举一篇微信公众号的文章并说明其中的排版规则。

行业观察
3 种常用编辑器介绍

介绍 3 款常用的图文编辑器，帮助大家进行图文类内容的编辑与排版。

1. 135 编辑器

135 编辑器是一个微信文章美化工具，操作简单方便，旨在提供丰富的样式、精美的模板。编辑文章时，就像拼积木一样，如果你想用到关于标题的素材，就在菜单找到标题，查找自己想要的内容，挑选样式，调整文字，搭配颜色，最后形成优质排版的文章，让读者更赏心悦目。

2. 秀米编辑器

秀米编辑器使用介绍

秀米界面很美观，有点小清新。不论是主页还是编辑页，查阅修改之前保存的草稿，要比其他几个编辑器体验好。

秀米的特点是精细化小模块制作风格很突出，选取一个卡片，可以针对这个卡片进行修改，比如边框颜色、大小比例。在秀米上的排版可以共享给其他人，方便团队协作。

3. i 排版编辑器

整体风格轻松明快，页面也比较干净。i 排版的团队也很好，经常会推出一些微信实用教程。

知识与技能训练

一、单选题

1. （　　）很大程度上决定了新媒体营销文章的打开率。
   A. 标题　　　B. 正文　　　C. 图片　　　D. 排版

2. 以下属于悬念式标题的是（　　）。
   A. 我借钱给你，我有错么？　　　B. 做人应该学学邱莹莹
   C. 这就是你日日夜夜想要的……　D. 如何摆脱负面情绪

3. 以下关于新媒体配图的说法错误的是（　　）。
   A. 配图讲究真实，不能修图
   B. 图片要清晰，色彩要明亮
   C. 图片与正文排版，上下行空一行
   D. 动图比静图更有表现力

4. 从下列文案标题中，属于精神食粮观点类的是（　　）。
   A. "有了这套表情包，我张口要钱就从来没失败过"
   B. "你被戴森欺骗的样子，真美"
   C. "一身名牌，也拯救不了你的庸俗人生"
   D. "上海告别东平路！"

5. 以下不属于戳中读者痛点的标题是（　　）。
   A. "法国女人最爱的三双鞋，几百元就能买到"
   B. "世界不能保护我，我只能自己勇敢"
   C. "知道你为什么一直瘦不下来吗？"
   D. "普通人也能驾驭的时尚单品，名模杜鹃、刘雯都爱穿！"

二、多选题

1. 以下哪些是新媒体营销好标题的影响因素？（　　）
   A. 吸引人　　　　　　　　　B. 与内容相符
   C. 标题党　　　　　　　　　D. 能勾起用户的猎奇心理

2. 以下属于新媒体配图原则的有（　　　）
   A. 图片要清晰，色彩要明亮　　B. 图片尺寸要适宜
   C. 图片要注重整体一致性　　　D. 图片与文章内容要相符

3. 新媒体营销从业者应该具备的知识包括（　　　）
   A. 广告学知识　　　B. 传播学知识
   C. 消费心理学知识　D. 修辞手法
   E. 排版规则

4. 新媒体营销排版规范包括（　　　）。
   A. 正文模块化　　B. 格式规范化
   C. 重点突出　　　D. 段落标准化
   E. 提炼金句

三、判断题

1. 新媒体时代，数据能很直接地反映传播效果，要想取一个好标题，日常的标题储备和复盘分析必不可少。（　　）

2. 微信官方建议的一级封面图尺寸是"宽900像素，高400像素"。（　　）

3. 新媒体文章配图讲究真实，不能美化图片。（　　）

4. 新媒体营销文案中，列举大量的观点可以吸引读者的注意力。（　　）

5. 新媒体营销的文案内容如果过长，可以采用提炼小标题的方法将文章分段。（　　）

四、案例分析题

"小蛮蛮小"作为一位美妆类KOL，从早期的博客、豆瓣开始，就在线上与线下平台分享自己的生活以及美妆、护肤心得，至今已有十余载。在传统媒体和新媒体平台更替、发展日新月异的今天，从微博到微信公众号的运营，再到近年来发展迅速的社群分享

类平台"小红书",她依然活跃在最前沿。

试从"小蛮蛮小"在各个新媒体平台发送的文章分析,为何在平台更迭的时代,这样一个从事固定品类营销的账号能一直经久不衰,并保持如此高的活跃度?

五、实训实战题

(一)实训背景

通过本实训活动,学生可以掌握图文设计和排版规范等技能。

(二)实训任务

(1)根据设定的主题,搜索阅读量"10万+"以上的"爆文"至少3篇,并对其标题、图文内容、排版进行分析。

(2)根据设定的主题撰写新媒体文案并发布。

(三)实训步骤

(1)教师演示如何通过搜索引擎新媒体爆款图文。

(2)小组通过相关网站搜索新媒体"爆文",进行标题、图文内容、排版分析,以PPT形式提交报告。

(3)分小组根据设定的主题撰写新媒体文案并发布。

(4)小组路演并评价。

实训拓展:
2018年最戳心的品牌文案

Chapter

05

第五章

新媒体营销视频类内容设计

◦))视频内容策划
◦))视频制作

知识目标
- 熟悉视频类内容定位的方法
- 掌握创意视频的打造技巧
- 了解视频制作前期准备工作细节
- 熟悉视频制作团队的组建方式
- 熟悉视频制作的工作要点

能力目标
- 能够完成新媒体营销视频类内容的定位与策划
- 能够组建一支优秀的视频制作团队
- 能够根据客户需求拍摄并制作创意视频作品

"新媒体营销视频类内容设计"
导学微课

思政目标
- 培育并践行社会主义核心价值观
- 培养新媒体营销人员的法治意识与职业道德

思维导图

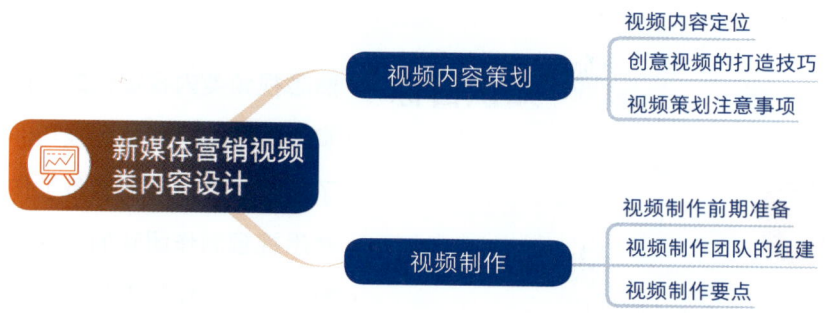

案例导入
抖音的短视频营销

随着用户注意力的转移，短视频已成为移动互联网主流的内容形态。其中，抖音短视频以更具创意和视听冲击力的互动短视频形式深入人心，成为全新的大众交流平台和品牌营销工具。

抖音是一个旨在帮助大众用户表达自我，记录美好生活的短视频分享平台。它利用人工智能技术为用户创造丰富多样的玩法，让用户在生活中轻松、快速地制作优质短视频。目前，抖音全球月活跃用户已经达数亿，作为一个全新的流量价值洼地，巨大的营销价值有待品牌挖掘。众多品牌在新产品上市时，将抖音作为曝光和引流的重要平台，其中较具代表性的有宝马、百事可乐、必胜客、OPPO等。品牌主热衷于在新产品上线之初，借助抖音获取更大的线上曝光量，通过发布信息流视频广告、发起抖音挑战赛等方式，展示新产品的独特卖点，以期迅速"占领"用户心智。

例如，全新BMW X3抖音首秀，强势曝光缔造宝马超级品牌日

背景：伴随着宝马全新BMW X3新车上市，由宝马出品，赵又廷、宋佳出演的微电影《神奇爸爸》先导预告片同步爆出，宝马力求利用此传播契机，为BMW X3上市创造强大的市场声量。

全新BMW X3抖音首秀

策略：以内容协同、明星效应与品牌共振，开启短视频营销新篇章。以"开屏＋信息流"的黄金传播组合打造宝马超级品牌日，同时导流抖音品牌主页，形成品牌短视频长效营销阵地。

效果：总曝光1.02亿次，原生信息流广告互动率6.82%，抖音品牌主页

访问量44.9万，2天内粉丝增长至26.8万。短视频为宝马新车上市带来了强曝光、高互动、粉丝沉淀三大营销价值。

案例思考：宝马通过短视频营销取得成功的原因是什么？

案例启示：抖音通过短视频以更强的视听感受、更短小丰富的精炼内容，覆盖用户大量碎片化的时间，打破了传统的"看到—注意—兴趣—搜索—行动"的互联网品牌转化路径，让信息直接触达用户，具有更短的营销路径和更高的传播效率，从而提升广告效果，助力品牌营销提速增效。

资料来源：《抖音短视频营销案例手册》，有删改。

随着互联网的快速普及和成熟，消费者对基于互联网的内容消费和网络社交需求不断增大，消费习惯也逐渐成熟，传统的文字和图片形式已经不能满足当下的用户需求（如图5-1所示）。相较于图文形式，视频成为用户更加偏好的内容传播方式：首先，因为内容丰富，视频信息承载量更大，可以传达更加丰富的内容。其次，表达个性化，视频能够更大程度上满足用户表达自我的需求，全面而生动地展示用户的喜好。再次，形式互动化，视频的互动性更强，增强用户的参与性，观众可以通过分享、评论等形式参与到传播中来。最后，效果可视化，可以直观地获取视频的观看、转发和评论人次等数据并分析。

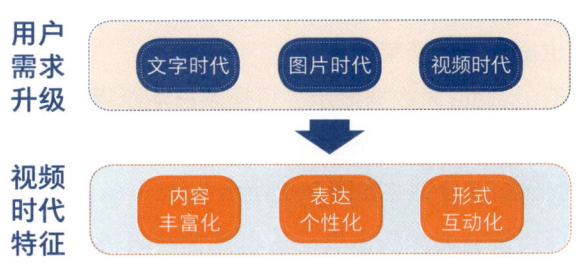

图5-1 从图文到视频，用户内容消费习惯发生改变

新媒体背景下的视频营销主要是指：基于新媒体的网络视频平台，以内容为核心、创意为导向，利用精细策划的视频内容实现产品营销与品牌传播的一种新兴营销方式。视频营销是"视频"和"互联网"的结合，既具有电视短片的优点，如感染力强、形式内容多样、创意新颖等，又有互联网营销的优势，如互动性强、传播速度快、成本较低廉等。此外，视频营销更易于切中目标受众的需求，巧妙渗透产品，传递品牌理念。众多案例已经证明，很多时候视频营销的功能优于图文营销。因此，很多企业都开始重视视频营销，纷纷推出这一服务项目，并以其创新的形式受到客户的关注。

随着新媒体行业的高速发展，新媒体营销模式也在日益增多。其中，短视频已经成为信息化生活中不可缺少的一部分，日渐成为大众在通勤途中、睡觉前等碎片化时间里的主要娱乐方式。短视频在近几年里持续高速增长，涌现出了许多优秀的创作者和内容平台，正在引领传统品牌营销方式的新潮流。一次成功的短视频可以在最短的时间内，最大限度地吸引到用户的关注。例如，快手、抖音等短视频平台的崛起，成了无数用户每日离不开的消遣娱乐方式；而淘宝、京东等电商，则从内容生态到商品详情页全方位短视频化；大众点评也在最核心的首页位置接入短视频。当然，这些成功实例的背后都是相关视频内容创造力和强传播性的巧妙运用，吸引用户关注并产生购买行为。短视频营销归根结底是营销活动，因此，成功的营销不仅仅要有高水准的视频制作，更要发掘营销内容的亮点。如果没有把握住用户的"痛点"，则难以产生预期的影响，甚至会适得其反。

行业观察
短视频行业迎来春天

2019短视频内容营销趋势白皮书

从2016年至今，短视频行业市场的初步格局已经形成，目前不仅有快手、抖音、西瓜视频等颇具代表性的平台占据前端位置，更有通过对用户和市场场景的细分定位切入的其他应用。一时之间，诸多应用如雨后春笋般涌出，行业也呈现一片繁荣景象。

根据Trustdata大数据显示，短视频日活跃用户增长势如破竹，直追综合视频，并在2018年强势反超，而在"高频启动+高活跃+高付费意愿"的超级视频用户中，短视频日均使用时长达87分钟（如图5-2所示）。

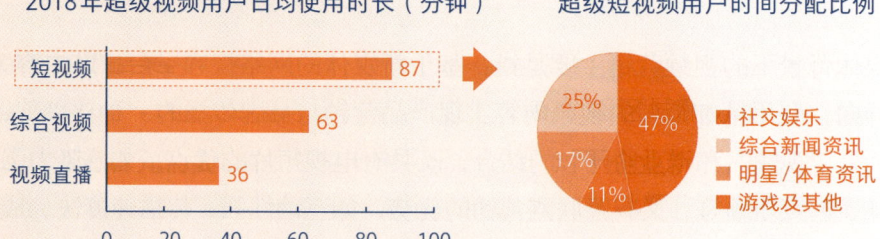

图5-2 短视频用户日均使用时长

具体来看,在短视频行业第一梯队"头条系"占据三席,抖音引领增长,第二梯队则竞争激烈,其中腾讯微视MAU环比增长147%的表现堪称抢眼(如图5-3所示)。

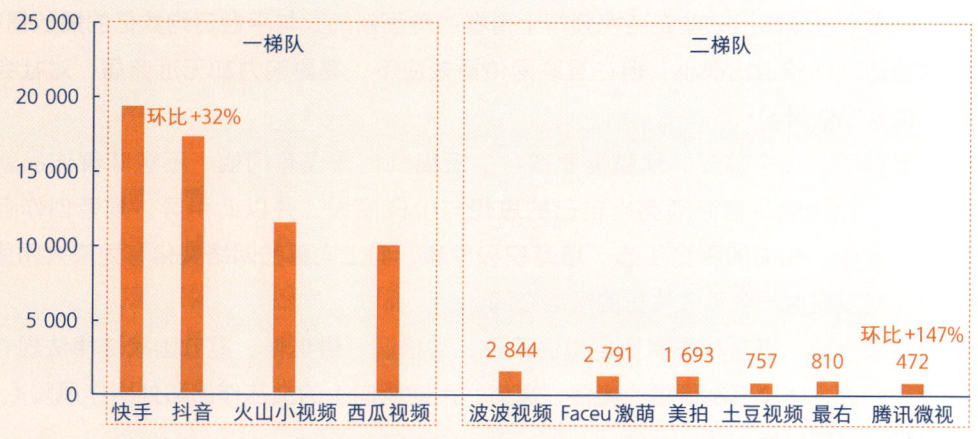

图5-3 短视频行业梯队情况

不仅是在日活与日均使用时长上有惊人表现,短视频这种新的传播形式更让一些企业看到了合作机会。

如此看来,短视频不仅能帮助平台吸收流量,还能为企业带来新的营销机会,可谓是个新的风口。

资料来源:三易生活,短视频内容变现,方式很多但内容依旧关键,有删改。

5.1 视频内容策划

无论是20分钟以上精良制作的长视频,还是1分钟以内的视听快餐短视频,内容都是一个成功的视频作品中最重要的组成部分。制作者在对视频内容进行策划时,必须要结合用户的需求来确立主题,适合的主题可以使得最后的完成品能够最大限度地受到用户的欢迎。在确立主题后,就是对视频主体内容的制作了。视频内容有三大要求:新、奇、快。新,指的是视频的内容足够创新;奇,指的是其内容的切入点足够奇特;快,指的是视频的节奏要保证用户可以快速进入高潮部分。对于一个成功的视频而言,这三点缺一不可。

思政园地
短视频平台不容扭曲价值观

中国互联网络信息中心发布的第43次《中国互联网络发展状况统计报告》显示，截至2018年12月，短视频的用户规模达6.48亿，网民使用比例为78.2%。短视频应用的迅速崛起，现实中频频曝出一些奇葩视频与上传者的负面新闻。与平台日均数亿的播放量相比，虽然这些奇葩视频占比很小，但在互联网传播效应下，其影响力却无远弗届，对社会造成的冲击也难以估量。

流量越大，用户越多，就越需要取舍。短视频创作没有门槛，不意味着作品就可以百无禁忌，短视频平台必须亮出自己的思想与价值底线，并以此引导、规范创作者，营造安全、友善、和谐的平台生态，培育积极健康、向上向善的网络文化，为广大网民特别是青少年网友提供一个风清气正的网络空间。

短视频行业、平台和作者要自觉讲品位、讲格调、讲责任，遵守国家法律法规，加强道德品质修养，坚决抵制低俗、庸俗、媚俗，用健康向上的文艺作品和处事作风陶冶情操、启迪心智、引领风尚。

5.1.1 视频内容定位

现今是一个以优质视频内容为王的时代，必然由"内涵派"取代"颜值派"。下面就来具体分析网络视频时代的内容定位。

1. 内容主题突出个性和趣味性

在快消品时代，产品的种类和数量都极大丰富，琳琅满目的商品以及层出不穷的新产品、新概念、新口味让消费者目不暇接，与此同时，增长的还有消费者日益多样化的需求，于是个性化和定制化便成为消费者的青睐所在。此外，在这个泛娱乐时代，任何产品都逃不开趣味这一要素。

以上所说的虽然是快消品，但这一现象完全可以适用于"内容"这一战场。短视频和直播的出现又为内容创业降低了发展门槛，用户也越来越渴望看到原创的、带有个性和趣味性的优质内容。细数那些借助自媒体而大红大紫的成功案例，大都向"粉丝"输出了独具个人特色的内容。下面以原创短视频吸取了众多"粉丝"眼球的"papi酱"为例，来看看她是如何定义个性和趣味的。

papi酱毕业于中央戏剧学院，凭借其所具有的表演和媒体资源进入到短视频的自导自演中来，通过发布原创短视频内容走红网络。papi酱之所以能凭借原创短视频迅速红遍网络，同其视频内容的个性化和趣味性是分不开的。

papi酱的短视频大多聚焦时事热点和人们现实生活中的真实情景，深入挖掘"吐槽"点，给人们带来极具个性的"吐槽"体验。她表达了很多人想说却因种种原因无法说出口的心声，尤其戳中了很多年轻人"内心深处对于人生真相的凝视"的需求。这种直击内心、深入人心的内容才是真正满足人们个性需求的典范，从而更深层次地传达出papi酱短视频内容的个性。

比如，点击率极高的《男性生存法则系列》，在《男默女泪》一期中，papi酱站在女性的角度，对女性和男性对于事物的看法如此不同且男性总是无法明白女性的想法这一生活现象，进行了言辞激烈的"吐槽"。虽然这种现象生活中十分常见，但papi酱用鲜明犀利的言辞说出了很多女性的心声。

除此之外，papi酱的短视频能够吸引众多"粉丝"的目光还因其趣味性。她的"吐槽"虽然言辞犀利却不令人生畏，反而能获取到一些好笑有趣的"吐槽"点，再配上她充满趣味性的声音和表演，常常会让"粉丝"开怀大笑。

2. 明确视频内容边界

经过媒体行业长时间的发展，新媒体尤其是短视频则大大地扩展了这个边界。短视频更多讲人性，更多关注画面本身的冲击力，更知晓消费者的真实诉求。

根据目前视频行业的发展现状，主流的视频内容包括但不限于以下五种类型。

（1）颜值、生活类。美好的事物是人见人爱的，人们对于好看的事物、优美的风景总是无法抗拒。可以说，视频画面的颜值高低在很大程度上决定了播放量的多少。

而对于生活这个话题，可以拓展的方向就更加广泛了。大到出国旅行，小到城市公园的推荐；大到职业规划的选择，小到简历的排版技巧；过年过节、办公室文化、情侣话题、人生思考、学生生活，等等，只要关注周边的人和事情，了解他们最关心的，最感兴趣的，这些都可以是视频内容创作的灵感来源。越是贴近生活化的东西，越是跟生活息息相关的事情，越有可能得到人们的关注。

以账号"生活技能咖"为例，它通过分享各类创意生活小技能，赢得众多粉丝关注。

（2）搞笑、猎奇类。搞笑类视频充分利用了用户的猎奇心理，满足了用户观看短视频的核心诉求——消遣娱乐，内容受众群体广泛，年龄层跨度大。制作水平精良、内容出其不意的搞笑类视频，不仅可以收获非常高的播放量和点赞数，还能吸引大量用户参与评论和转发。因为此类视频对于合作广告主所在行业的限制比较小，所以营销效果一直比较显著。

以抖音网红"多余和毛毛姐"为例，他的很多视频都是用比较有趣的贵州普通话来调侃一些事情，目前在抖音上已经累积了数千万的粉丝，很多人喜欢他抖音上的段子，因为每一个视频都非常的有趣和搞笑，很多人都说当心情不好的时候就来看看他的视频，可以让心情瞬间恢复。凭借着巨大的流量，搞笑的视频内容也开始植入产品广告，进一步通过商业合作实现流量变现。

（3）萌娃、萌宠类。随着二孩时代的来临，通过拍摄视频的方式记录宝宝成长的过程受到越来越多年轻家长的青睐。而将有趣的片段上传短视频平台与好友分享，逐渐成为宝爸宝妈们的社交新选择。作为视频的主角，小萌娃们往往都集才华与萌值于一体，各有各的才艺，各有各的吸引力。

除了孩子，短视频也为每一个养宠物的人提供了展示的平台。无须用户拥有过于突出的个人特色或能力，只需要擅长捕捉宠物生活中可爱、有趣的瞬间，拍摄记录下来，就可能为用户带来超乎预期的流量。

例如，作为抖音平台的实力担当，宠物类账号"会说话的刘二豆"一直稳居抖音TOP红人榜单前列，吸引了大批宠物类KOL模仿和学习（如图5-4所示）。

图5-4 "会说话的刘二豆"主页

（4）美食、手工类。作为日常生活必不可少的一部分，无论是国内还是国外，不同地区、不同种类的美食总能带来海量的话题，总能快速地捕获人们的注意力。因此，美食自然而然成为内容创作的好题材。

介绍地区特色食物、推荐不同类型的营养食物搭配、探索新奇古怪的食物、介绍日常餐厅等话题，都可以纳入美食类内容题材选择的范围之内。研究用户的需求，制作有特色的食物，以及可操作性、专业性、持续性、视觉效果等要素这些都是创作者在策划视频内容时所需要考虑的。

例如，美食类账号"野食小哥"的粉丝互动积极性、忠诚度高，视频评赞比高达13.4∶1，这得益于野食小哥亲民化的人设和不拘一格的内容产出。其他美食类播主习惯于将食物的制作过程和制作完成的美好画面展示出来，而野食小哥自带"节奏感"的吃相、个性化的美食制作场景，以及偶尔"皮一下"的性格，受到众多粉丝的喜爱。

（5）知识、干货类。短视频类内容的兴起，在拓展知识边界的同时，也让"知识普惠"的愿景逐渐接近现实。特别是短视频平台让知识回归本源，重新以"口语"的形式进行生产和传播，降低了知识生产的门槛，激发了大众的知识传播热情，令普通人也能够参与到知识传播中来，丰富知识传播的内容，分享自己的生活经验。短视频在内容与形式两个方面降低了知识接受的门槛，拉近了知识传播者和受众之间的距离，普通群众能够通过短视频，以新奇、有趣的形式接触到一些原本相对高深的专业知识。

比如播主"商业小纸条",通过脱口秀的形式来讲解商业模式、投资理财、创业知识等内容,赢得了大量粉丝的关注。

3. 打造独特的视频标签

标签化是现如今生活中十分常见的现象。无论是出生年代、地域、爱好都可以成为一个人的标签。标签化使得一个人或者物被分类,形成了一个固定的形象。随着互联网视频行业的不断发展,各大平台上的视频作品层出不穷,要想被用户快速记住,就要为视频打造一个独特的风格化标签。为视频打上独特的风格化标签,也就增加了另一个记忆点,便于给用户留下深刻的印象。

给视频确定风格化标签是需要创作者深思熟虑的,因为一旦确定就不能再随意更改,这样是为了避免用户感到混乱。视频的标签必须与其内容主旨相关联,这样才能令用户将该标签与内容本身进行联系。同时,为了形成更好的辨识度,视频的标签必须要有独特性。视频的运营就是一个人性化、个性化的过程。一旦标签被用户接受,后续产生的经济效益就会围绕这个标签展开。视频内容风格标签类型如表5-1所示。

表5-1 视频内容风格标签类型

风格标签	具体内容
搞笑	逗趣、幽默、使人发笑的内容
纪实	用纪实记录的手法拍摄的内容
创意	采用新技术或拍摄手法制作的新奇内容
反转	剧情前后有强烈冲突和反转,结局在意料之外
潮流	展现未来流行趋势的内容
实用	具有实际用途的知识技能分享和指导
情感	体现爱情、亲情、友情等情感类与反映助人为乐、励志等内容
其他	其他无法归类的小众风格

5.1.2 创意视频的打造技巧

现在有很多人都看到了视频营销的威力,也有越来越多的企业或者个人开始尝试视频营销。但是视频营销不是简单的拍摄与发布,一个完整的视频营销策划应该包括三要素:创意、制作、传播,其中创意是视频营销成功的基石。

如何才能打造极具创意的视频作品,成为许多视频创作者最为关心的问题,下面就介绍几个打造创意视频的技巧。

1. 紧追热点,挖掘新意

创意可以巧妙地借用热点话题来展开,紧追热点可以帮助视频快速升温。热点话题要根据目标受众的定位来进行选取,运用这部分用户更加感兴趣的热点话题形成比较完美的创意,可以起到更好的效果。而如何寻找和选取热点话题就是视频创作者所要面对的关键所在。热点话题的发掘途径包括但不限于以下方法。

(1)百度搜索风云榜。百度是全世界最大的中文搜索引擎和全中国最大的搜索引擎,每日有数以亿计的活跃用户。百度在收集了这些数据后,会根据关键字进行分析归类,计算出搜索指数形成榜单,供其他用户参考。

百度搜索风云榜分为六个板块:时事热点、今日热点、七日热点、民生热点、娱乐热点和体育热点。视频创作者可以根据这六个板块中的排行进行话题选取。而其中七日热点得到了用户的长期关注,因此,创作者能够有更充足的时间来打磨视频作品,对内容进行创意挖掘。

(2)微博热搜话题榜(如图5-5所示)。微博是由社交需要催生的开放式媒体平台。新浪微博非常重要的就是其自媒体属性,很多用户对于一些实时热点话题都愿意通过微博发表自己的见解。互联网的热门事件几乎都是从微博平台开始爆发的,并且不断掀起微博用户之间激烈讨论的高潮。所以微博热搜话题榜的数据对于创意视频的创作者而言,十分具有参考价值。

图5-5 微博热搜话题榜

微博热搜话题榜分为五个部分:热搜榜、话题榜、新时代、同城榜和好友搜。其中热搜榜和话题榜都是对实时热点话题的统计,短视频创作者可以根据这个榜单来选取相应的热点话题。值得注意的是,好友搜这一部分会将该微博账号互相关注的好友所搜索的话题按照热度进行排列,视频创作者可以关注一些目标用户,然后收集其每天关注的话题是什么,从而选取最合适的热点话题。

除了百度和新浪微博提供的热点榜单之外,其他新媒体平台都有各自的话题榜单、热点排行等可以参考,例如微信"搜一搜"里的微信热点,知乎首页的话题动态。只有利用有价值、有传播度的热点话题才能挖掘出引起受众广泛关注的创意要点,从而达到预期的推广效果,这样才能做出最具创意的原创作品。

2. 融入情感,打动人心

创意不是单纯的恶搞,而是饱含温情和感动。笑中带泪和拍案叫绝才是创意视频的观众最佳的反应。视频的内容往往反映出创作者的价值观念,而这个观念是否能与用户趋于一致,是争取用户认同的重要影响因素。如果想要视频的内容更好地打动用户,使其产生共鸣,可以在其中融入价值情感,使得内容本身富有深意,从而引发用户的思考。

（1）情节安排合理。视频必须要符合一般作品的基本要求，那就是情节符合逻辑。有些视频创作者将自己的价值观融入其中，强行推动剧情走向，为创意而创作，故事中人物的许多行为都不符合用户的常识性认知，这样就会使观众感到虚假，从而无法将情感投射到其中。

想要通过视频表达出情感，并且让用户产生共鸣，内容的真实性是非常重要的，只有符合逻辑地表现出贴近用户真实生活的情节，才能够使得用户真正感到触动，从而才会深入思考作者究竟想要表达什么。

（2）形式生动有趣。创意的表现形式可以多种多样，通过生动有趣的方法进行表达，才能更好地被用户所接受。

视频的创意内容可以通过整个故事的走向来进行融入和表现，适度使用夸张搞笑的手法，生动形象地传达给用户。这样可以使得用户在笑过之后不禁陷入思考，体会到作者的真实用意，使得整个过程更加自然，也更容易被用户所接受。值得注意的是，真正的创意所在，不一定都是内容的新意，还有创新的表达方式；并不是搞笑内容不会令用户所感动，重要的还是看其深层次的含义是否能够引起用户的共鸣。

（3）注重打造细节。很多视频与同类作品相比不具有竞争力，就是因为其内容太过普通，即使融入了价值情感，用户也是看过即忘，不会引发广泛的传播。这样的视频作品很难在用户的心中留下深刻的印象。为了避免这一局面，视频制作者可以注重打造内容的细节，从细微之处入手，令用户在看过后觉得视频有新意，避免千篇一律的内容令观众产生审美疲劳。

细节决定成败，视频中无论是人物的穿着动作，还是背景的安排，无论是布光的设置，还是字幕的样式，都能够成为体现内容新意以及感情的途径。打造创意视频的细节，对于视频内容深度的表现，也起到了增强作用。

3. 制造悬念，迎合好奇心

观众的需求是方方面面的，但是打造创意视频却要求我们更多地关注观众的好奇心需求。一旦满足了观众的好奇心，就很容易打造成"爆款"创意视频，进而在观众的社交圈中形成裂变式传播。

例如，视频的前半部分平淡无奇，但是用背景音乐和文案尽可能地做好悬念的铺垫，极大地吸引观众的注意力和好奇心，视频后半部分或者结尾大大超乎观众的意料。这样的创意视频包括但不限于各种反转类视频、悬疑类视频，各种产品展示、技能展示美食探店视频，等等，核心的思路是在一开始就通过音乐、画面和文案抓住观众的眼球，吸引观众的好奇心，让他们持续看到最后的结局，感受超出预期的体验。

5.1.3 视频策划注意事项

视频策划是将前期复杂零碎的准备过程，转化为具体的实施方案，使得视频团队的每个成员都能清楚地理解自己应该做什么。视频策划还可以使得其内容最终呈现得更加完整，从众多的同类视频中脱颖而出，获得用户的认可。下面介绍视频策划的几个注意事项。

1. 主题定位明确，内容深度垂直

视频的主题决定了主基调。选择合适的主题进行精准定位，才能够最大程度吸引目标用户的关注。一个视频的主题不是随随便便就可以确定的，要经过视频团队的精心策划，才不会产生定位错位的情况（如图5-6所示）。

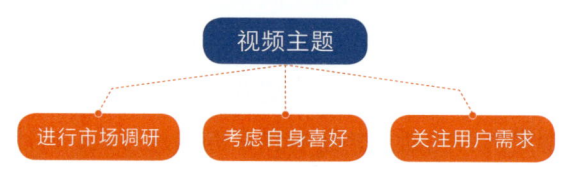

图5-6 明确定位视频主题

（1）进行市场调研。在确立视频的主题前，首先要进行充分的市场调研。能够在网络中受到用户欢迎的视频，一定有其独特之处，视频创作者应该对其进行反复观看，找到其亮点并加以记录，从而了解到当下的市场需求，避免选择冷门主题。

（2）考虑自身喜好。视频创作者自身的喜好也是需要重点考量的因素之一。当一个人喜爱一件事的时候，就会针对其进行更多的了解，久而久之，在自身的知识储备库中就积累了大量的素材，从而在创作主题相关的视频时就能想到更好的内容。创作者如果贸然选择一个之前从未涉猎的主题，最终的成品很有可能会因为了解不足而出现漏洞，这样会使得用户在观看之后怀疑视频创作者的专业程度，从而留下不好的印象。

（3）关注用户的需求。视频的成品最终要面向目标用户进行宣传推广，能否得到观众的认可，与其主题的选择有着极大的关系。视频主题的选择必须要满足目标用户的需求。这样才能使其有观看的欲望，从而产生流量。

用户的需求需要视频创作者进行前期调研。此类调研需要较为庞大的数据来得出确切的结果，每个数据都必须保证真实有效，这样才能避免最终结果出现偏差。

（4）内容深度垂直。用户最初观看视频时，往往会选取一些流传度较广的娱乐性视频。但最终能留住用户的，则是更具备垂直性、有深度的视频内容。这种深度并不是指内容的严肃性，而是指在某个领域上的深入挖掘。

内容流于表面的视频是任何掌握相应技术的创作者都可以完成的，这种视频很容易被他人所取代，难以形成稳固的用户群体结构。而如果视频创作者专注于某一领域，不断对内容进行深度挖掘，就会形成一种稀缺性。用户想要了解到的内容只有在创作者这里才可以获取，就使得创作者难以被取代，从而向专业化不断发展，最终形成IP，获得更好的发展。例如，抖音号"面点大叔"，只是教用户怎么制作饺子、包子等简单的面点，所谓的大叔并未出镜，视频只用手机拍摄，没有进行剪辑包装，但内容实用、垂直度高，仅四个多月的时间粉丝数就超过了60万。

因此，在视频策划阶段，一定要把主题定位明确，在选取的垂直领域，不停地输出相似但是不尽相同的优质内容。

2. 策划方案科学合理、可执行

视频的方案策划除了需要满足用户的需求以外，还必须可执行。只有可执行的策划方案才具备意义，否则就是纸上谈兵，没有任何实际的用途。一个视频策划方案的执行性与其所持的资金、人员的安排以及拥有的资源都是分不开的。只有具体考虑这些实际的问题，才能做出一个可落地、可执行的方案（如图5-7所示）。

图5-7 视频可执行方案所具备的条件

（1）找出问题关键。不同主题的视频方案在制定的过程中都会遇到各种各样的问题。为了确保最终得出的方案有可执行性，策划者必须找到这些问题的关键点，然后针对关键点做出解决计划。解决计划中需要包含策略以及实施的步骤，这样执行的时候才可以有条不紊地进行，避免产生纰漏。

某些时候，视频的策划方案或许有不止一个问题，一般来说，策划者要按照问题重要程度来进行排序，优先解决最为关键的问题，不能顾此失彼。关键问题会决定该策划方案最终究竟是否执行。

（2）充分利用资源。对于一个视频策划方案而言，资源包含着方方面面。但最基本的就是资金资源，启动资金越充足，视频所用的道具布景就越精致，最后完成的效果也就越高级。除了资金以外，人脉也是非常重要的一种资源，它可以使得视频在创作过程中以更低的价格来达成同样的目的；到最终运营推广的时候，可以得到更多知名人士和网红的推荐，从而快速吸引到用户的关注。

（3）工作化整为零。一个视频从策划到创作再到最终的运营，每一步都有着复杂的工作流程。如果没有头绪就毫无章法地盲目开展，很容易在过程中走上弯路，从而降低工作的效率。为了避免这一情况，视频策划者应该在策划方案中将工作化整为零。

视频取得良好的推广效果是最终的目标，在这个目标达成前还有许多工作要进行。视频策划者应该将整个工作流程分成各个阶段，并且在每一阶段都制定一个小目标。小目标更容易达成，也会给实施者指引方向，使其以较为轻松的心态来进行每一步工作。

（4）成员分工协调。对于最终成品要求较高的视频作品，由一个人单独完成无疑是非常困难的，这时就必须建立一个团队，招募具有不同专业技能的人员共同工作，这样才能保证制作的效率。而在一个团队当中，如何分工协调非常重要。好的分工协调机制可以使工作效率变得更高，反之则会造成各种困难。为了能够进行具体分工，策划者必须在策划方案中对工作环节加以标明，使其有据可依。

3. 关注变现模式的多元化

在平台、用户、广告主的推动下，短视频的创作价值、流量价值、社交价值在不断释放。一般广告主主要分布在以下几个领域：母婴育儿、本地生活、美妆日化、IT互联网、汽车及周边、游戏动漫、数码3C和食品饮料等。主流行业广告主的进入，意味着短视频营销市场的成熟。

因此，创作者在进行视频策划时，不仅应注重如何获取巨大的流量，还要思考如何将这些流量转化为实实在在的商业价值。

（1）内容电商。从2017年开始，内容电商成为一大热点。依靠PGC、UGC越来越成熟的短视频内容生产实力，按品牌主的要求进行内容定制已成为一种高转化效果的营销方式。在进行视频策划时，创作者可考虑与品牌主合作，让品牌植入得更加原生和自然。短视频需要电商来变现，而电商则需要通过短视频来进行场景化营销，增加流量。

（2）视频冠名。品牌主通常可用品牌名或者产品名给视频栏目冠名，基于短视频的巨大流量，可以为品牌或产品带来多频次的曝光，提升品牌的美誉度。

（3）广告植入。核心模式主要沿用社交平台的做法：依托于视频达人的高人气，使用如贴片广告、开屏广告、播主口播等硬植入形式，可以使品牌获得更好的曝光。随着产业完善和用户体验提升，会出现更多符合视频平台特征的创新做法，如定制站内活动、创意贴纸等，并通过多维品牌活动，实现线上、线下广告链的打通。

（4）互动体验。互动营销通常是品牌方发起某一活动，借助短视频平台和视频达人的粉丝影响力，带动粉丝参与互动和体验，并由此引发一场覆盖全网的短视频传播风暴。

（5）游戏。短视频与游戏业务天生契合，游戏发行、联运和分发，均是短视频平台突破收入困境的良药。目前，主流平台如抖音已开通游戏栏目，快手则推出了独立小游戏App。

（6）直播分成。依靠直播打赏分成已成为当下视频平台的标准配置，但直播对于各平台的战略意义不同，表现也各有千秋。有的平台将其作为盈利核心模式，如快手；有的平台只是作为平台KOL创收的补充，如抖音。

4. 遵守视频平台内容规范

正规的视频投放平台对于视频的内容都有明确的规范限制，视频创作者一定要遵守相关的规范，营造健康向上的视频氛围，不得违反我国相关的法律法规，不得宣扬淫秽色情、暴力歧视等错误的价值观。或许内容不规范的视频可以在短时间内带来人气，但是那只是观众群体猎奇心理所导致的暂时现象，长此以往根本行不通。如果因为这些视频而导致已经有了一定人气积累的账号被封，更是得不偿失。只有真正弘扬正确价值观的视频作品才能在网站平台上得到更好的推广位置，也只有积极正面的视频才能得到观众真正的认可。

视频内容在注重遵守规范的基础上，还有一些禁忌是必须要避免的。这些禁忌如果出现，会给用户留下极差的感官印象，从而影响该视频的运营推广效果，妨害固定用户积累。

 **行业观察**

用户需保证其上传内容不得违反广电总局的相关规定，包括但不限于《互联网视听节目服务管理规定》等，其上传节目应当符合法律、行政法规、部门规章的规定，上传内容不得含有以下内容：

（1）反对宪法确定的基本原则的；
（2）危害国家统一、主权和领土完整的；
（3）泄露国家秘密、危害国家安全或者损害国家荣誉和利益的；
（4）煽动民族仇恨、民族歧视，破坏民族团结，或者侵害民族风俗、习惯的；
（5）扰乱社会秩序，破坏社会稳定的；
（6）诱导未成年人违法犯罪和渲染暴力、色情、赌博、恐怖活动的；
（7）侮辱或者诽谤他人，侵害公民个人隐私等他人合法权益的；
（8）危害社会公德，损害民族优秀文化传统的；
（9）有关法律、行政法规和国家规定禁止的其他内容。

如用户提供的上传内容含有以上违反政策法律法规的信息或者内容，由用户直接承担以上导致的一切不利后果，如因此给哔哩哔哩造成不利后果的，用户应负责消除影响，并且赔偿因此导致的一切损失。

资料来源：《哔哩哔哩弹幕网用户使用协议》，有删减。

5.2 视频制作

对于近年来流行的短视频和直播而言,其内容都需要经过视频制作团队的精心策划,在借助较为专业的设备与软件录制和编辑处理后,才能将精美的作品投放到视频和直播平台上,以期得到广大互联网用户的转发、评论、点赞和打赏。

5.2.1 视频制作前期准备

1. 视频制作场景准备

要想把视频制作出好的效果,能够让用户产生代入感,场景的搭建与还原是非常关键的。通常而言,场景的搭建要与视频内容以及目标用户属性有关。由于短视频以及直播等素材绝大部分来源于生活中的灵感,因此,场景搭建不需要太过专业的设备,尝试挖掘生活中源于草根的事物或环境,稍加润色即可。具体可以从以下几个方面进行准备。

(1)拍摄固定物体的场景准备。在拍摄固定物体时,应准备一张水平的桌面并适当搭配小饰品。桌子可以用来摆放商品,面积不需要太大,颜色不宜太花太杂,可以准备一些桌布,以便根据商品风格进行替换。一般白色是最好的选择,这样拍摄出来的画面会显得简洁明快。有条件的个人或企业可以准备较为专业的静物台,在其表面覆盖用于扩散光线的大型半透明塑料板,以便于布光照明,消除被摄对象的投影(如图5-8所示)。

(2)拍摄人物或外景的场景准备。在拍摄人物或外景时,应更多选择和细节有关的场景。拍摄地的场景要与人物身份、衣着等互相协调和衬托。拍摄建筑时,可以关注内部结构、房屋特色、特定的设施等,如果再能结合当地风景特色和文化民俗进行拍摄,会给观众带来更大的视觉冲击。

(3)背景的布置。对于短视频的背景,最简单易行的办法就是以干净整洁的白墙为依托,也可以选择带有复古或简约风格的壁纸。如果预算较充裕,可以考虑白纱帘或背景布与灯光匹配,这样可以模拟自然光效果,而且布置简单且方便(如图5-9所示)。

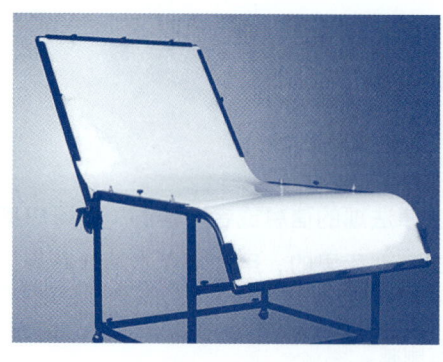

图5-8 静物台

图5-9 简单布景

对于一些特定的拍摄主题，背景布置需要符合视频的主题。比如亲情类短视频需要温馨而舒适的背景，而搞笑类视频则可以将背景布置得轻松随意。

（4）灯光的布置。在视频拍摄的前期，如何布置灯光是非常重要的，如果运用得当，就可以让人物或产品变得光彩靓丽，反之则容易使得颜色消沉，让人全然没有购买欲望。一般不建议使用纯自然光，推荐通过性价比较高的补光灯达到拍摄目的。

基础布光法则是采用三点布光，主光打亮产品主题和周围区域；辅光用于填充阴影区域和主光没有打亮的地方，一般比主光稍弱，这样可以形成景深和层次感；背光打向背景方向，借助背景反射的光线塑造产品轮廓。

2. 视频制作素材准备

后期制作视频内容所需要的素材主要包括：自己录制或他人拍摄的视频片段、现场音频与背景音乐、脚本、字幕文字等。

3. 视频制作器材准备

（1）手机或摄像机。随着技术发展，绝大部分现代智能手机都能胜任视频拍摄任务。一般，配备F2.0左右大小光圈的镜头，1/3英寸~1/2.5英寸大小的CMOS感光元件，可以输出4K分辨率视频的手机就足够使用了。

当然，预算充裕一点的，可以准备专业级摄像机。通常情况下，配备等效28~600 mm的变焦镜头，光圈值最大达F1.7左右，3片1/2.3英寸的CMOS感光元件，具备光圈、快门、ND、白平衡、变焦等普通视频拍摄常用快捷功能的摄像机是比较理想的选择。

此外，单反相机的摄像功能也是比较强大的，再配备两种常规镜头：24~105 mm焦距区段和70~200 mm焦距区段，基本能够满足所有场景的拍摄需求。但需注意，单反相机感光元件尺寸应为全画幅或APS-C，尽量不要选用感光元件为4/3尺寸的相机。

一般在拍摄中，应该准备至少两个机位进行配合，条件允许最好是三个机位。三机位拍摄，不仅能更有利于画面的呈现，也便于后期进行视频剪辑。如果仅布置一台机位进行拍摄，就会使得后期剪辑时没有过渡镜头或可切换角度，而使画面显得单调。

（2）稳定拍摄的工具。拍摄视频时画面要平稳，这是视频内容脱颖而出的一个关键。如果视频抖动太厉害，会影响用户观看体验。如果是双手端着机器拍摄，最好依靠桌子或墙壁等物体让身体保持稳定。首选还是准备三脚架或手机支架等稳定拍摄的设备，这样无论是拍摄静止镜头还是移动镜头，稳定效果都不错。对于直播等需要通过走动完成的拍摄，建议选择手持云台，这样即便摄影师在走动的时候拍摄，也会防抖，后期画面的稳定性也可以得到很好的保证。

行业观察
防抖防震，脱胎于无人机技术的便携摄影神器

手持云台又称为手持稳定器，它是无人机产业的一个衍生开发产品，把原先在无人机上运用的自动稳定协调系统技术应用到手机（或相机）拍摄上，是一种高科技的便携式移动摄影器材。

随着互联网的普及和成熟，消费者对基于互联网的内容消费和网络社交需求不断增大，消费习惯逐渐成熟，传统的文字和图片形式已经不能满足当下的用户需求，视频成为用户更加偏好的内容传播方式（如图5-10所示）。

图5-10 各分享阶段代表性媒体展示

艾瑞咨询公司认为，随着社交平台上的分享模式越来越情景化，用户对于视频内容的要求更高，同时对于拍摄工具及配件的使用意愿也相对走高。

在用户人群划分方面，21-25岁年轻男性是手持云台强认知玩家，注重理性消费和愿意尝试新事物。35岁以下中高收入年轻女性在手持云台的高潜力消费人群中表现更加显著，具有强大的消费潜力，能为自身生活摄影（亲子、家庭）、直播等兴趣爱好提供坚实的消费基础。

未来，该类产品硬件结构更加精细强大。在生产出符合大众消费水平、手感轻便的产品之余，也会出现适合大型镜头的产品，以满足各类消费人群的使用场景。

资料来源：艾瑞咨询公司《2018年中国手持云台行业研究报告》，有删改。

（3）灯光道具。灯光准备包括主光、辅光、背光、侧光、反光板以及相关实用光源。

在有条件的摄影现场，一般主光由柔光箱发出（如图5-11所示）。这样的光源易于控制且均匀，能够凸显出对象或人物的轮廓，尤其对于反光物件，可以起到很好的漫射作用，使得拍摄光线显得更柔美，色彩更鲜艳。但需要注意的是，应尽量避免摄像机靠近主光源。

辅光一般放置在与主光相反的一面，主要对主光带来的未覆盖的阴影进行补充照明，从而使阴影变浅变淡（如图5-12所示）。包括手机、台灯在内的设备，都可以成为很好的辅光。

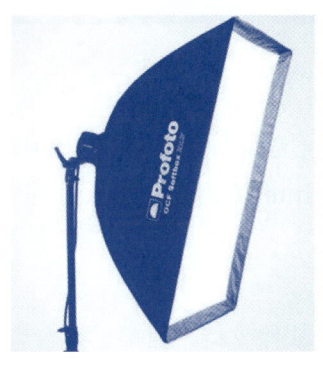 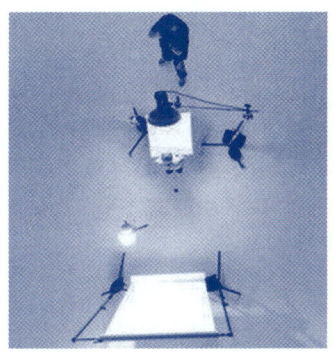

图5-11 选用柔光箱做主光　　图5-12 辅助光源搭建

大多数情况下，被拍摄者都与背景拉开一段距离，背景比被拍摄者距离光源更远，因此在亮度上会暗很多。如果没有背光，则容易造成被摄对象与黑暗的背景融为一体。如果有背光，则可以很好地勾勒出主体，使画面立体感更强。使用背光时可以运用一些技巧，以实现不同的拍摄目的（如图5-13所示）。

侧光是来自被摄对象平行两侧的光源，它可以让被摄主体产生明显的明暗对比，被摄主体受光面会很清晰，背光面会产生明显的阴影效果，所以侧光更适合营造戏剧般的场景，赋予观众的带入感更强。侧光利用技巧如图5-14所示。

图5-13 背光利用技巧　　图5-14 侧光利用技巧

反光板是照明的辅助工具，通常可由锡箔纸或白布等材料制成（如图5-15所示）。一般而言，反光板常用于改善光线，使平淡画面变得饱满和立体。

在一些特定的场景中，台灯、电视、蜡烛等灯具或光源可以成为很好的实用光源，起到突出主题，渲染气氛的目的。

（4）计算机硬件。做视频剪辑，主要依靠计算机CPU的多线程数据处理能力与足够的内存，否则很容易出现因内存不够而导致程序闪退的状况。因此建议为处理视频的计算机配置主流性能硬件，例如Intel酷睿i7-9700k处理器，8G以上内存，GeForce GTX1050Ti的显卡。

图 5-15 反光板使用

4. 软件准备

拍摄视频内容和编辑视频内容，都离不开软件支持。目前，综合影响力较大且视频种类较多的平台包括腾讯视频、优酷和爱奇艺等，可直接拍摄并经系统优化后发布的短视频类平台主要包括西瓜、抖音、快手、哔哩哔哩等，而直接拍摄并实时播放分享的直播类平台则包括斗鱼、YY、虎牙、花椒等。

主流手机视频编辑App介绍

如果需要对视频内容进行编辑，除上述平台软件有些自带编辑功能外，还可以通过爱剪辑、拍大师等入门级软件进行编辑，亦可借助iMovie、会声会影、Adobe Premiere、Camtasia Studio等较为专业的视频工具完成。如果需要通过手机快速编辑和发布，也可以选择VUE、Inshot、Videoleap等手机应用。

5.2.2 视频制作团队的组建

1. 工作流程分工

很多视频创作者想要保持每日更新，确保每天与粉丝互动，那么就应长期稳定地制作视频。一条一分钟左右的短视频，整个制作周期可能比较长。所以最好的方法就是把视频制作的工作流程拆分出来，分小组并行推动。

一般来说，视频制作的工作流程可以分为前期准备、内容策划、拍摄、剪辑、发布、变现与粉丝转化六个步骤。工作流程要点详见图5-16。

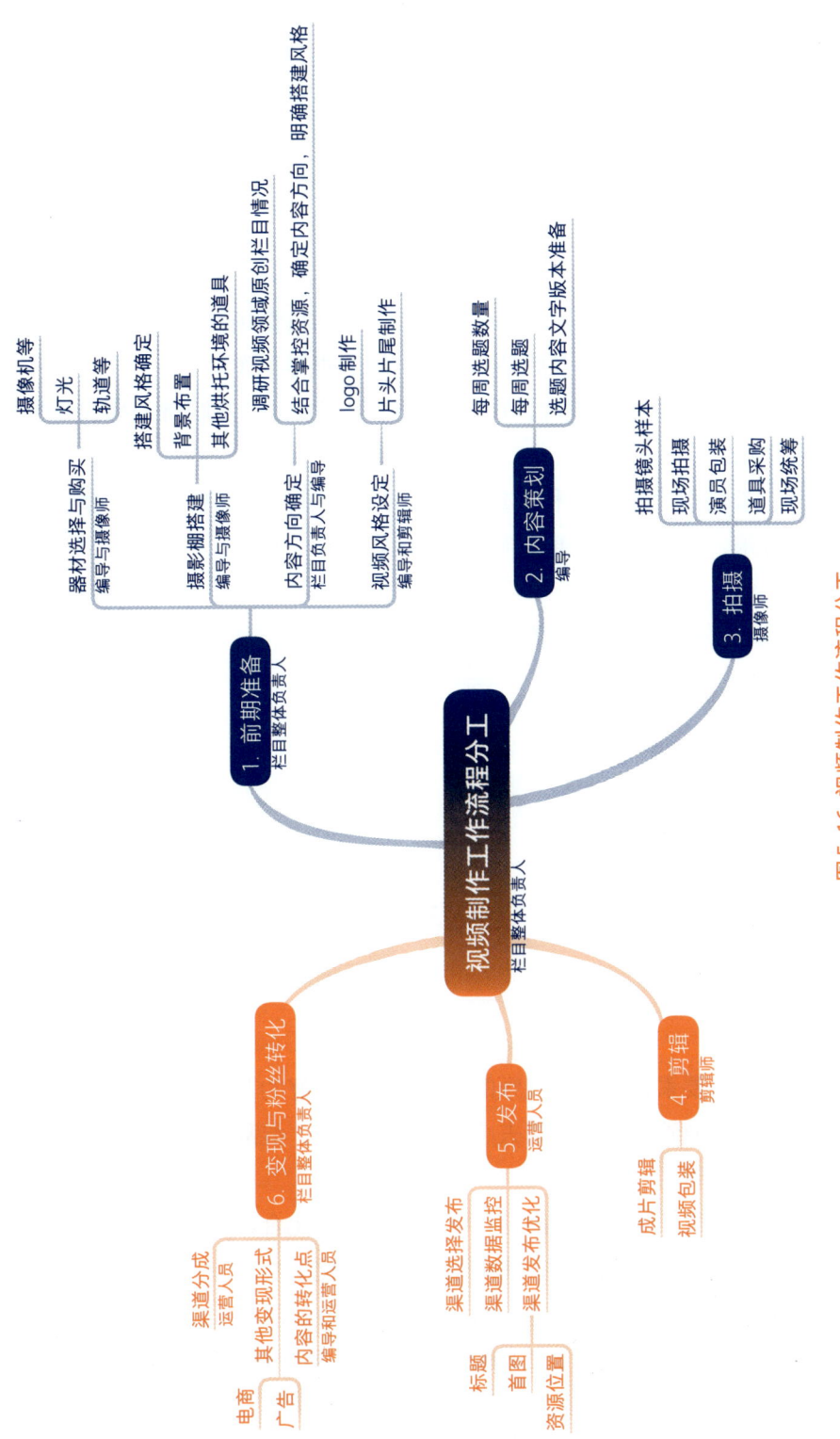

图5-16 视频制作工作流程分工

第五章 新媒体营销视频类内容设计

2. 团队组建

通过上面的视频制作工作流程不难看出，一个优秀的视频制作团队需要会策划、会拍摄、会表演、会剪辑、会包装以及会运营的人才。如果需要每周至少制作2～3个时长在5分钟左右的视频，至少应配备四五个制作人员才能确保项目顺利进行。具体配置为：项目统筹协调1人，团队成员4～5人，分别负责摄影、剪辑与运营，其中剪辑与运营可依据项目实际任务量适当增加人员。

3. 团队分工说明

（1）总策划与协调人：相当于团队的核心人物，全面负责场景搭建，视频的主要风格、内容和脚本的策划与设计，以及后期拍摄与剪辑的指导工作。

（2）摄影师：主要负责拍摄成片，在搭建或选择场景，以及明确拍摄风格等问题时，应发挥主要作用。

（3）剪辑师：参与整个策划过程，重点在后期对内容进行剪辑包装，整合必要素材，包括背景、音乐、字幕等，完善视频的整体内容。

（4）运营者：负责在视频制作完毕后将其发布到相应的网站和平台，保证获得最大的内容和栏目曝光率，并不断做好宣传、评论、回复等工作。

协作创新

你们计划如何搭建视频制作团队？分小组讨论，应该怎样进行团队分工？

5.2.3 视频制作要点

1. 节奏设计得当

节奏作为一种审美要素，贯穿在视频的各要素之中。好的节奏，可以使观看者产生心理上的愉悦，可以伴随着美好的心情去感知内容；反之，混乱的节奏易使人烦躁，产生对内容感知的解读障碍。

在节奏设计中，应遵循画面表现内容科学性、运动变化合理性等原则；充分发挥镜头运用的灵活性和镜头组接的技巧性；注重运用音乐强化节奏。

在节奏把握上，重点是安排好整体结构，在上下内容过渡上采用一些引人注意的镜头，可以根据内容需要使用一些象征性的空镜头，使人感到有段落感和章节感。同时，要了解文字稿反映的重点内容是什么，前后内容是怎样衔接和过渡的，从而做到繁简得当，快慢恰当，使人感到内容层次清晰明了。

2. 横版视频与竖版视频

横版视频是个人计算机时代的产物，其画面比例比较传统，影片专业感强，呈现内容丰富。因为横向宽幅比较大，能把整个场景表述清楚，所以比较适合讲述故事和突出场景。

竖版视频是移动互联网时代的新宠儿，因为用户使用手机的时候都是竖着拿的，所以竖屏视频让大家看着更方便，用户体验更好。竖版视频适合拍摄特写、人物、近景，会给观众带来更强烈的代入感。

行业观察
竖屏，既是镜头语言革命，又是营销新利器

根据新榜最新发布的《2019年内容创业年度报告》显示，各互联网巨头纷纷加码短视频，为现有业务提供新的消费场景，增强用户黏性，"短视频+"成为平台标配。48.2%的创作者表示，2019年会将短视频或小视频作为创作重点，面对时代潮流，创作者正在加速迁移、转型。

数据显示，1分钟以下小视频的发布比和播放比，分别超过70%和50%。一方面，相比其他社会化营销渠道，广告主对短视频/直播的投放意向增幅达40%（如图5-17所示），其商业价值水涨船高。另一方面，竖屏广告转化率高于横屏，尤其竖屏完播率是横屏的9倍。竖屏，既是镜头语言革命，又是营销新利器。

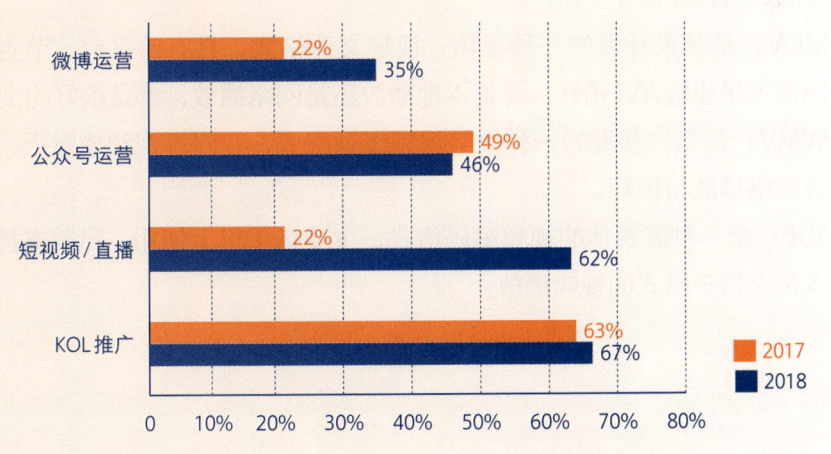

数据来源：Admaster；知萌咨询

图5-17 2017—2018年广告主社会化营销投放意向

由于横板视频和竖版视频各有利弊，因此创作者要根据视频的内容和观众的偏好进行选择。如果是要拍摄大型场景，那最好是制作横版视频。如果是想要进行特定细节展示，或主要在手机上播放视频，那优先拍摄竖版视频。

　　此外，针对一些电商平台的特殊要求，产品视频的尺寸大小和主图的尺寸一样，一定要是正方形的。这要求不论是视频的前期拍摄还是后期剪辑，都需要严格按照规定尺寸去操作，要提前将其设置好，或者为后期剪辑预留足够的可裁去部分。否则会有黑边，或者上传后出现变形，影响视频的观看效果。

 **协作创新**

协作创新：
淘宝二楼的"一千零一夜"

　　分小组搜索并观看热门短视频，讨论创作者选择横版或者竖版视频的原因，并与其他小组进行交流分享。

3. 输出主流视频格式

　　根据视频用途，可以将视频输出为不同格式。视频剪辑完进行输出时，尽量选择主流视频格式，常用的有以下几种：

　　（1）AVI：图像效果好，但占用空间大。

　　（2）MPEG：目前网络中主流的是MP4，多数视频平台都支持该格式，其压缩效率高，兼容性强，占用空间小。

　　（3）MOV：是苹果开发的一种音频、视频文件格式，具有跨平台、节省存储空间等特点，画面效果也较AVI稍好，无论本地播放还是网络播放，都是很好的文件格式。

　　（4）WMV：是微软开发的一种数字视频压缩格式，在同等视频质量下，该格式体积小，适合网络播放与传输。

　　（5）3GP：是一种流媒体的视频编码格式，主要在手机上使用，目前支持视频拍摄的手机基本都支持该格式的视频播放。

知识与技能训练

一、单选题

1. 视频内容策划要满足"新、奇、快"的要求，以下能体现"新"的是（　　）。
   A. DIY 蛋糕　　　　　　　　B. "神秘"事件揭秘
   C. 新车发布　　　　　　　　D. 旅行记录

2. 视频的前半部分平淡无奇，但是用背景音乐和文案尽可能做好悬念铺垫，极大地吸引观众的注意力和好奇心，视频后半部分或者结尾大大超乎观众的意料。这类视频的风格属于（　　）。
   A. 搞笑　　　　　　　　　　B. 纪实
   C. 实用　　　　　　　　　　D. 反转

3. 以下不属于视频营销流量变现模式的是（　　）。
   A. 开屏广告　　　　　　　　B. 热点穿插
   C. 直播分成　　　　　　　　D. 内容电商

4. 易于控制，均匀，能够凸显出对象或演员轮廓的光源是（　　）。
   A. 主光　　　　　　　　　　B. 辅光
   C. 背光　　　　　　　　　　D. 侧光

5. 在视频拍摄过程中，手持云台的核心作用是（　　）。
   A. 美颜　　　　　　　　　　B. 防抖
   C. 增亮　　　　　　　　　　D. 存储

二、多选题

1. 打造视频内容时，标签能够实现的目的包括（　　）。
   A. 独特性　　　　　　　　　B. 个性化
   C. 增加记忆点　　　　　　　D. 形成关联
   E. 分类化

2. 视频创作者塑造视频价值情感时，需要关注的问题包括（　　　　）。
   A. 情节安排合理　　　　　　B. 煽情的情节
   C. 形式生动有趣　　　　　　D. 细节呈现
   E. 价值观念宣传

3. 下面属于可落实视频方案的有（　　　　）。
   A. 找出问题关键　　　　　　B. 成员分工
   C. 充分利用资源　　　　　　D. 化整为零
   E. 资金状况

4. 一个完整的视频营销策划应该包括的三要素为（　　　　）。
   A. 创意　　　　　　　　　　B. 流行
   C. 制作　　　　　　　　　　D. 文案
   E. 传播

5. 常见的视频格式有（　　　　）。
   A. AVI　　　　　　　　　　 B. MPEG
   C. MOV　　　　　　　　　　 D. WMV
   E. 3GP

三、判断题

1. 微博热搜可以帮助视频创作者了解目标用户每天都关注什么话题，以便选取合适的主题。（　　）

2. 在视频节奏设计上，应该越快越好，因为节奏太慢没有观众。（　　）

3. 视频创作者一定要遵守相关的规范，营造健康向上的主题，视频内容不得违反我国相关的法律法规。（　　）

4. 复杂的策划方案才有意义，否则就是纸上谈兵，没有任何实际的用途。（　　）

5. 视频制作团队中，运营者主要负责内容策划、场景搭建与后期剪辑指导等工作。（　　）

四、案例分析题

　　短视频行业只有以高质量的产品占领市场，以有品位的内容赢得消费者信赖，才能实现可持续发展。

　　自编自导自演，拍个短视频给生活加点料；录一段短视频，展现一番鲜活的城市形象；检察院专门录制短视频，通过真实案例推行法治教育……如今，短视频日益"渗入"日常生活，甚至有人认为短视频已成为视频领域的第三极，与电视台和网络视频节目成鼎足之势。

　　其实，早在几年前就有人判断，短视频是继图文、长视频、直播之后的又一个流量洼地。研究显示，2017年以来短视频行业持续火热，用户规模日益增长，仍有较大的发展空间。短视频数量特别是播放量早已突破千万级，一些短视频播放数甚至高达数亿次。

　　应该看到，无论网络直播还是短视频，这些新业态的涌现，不仅为企业带来巨大商机，还"调剂"着大众生活，丰富着我们的精神世界。更重要的是，不断出现的互联网新业态恰可说明我国的互联网发展充满无限生机，孕育无限可能。只要敏锐把握时代潮流，善于开疆拓土，就能在互联网"蓝海"中找到一席之地，同时为中国经济的转型升级提供新动能。

　　"每个人都是生活的导演"。由于绝大多数用户并非专业人士，所制作的短视频趋于平庸化，这也无可厚非。但如果走向庸俗、沦为粗俗、甘于恶俗，乃至违背公序良俗，挑战法律底线，就值得警惕了。有的用户在"吸睛就是吸金"的逻辑支配下，用充斥着"黄赌毒"的内容获得点击量；一些短视频平台奉行功利化的思维，只讲流量，片面追求日活量而忽略内容质量，甚至为了"红利"使出黑招。目前有大量年轻人活跃在各大短视频平台，如果对粗俗的内容听之任之，对错误的价值观放任自流，则不仅不利于短视频行业的长期健康发展，更不利于青少年形成正确的价值观。

　　"自觉讲品位、讲格调、讲责任，自觉遵守国家法律法规，加强道德品质修养，坚决抵制低俗庸俗媚俗，用健康向上的文艺作品和做人处事陶冶情操、启迪心智、引领风尚。"习近平总书记在全国宣传思想工作会议强调的这句话，同样适用于短视频行业，适用于短视频平台以及短视频创作者。一定程度上，短视频行业走到了十字路口，如果继续奉行"萝卜快了不洗泥"的发展思维，不在制作上下功夫，不在内容上做文章，短视频就会继续在低水平上徘徊，最终被广大受众抛弃。推精品，出力作，以高质量的产品占领市场，以有品位的内容赢得消费者信赖，才能实现可持续发展。

　　美学家说过："这个时代所需要的美，应该有助于人民去创造属于自己的有意义、有价值、有情趣的人生。"如果能够以美为美，用鲜活的内容去承载正确的价值，那么短视频行业就不只是会站上风口，更会赢得更长远的未来。

资料来源：摘自《人民日报》（2018年10月16日 05版），有删减。

你怎样看待"短视频，要流量更要正能量"这句话？结合案例进行分析，试举例说明理由。

五、实训实战题

（一）实训背景

学生已经对视频内容策划与制作形成了基础认知，通过本实训活动，学生可以组建团队并完成视频内容策划、脚本设计、拍摄与剪辑等工作。

（二）实训任务

（1）组建团队，以"00后"用户为目标用户，选择并注册适宜的视频平台。

（2）确定视频主题，完成视频内容的策划与制作。

（三）实训步骤

（1）组建团队，形成岗位说明书（见表5-2）。

表5-2 岗位说明书

岗位	职责与工作任务	
策划	职责表述：	
	工作内容	
	任职要求	
摄影	职责表述：	
	工作内容	
	任职要求	
剪辑	职责表述：	
	工作内容	
	任职要求	
协调	职责表述：	
	工作内容	
	任职要求	

（2）小组通过搜索引擎等工具，分析"00后"用户心理与行为特征，选择一个"00后"关注度较高的视频平台并注册。

（3）小组针对目标用户特征，明确视频内容主题，填写视频内容策划书（见表5-3），编制脚本，完成视频拍摄。

表5-3 视频内容策划书

任务描述	具体内容策划	
用户画像		
策划过程	平台描述	
	视频主题	
	视频标题	
	视频拍摄器材	
	场景与道具	
	视频剪辑工具与素材	
脚本设计		

（4）剪辑视频并完成视频上传。

（5）发布完成后，小组通过平台视频点击量与用户反馈等指标，总结视频曝光效果，教师对各个小组的实训结果做出评价，展示优秀实训结果。

实训拓展：
SK-II的视频策划

Chapter

06

第六章
新媒体营销数据分析

- 新媒体营销数据分析概述
- 新媒体营销数据分析对象
- 新媒体营销数据分析报告

"新媒体营销数据分析"导学微课

知识目标
- 理解新媒体营销数据分析的意义
- 掌握新媒体营销数据的类别与来源
- 熟悉新媒体营销数据分析工具的功能
- 掌握新媒体营销主要数据分析对象的分析内容
- 掌握新媒体营销数据分析报告的撰写框架与可视化表达方式

能力目标
- 能够对不同的数据类型和来源进行数据收集
- 能够使用数据分析工具进行数据处理与分析操作
- 能够对新媒体营销数据对象进行分析
- 能够使用工具软件将数据用合理的可视化方式表达
- 能够撰写新媒体营销数据分析报告

思政目标
- 培育并践行社会主义核心价值观
- 培养新媒体营销人员的法治意识与职业道德

思维导图

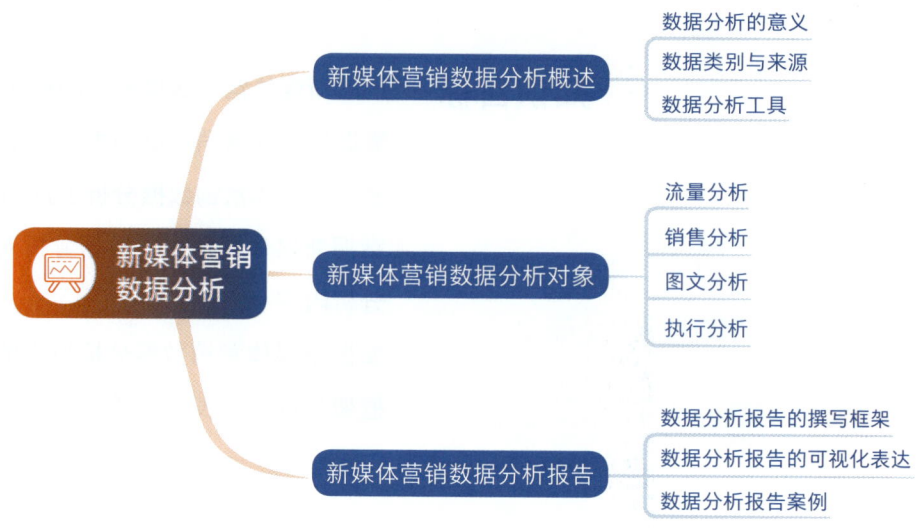

案例导入
可口可乐借力大数据

　　可口可乐自1886年在美国亚特兰大诞生以来，一直风靡全球，是世界上最受欢迎的饮料品牌，历经100多年长盛不衰。作为世界上最大的饮料公司，可口可乐公司服务着200多个国家的消费者，销售500多种品牌的软饮料，旗下主要产品包括可口可乐（包括低糖和无糖品种）、芬达、雪碧、美汁源等。其产品的全球日均消耗量超过19亿份。这么庞大的销量也产生了大量的数据——从生产到销售再到客户反馈，可口可乐都依靠坚实的数据驱动策略，在战略层面引导商业决策。

　　2013年5月，可口可乐推出了"昵称瓶"（如图6-1所示），并借助微博的影响力让多名明星参与其中，带动了广大消费者的互动。第一次新鲜感，微博的话语权，社会化昵称的自我认同，都将可口可乐的营销效果推到了一个崭新的高度。凭借此举，可口可乐更是斩获了艾菲奖全场大奖这一最具含金量的奖项。

　　对于昵称的选取，可口可乐采用社会化媒体聆听系统抓取网络社交平台上过亿热词的大数据，把网民使用频率最高的热词抽取出来，然后通过声量、互动性以及发帖率的三重筛选标准，最终确认300个积极向上并且符合可口可乐品牌形象的特色关键词。采用这些昵称后，可口可乐拉近了与消费者的距离。从销售结果来看，当季可口可乐（独享装）的销量较上年同期增长了20%，超出10%的预期销量增长目标。之后，可口可乐又陆续推出了"歌词瓶""台词瓶""密语瓶",均取得了较好的营销效果。

图6-1 可口可乐昵称瓶

对大数据的分析与应用不仅针对包装设计,可口可乐公司推出樱桃可乐这一新口味的决定,就是基于最新一代自助式软饮料机收集到的监测数据。由于这些机器可以让顾客对各种口味的饮料进行混合,因此它们能够挑选出最受欢迎的组合,并将其作为现成的罐装饮料推出。

案例思考:可口可乐昵称瓶上的词语为何要进行专门抓取?是否可以根据对昵称瓶的销售及反馈统计,来对客户做进一步的分析?

案例启示:随着科技发展和生活方式的转变,我们在生活中无时无刻不在产生数据,而这些数据的价值需要科学地挖掘和研究。数据本身不会创造价值,只有充分挖掘数据背后的信息,才能使其发挥应有的价值,适当调整营销策略。

相对于传统营销活动而言,新媒体营销最大的特点就是一切都可以通过数据化来监控和改进。通过数据可以分析用户有何特点,什么样的内容可以打动用户,从而实现转化,各种活动及广告的推广效果如何等问题。基于数据分析的每一点改变,都将成为企业在新媒体时代脱颖而出的关键。

6.1 新媒体营销数据分析概述

数据分析,就是指用适当的统计分析方法对收集来的大量数据进行分析,将它们汇总、理解并消化,以求最大化地开发数据的功能,发挥数据的作用。

数据分析通常基于商业目的,是有目的地收集、整理、加工和分析数据,提炼有价值的信息的过程。根据想要解决的问题类型,可以将数据分

炸薯条之谜:
社交媒体的
"赞"是什么?

析的目的分为三类，即：分析现状，分析原因，预测未来。企业在产品运营实践过程中，可以就单方面问题进行分析，也可以三者合一，同时进行分析。俗话说，知己知彼，百战不殆，用数据分析的方法了解自己，了解竞争对手，及时调整策略，方能运筹帷幄。

思政园地
治理新媒体数据作假，净化环境让价值回归

据经济之声《央广财经评论》报道，一则关于微信文章"刷量器"出现故障的消息传遍微信朋友圈，当下"人气很高"的微信公众号阅读量在一天之内从2万多降至630，跌幅高达20倍。这个故障让很多营销号的真实阅读量曝光出来。

"网络大V"们的微信公众号文章阅读量号称"分分钟过万"，这与商业利益密切相关。在微信公众号运营中，一篇文章价值几千元到几万元，甚至十几万元。付款方要考察多个指标，包括公众号的粉丝数、文章阅读量、点赞数等。在这些指标中，粉丝数是不公开的；阅读量和点赞数则是可以刷出来的。尤其是营销号，在接到动辄上万元的广告费后，需要更多的阅读量来"撑场面"。

有需求就有生产。刷阅读量已经形成一条完整的黑色产业链。在网上，出售刷量业务的卖家除了提供刷量服务外，还提供刷量技术支持，价格在100～200元。一些网店店主说，"单篇文章每刷1 000阅读量，价格在15～30元，所需时间为1小时至1天，阅读量最多可一次刷到10万。"

针对微信文章"刷量器"问题，微信团队昨日发文回应，将会继续加强技术手段，确保平台的真实、公平和公正，不欢迎虚假繁荣。事实上，任何虚假数据，对那些尊重规则的运营者来讲都是极大的伤害。微信要健康发展，除了要健全规则、坚决打假以外，还需要所有运营者的自律，共同营造一个干净的网络环境。

6.1.1 数据分析的意义

数据分析，首先需要考虑受众对象与分析目标，对于企业新媒体营销而言，数据分析的意义主要体现在以下四个方面。

1. 帮助企业了解新媒体运营质量，诊断问题

新媒体运营的日常工作包括内容生产、新媒体账号发布和推广、视频推广、直播分享、粉丝维护、社群运营、微店运营、线上线下活动策划与组织，等等。这些工作是否有价值、是否能够有效实现营销目标，需要通过数据来了解与判断。

对于新媒体运营质量数据，不同的平台关注点不同，目前大部分企业都需要关注的运营数据包括流量数据、粉丝数据、阅读数据、活动转发与评论数据等。

2. 帮助企业预测新媒体运营方向，规避风险

通过数据分析，从数据中发现有规律性的信息，可以帮助企业预测未来的趋势和行为，做出具有针对性的决策，从而使得运营活动具有前瞻性，及时规避风险。现阶段百度、腾讯等大型互联网公司都已经开放大量数据，网民可以直接登录相关网站查看。通过对这些数据的分析解读，有助于判断新媒体内容、活动、推广是否要和网络热点结合。

常见的行业相关大数据包括百度指数、新浪微指数、微信指数、头条指数等。

3. 帮助企业控制新媒体运营成本，提高效率

企业进行新媒体营销，一方面需要关注销售额的增长与品牌价值的提升，另一方面也需要时刻关注运营成本，尤其是广告成本。

如果企业的新媒体广告投放没有精准的方向，极有可能使广告费用打水漂。因此，新媒体团队需要分析用户的城市分布、购买或阅读时间、常用应用、惯用机型、阅读习惯等数据，每次广告投放前都要综合近期的投放情况进行调整与优化，确保精准投放以控制成本。

4. 帮助企业评估新媒体方案效果，改进营销方案

每个营销方案都是新媒体团队根据以往经验而制定的工作规划，一段时间后，需要通过数据进行评估。一方面，分析最终完成数据，可以反推方案中目标的可行性；另一方面，分析过程数据，可以及时发现方案制定后在执行过程中遇到的问题，作为下次营销方案制定的参考。

评估营销方案常用到的数据，包括目标达成率、最终销售额、过程异常数据、失误率等。

行业观察

作为国内最大的社交媒体平台，微信2018年的月活跃用户达到10.8亿，活跃的公众号数量超过350万个。截至2018年年底，新浪微博的月活跃用户达到4.46亿，用户结构以年轻人为主。今日头条的月活跃用户有2.5亿，而去年迅速崛起的短视频平台则有赶超这些"老平台"的趋势。可见，现在新媒体平台已经成为巨大的流量入口。对于企业的社会化营销转型，新媒体平台无疑是最重要的战场。企业对新媒体的重视程度越来越高，整个市场对新媒体岗位的需求量也不断上升。

6.1.2 数据类别与来源

新媒体营销过程中会产生各式各样的数据,对于不同的数据类型有着不同的分析和可视化方法,在着手处理数据时,理解数据是开始工作的首要条件,不仅有助于正确工具和方法的选择,更有助于使用正确的思维去探索和分析数据,从而更容易得出正确有效的结论。

1. 新媒体数据类别

新媒体数据主要有数值型数据和分类型数据两种。

(1)数值型数据。数值型数据是由多个单独的数字组成的一串数据,是直接使用自然数或度量衡单位进行记录的具体数值。例如,购买转换率为13%,公众号总发文数达到128篇等。

对数值型数据可以进行数据处理及统计分析,并通过多种图表方式进行可视化表达,以此总结并评估新媒体运营过程及营销效果。

(2)分类型数据。分类型数据即反映事物类别的数据,例如用户性别、商品类型、地域区限、价格区间、微信公众号自定义菜单归类、网站栏目分类、消费者满意度等。分类型数据一般可以由文字或图片等形式表示,也可以用数值表示(例如1表示男性,0表示女性)。但需要注意的是,这种数值没有数学上的意义,仅仅是分类的标记而已。

分类型数据又分为定类数据与定序数据两种。① 定类数据。没有内在固定大小或高低顺序,如根据地域可以分为东北、华北、华东、华南等;② 定序数据。具有内在固定大小或高低顺序,能表示现象的一定程度。例如消费者满意度等级分为非常满意、比较满意、基本满意、不满意、很不满意。

分类型数据主要通过问卷调查、结构化比较、分析汇总等形式获得,其研究目的往往不是评估量化的数据结果,而是寻找运营方向。

协作创新

分小组竞赛,在十分钟内分别列举你所知道的数值型和分类型新媒体数据,数量多者为胜。

2. 新媒体数据来源

从获取数据的渠道来看,数据来源包括新媒体平台后台数据、第三方工具数据、公共资源平台数据以及人工统计数据。

（1）新媒体平台后台数据。随着新技术和新思维的不断升级和进步，新媒体营销的传播渠道日新月异、层出不穷。企业采用的新媒体平台主要是微信、微博、直播、视频、微网站等。这些平台的后台都提供了相关指标数据的功能。如微信公众号后台提供的数据包括消息发送人数、消息发送次数、新增关注数、取消关注数、新增用户来源、单篇图文阅读量、全部图文阅读量、微信菜单点击数，等等（如图6-2所示）。通过分析相关指标对于微信公众号运营具有极强的指导意义。

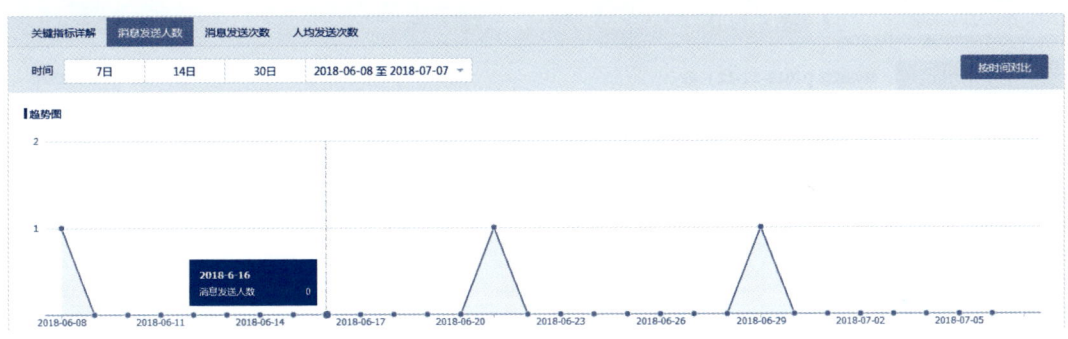

图6-2 微信公众号后台数据

对于微博平台，其数据中心提供的数据主要有阅读数、主页浏览量、视频播放量、粉丝来源、新增粉丝数、取消关注粉丝数等，如图6-3所示。今日头条平台的后台数据统计功能比较强大，提供了点击率、阅读量、推荐量、平均阅读进度、跳出率等指标，可以对双标题效果、内容、推荐、阅读、评论等数据进行系统分析。

图6-3 微博后台数据中心

需要注意的是，这些新媒体平台提供的后台数据通常会有时间限制，一般后台保存数据的期限是30天或90天。这就需要定期将后台数据导出并长期记录、整理和保存，为日后进行数据分析做好原始数据收集工作。

（2）第三方工具数据。当新媒体平台的后台无法提供所需的数据统计指标，可以授权利用第三方工具进行数据获取。目前可获取的数据主要包括网站点击数据、网站跳出数据、访问来源数据、用户属性数据、微信评论采集数据等。图6-4展示了从CNZZ网站上可以获取的部分数据。

图6-4 第三方工具数据获取

大数据"杀熟"你怎么看？

（3）公共资源平台数据。在新媒体营销过程中，对行业的分析及市场的调研也不可或缺，需要获取大量相关数据来了解行业趋势、热点、权重等问题。这些数据的来源主要有：

① 政府及相关部门网站。这些网站的数据具有权威、及时、准确的特点，如国家及各省市统计部门的官方网站。

② 行业协会。很多行业协会是本行业权威数据的发布方，他们拥有很多主管政府部门所没有的数据，如景气指数、价格指数等，是政府主管部门数据的一个补充。

③ 行业网站。专门的行业网站会有他们自己调查发布的一些数据，其优势是能够深入到细分领域，数据更加详细。

④ 咨询公司、智库。很多咨询公司和智库也会建设自己的数据库并对外发布调研数据和研究报告。研究报告中的数据往往能很好地反映一些市场现状，但是可能在数据连续性上较差，数据的分布也比较零散。如易观智库、艾瑞咨询、中商情报网等。艾瑞咨询的网站如图6-5所示。

图6-5 艾瑞咨询的网站

⑤ 其他公开数据源。如调查上市公司可以查看其官方网站发布的定期报告；研究舆情话题热度可以利用"百度指数""微指数""微信指数"，等等。

（4）人工统计数据。还有些数据来源于调研，包括调研问卷、线下活动的现场登记及一些即兴反馈等，有时这些数据还需要人工手动录入来获得。调研问卷的投放目前可以在很多线上调查网站进行，比如问卷星。这样可以将烦琐的传统纸质问卷转化为简单快捷的在线调查问卷，能轻松导入问卷，多渠道分发问卷，还能完美适配移动端，并且提供原始数据下载、自动生成图表等后期分析功能，总体来说十分方便。

大数据画像监管更精准

协作创新

分小组介绍如何获取数据，并分析所获取的数据来源是什么类型。

6.1.3 数据分析工具

能用于数据分析的工具很多，从适用性的角度可以将目前市场上主流的分析工具分为基础类、专项类、平台类、系统类，如图6-6所示。

图6-6 主流数据分析工具

1. 基础类

基础类工具中主流的是Excel和SPSS。其中，Excel应用最为广泛。它是微软Office套装软件的一个重要组成部分，可以进行各种数据的处理、统计分析和辅助决策操作，同时，也提供了丰富的图表功能用于数据可视化的表达。

2. 专项类

专项类工具又可以分为网站分析工具、商务智能分析工具以及编程分析工具。

网站分析工具主要包括百度统计、CNZZ统计、站长工具、Google Analytics、Adobe Analytics等，可以进行网站流量、来源、路径、转化等多方面的统计分析，为网站运营者提供数据支持。

商务智能分析工具中Gephi主要适用于如社交传播路径等网络关系的分析；Qlik在数据源进行合并、搜索、可视化和分析等方面操作方便；Tableau、数加（DataV）则在数据可视化表达方面比较突出。

编程分析工具用到的语言主要有R语言和Python语言，可以对大数据进行自定义的分析与挖掘。

3. 平台类

阿里系和京东两大主流电商平台配套的分析工具分别为生意参谋和京东商智。微信、微博、今日头条等新媒体平台也都具有完整的统计功能。利用后台自带的数据分析工具，新媒体运营者可以直观地看到用户增长、后台互动等数据。如图6-7展示了微信公众号后台数据分析的六个功能板块。

除以上平台自带分析工具外，平台类工具还包括第三方分析平台工具。它是非官方平台自带的、需要官方平台授权后才可以使用的数据分析工具，一旦授权完毕，后续操作与自媒体分析工具类似，直接通过网站查看。虽然微博、微信等自媒体平台已经具有统

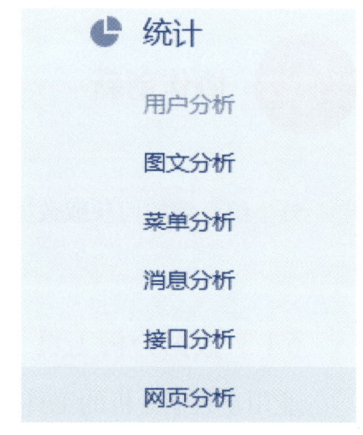

图6-7 微信公众号后台数据分析功能

计功能，但是对于精细化数据，如单条微博转发效果、微博粉丝管理、微信公众号数据跟踪等，依然需要借助第三方分析工具。常见的第三方分析工具包括新榜数据、清博大数据、西瓜数据、微指数、数说风云、群绘社群数据平台等。图6-8展示了西瓜数据的功能板块。

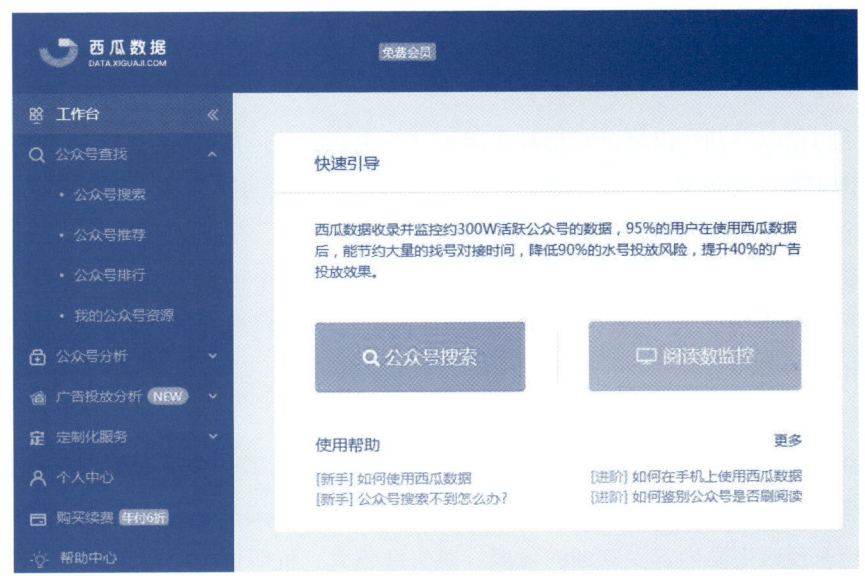

图6-8 西瓜数据

4. 系统类

系统类工具的代表是SAS，它是世界知名的大数据分析产品，是模块化、集成化的面向统计分析的大型应用系统，可用于各行业及各种类型的企业，尤其是在大型企业和机构中的应用率较高。

6.2 新媒体营销数据分析对象

常见的新媒体营销数据分析对象包括流量分析、销售分析、图文分析、执行分析。数据分析对于运营人员来说，最难的不是工具和方法，而是对数据的敏感意识、观察数据的角度以及对数据的理解方式。

6.2.1 流量分析

针对站点或店铺，流量分析即对访问量、访问时间、跳出量、跳出率等流量数据进行分析，可以初步评估站点或店铺运营的基础情况，随着智能手机的普及，越来越多的网民使用移动终端访问网络,在新媒体营销中流量分析的重点是对移动终端流量数据的分析,包括报名表单访问量、H5访问量、微网站访问量、网站跳出率等。

 **协作创新**

分小组讨论以下四个流量分析指标可用来分析说明哪些运营情况?

(1)浏览量(访问量),即Page View,指用户访问页面的总数,用户每访问一个页面就算一个访问量,同一页面刷新一次算新增一个访问量。

(2)访客数(独立访客),即UV(Unique Vistor),一个IP地址为一个独立访问人数。一般以天为单位来统计24小时内的UV总数,一天之内的重复访问只算一次。访客数分为新访客数和回访客数。

(3)当前在线人数,指15分钟内在线的UV数。

(4)跳出率(跳失率),即Bounce Rate,就是只浏览了一个页面就离开的访问次数除以该页面的全部访问次数。分为首页跳失率、关键页面跳失率、具体产品页面跳失率等。这些指标用来反映页面内容受欢迎的程度,跳失率越大,说明页面内容越需要调整。

6.2.2 销售分析

销售分析,即对新媒体营销产生的下单数量、支付比例、二次购买比例等进行分析,分析当前新媒体渠道的销售情况。有道是"销售不追踪,到头一场空",可见销售分析的重要性。销售分析普遍存在的误区是只分析销售不好或者销售权重大的组织或个人。其实销售分析的目的是让落后的组织或个人变得好一些,让销售一般的组织或个人好起来,让销售较好的组织或个人变得更加卓越。

销售分析必须有依据。一般而言,销售分析的标准可以采用数据间的对比分析来确定,通过对比分析,找到差异。对比分析的标准可分为:时间标准、空间标准、计划标准、特定标准。

(1)时间标准。即不同时间上的对比。其中,同比就是与前一年同一个时间段的数据进行对比分析,可以是季度、月、周、天。环比就是和上一个时间段来对比(也有和下一个时间段对比的,称为后比),例如本月和上月,本周和上周对比。定基比是和某个指定的时期进行对比分析,比如2019年每个月和2019年1月的销售额进行对比取值。

(2)空间标准。就是不同空间数据的对比。比如华东区和华南区或北京和上海进行对比。其中,相似空间的对比对象必须是形态上比较接近;先进空间则是对同一种形态中的优秀空间进行对比；例如北京和全国的数据对比，属于与扩大空间的对比。

（3）计划标准。这是一种人为标准。和计划标准对比是销售分析中非常重要的一环，所有的绩效考核都是计划标准，例如实际销售额和销售目标的对比等。

（4）特定标准。主要指经验标准和理论标准。经验标准是在大量实践过程中总结出来的值，而理论标准则是根据理论推断出来的值。

行业观察
数据化运营思维是高阶运营和低阶运营的分水岭

数据化运营其实是一种意识，一种思维，每一类运营人员都应该掌握，可以将其用于验证、优化自己的工作，始终保证自己走在以正确结果为导向的道路上。

目前相当一部分公司的数据化驱动程度尚处于初级阶段，它们的特征是用户处于原始积累阶段，数据收集层面不完整，只能解决局部的问题，尚未形成数据网络。这类公司没有专门负责数据开发的人员或产品经理。有的时候需要运营人员提出哪些数据需要监测。如果等公司成熟后再获取数据，那么初期的很多成绩是得不到量化的。对于此类公司，运营人员首先要利用好外部数据，例如基于微博、微信公众号、淘宝店、微店和社群的数据。特别是淘宝卖家后台，开通"生意参谋"后数据非常齐全。在使用各种工具之前，可以根据自己和公司需要的业务数据，请技术人员做成模板，方便提取；可以将数据作为日报、周报、月报的素材。

资料来源：《数据化管理：洞悉零售与电子商务运营》，引文有删改。

6.2.3 图文分析

图文分析，即对新媒体内容平台的发布情况进行统计分析，包括微信公众号阅读量、微博转发量、今日头条文章推荐量等。借助图文分析，可以有效地对文章标题、文章内容、文章推广等进行评估。

图文分析的关键指标包括送达人数、图文页阅读人（次）数、分享转发人（次）数、收藏人数、评论数、点赞数、阅读来源等。通过这些指标，即可计算得出相对指标，如互动率=互动数/阅读次数；转发率=转发数/阅读次数；评论率=评论数/阅读次数；点赞率=点赞数/阅读数等。

通过这些数据并结合阅读量，运营人员可以对文章的传播渠道、传播节奏、传播效果有一个直观、准确的判断，还可以预估判断后续推出的图文内容的传播效果。

协作创新

图6-9为某微信公众号7天的阅读数据，如果你是该公众号的运营人员，可以采用哪些数据指标对这7天的运营情况进行分析和总结？分组讨论并进行交流。

图6-9 某微信公众号7天的阅读数据

6.2.4 执行分析

执行分析，即对团队成员的日常执行工作进行统计与评估，包括文章撰写速度、客服响应效率、软文发布频率等，也就是常说的关键绩效指标（Key Performance Indicator，KPI）。KPI是通过对组织内部流程的输入端、输出端的关键参数进行设置、取样、计算、分析，衡量流程绩效的一种目标式量化管理指标，是把企业的战略目标分解为可操作的工作目标的工具，是企业绩效管理的基础。可以借助执行数据分析新媒体营销的工作是否有效率。

直通职场
教育培训行业的新媒体运营招聘消息（节选）

职责描述：
1. 负责公司自媒体平台的日常运营及推广工作。
2. 依据公司品牌和营销策略，结合新媒体平台特性，策划组织线上线下活动，做相应的数据分析并进行效果评估。

3. 负责增加自媒体平台粉丝及活跃度，制订粉丝互动计划，监控运营推广效果并总结。
4. 拓展新媒体端合作，为粉丝增量负责。
5. 具备数据敏感性，负责日常数据分析及用户调研。

岗位要求：

1. 一年以上新媒体运营经验。
2. 对教育培训行业有所了解。
3. 学习能力强，沟通能力好。

6.3 新媒体营销数据分析报告

数据分析报告是根据数据分析原理和方法，运用数据来反映、研究和分析某项事物的现状、问题、原因、本质和规律并得出结论，给出解决办法的一种分析应用文体。数据分析报告可以使用不同的工具呈现，常见的包括Word、PowerPoint、Excel、Power BI、Tableau等。

数据分析报告实质上是一种沟通和交流的方式，主要目的在于将分析结果、可行性建议，以及其他有价值的信息传递给管理者或决策者，这就需要对数据进行适当的解释，让阅读者能对结果做出正确的理解与判断，并可以根据其做出有针对性、操作性、战略性的决策。可见，数据分析报告主要有三个方面的作用，即展示分析结果、验证分析质量、为决策者提供参考依据。

一份完整的数据分析报告，应当围绕目标确定范围，遵循一定的前提和原则，系统地反映存在的问题及原因，进一步找出解决问题的方法。撰写数据分析报告时需要注意的原则有以下三点。

1. 规范性原则

数据分析报告中所使用的名词术语应是业内公认的术语，标准统一，前后一致。

2. 重要性原则

数据分析报告须体现数据分析的重点，在各项数据分析中，应该重点选取关键指标，科学专业地进行分析。针对同一类问题，分析结果也应当按照问题的重要性来分级阐述。

3. 真实性原则

数据分析报告的编制过程一定要力求真实，基础数据必须真实完整，分析过程必须科学严谨，分析结果阐述要合理、全面、实事求是。

6.3.1 数据分析报告的撰写框架

一般而言,数据分析报告有特定的框架,但这种结构框架也并非一成不变,根据不同的决策者、客户、数据分析目的,最后形成的数据分析报告框架可能不尽相同。常用的报告框架是"总—分—总"结构,包括开篇、正文和结尾三个部分。开篇包括标题、目录和前言(主要分析背景、目的与思路);正文部分主要包括具体分析过程与结果;结尾部分包括结论、建议及附录。下面将进行具体介绍。

1. 标题

标题是一份报告的文眼,是全篇报告最浓缩的精华。标题要精简干练,根据版面要求在一两行内完成,标题是一种语言艺术,好的标题不仅可以简洁明了地展示数据分析的主题,让读者能毫无偏差地理解这篇分析报告的主要目的,还能激发读者的阅读兴趣。标题常用的类型包括:

(1)解释基本观点。这类标题使用观点句来表示,点明数据分析报告的基本观点,例如《不可忽视高价值客户的留存》《×××是新媒体营销业务的重要支柱》等。

(2)概括主要内容。这类标题重在叙述数据反映的基本事实,概括分析报告的主要内容,让读者能更好地抓住报告的中心,例如《公司销售额比去年增长30%》《2019年公司业务运营情况良好》等。

(3)交代分析主题。这类标题反映分析的对象、范围、时间、内容等情况,并不点明分析人员的看法和主张,例如《发展公司业务的途径》《2018年运营分析》《2019年第一季度部门业务对比分析》等。

(4)提出问题。这类标题以设问的方式提出报告所要分析的问题,引起读者的注意和思考,例如《客户流失到哪里去了》《公司收入下降的关键何在》《3 000万元的利润是怎样获得的》等。

2. 目录

目录可以帮助读者方便快捷地找到所需的内容,因此要在目录中列出报告主要章节的名称。如果是在文本文档中撰写报告,还应当在章节名称后面加上相应的页码,对于比较重要的二级目录,也可以将其列出来。

从另一个角度来说,目录相当于数据分析报告的大纲,它可以体现出报告的分析思路,但也要注意目录不宜太过详细,太长的目录阅读起来冗长、耗时,重点也不突出。

3. 前言

前言是数据分析报告的一个重要组成部分,其内容是否正确对最终报告是否能解决业务问题,能否给决策者提供有效依据有非常重要的作用。签约主要包括分析背景、分析目的、分析思路三个方面。

(1)分析背景。为什么要开展此次分析？有何意义？

(2)分析目的。通过此次分析要解决什么问题？达到何种目的？

(3)分析思路。如何开展此次分析？主要通过哪几个方面开展？

4. 正文

正文是数据分析报告的核心，它全面系统地表述了数据分析的过程与结果。在撰写报告正文时，根据之前分析思路中确定的每项分析内容，利用各种数据分析方法，一步步地展开分析，通过图表及文字相结合的方式，形成报告正文，方便阅读者理解。

一篇报告只有想法和主张是不够的，必须要经过严密的科学论证，才能确认观点的合理性和真实性，才能使别人信服。因此，报告正文部分的论证极为重要。数据分析报告正文部分最显著的特点包括：它是整个数据分析报告中最长的主体部分；包含所有数据分析的事实和观点；通过数据图表和相关的文字结合分析；各部分之间具有逻辑关系。

5. 结论与建议

数据分析报告的结尾是对整个数据分析报告结果的总结，是对报告观点的提炼与深化，是得出结论、提出建议、解决矛盾的关键所在，起着画龙点睛的作用。好的结尾可以帮助读者明确主旨，加深对数据分析结果的认知，引发业务思考。

结论是以数据分析结果为依据得出的分析结果，通常以总结性的文字来说明。但结论并不是分析结果的简单重复，而是在结合公司实际业务的基础上，经过综合分析与逻辑推理形成的总体论点。结论是去粗取精、由表及里抽象出的共同的、本质的规律，它与正文紧密衔接，使数据分析报告首尾呼应。结论的措辞应注意严谨、准确、论点鲜明。

建议则是根据数据分析结论对企业或业务等面临的问题提出的改进方法，主要侧重保持优势及弥补劣势等方面。由于分析人员所给出的建议是基于数据分析结果而得到的，有可能存在局限性，因此必须结合公司的具体业务或实际情况分析建议是否切实可行。

6. 附录

附录用于提供正文中未阐述的相关资料，从而向读者提供一条深入数据分析报告的途径。它主要包括报告中涉及的专业名词解释、计算方法、重要原始数据来源等内容。当然，并不是每篇数据分析报告都要求有附录，附录作为数据分析报告的补充，并不是必需的，应该根据实际情况决定是否需要在报告结尾处添加附录。

写报告需要注意的事项为：结构合理、逻辑清晰；实事求是，反映真相；用词准确，避免含糊；篇幅适宜，简洁有效；结合业务，分析合理。

协作创新

协作创新：
抖音数据可视化分析

分小组查找一份数据分析报告，分析该报告的结构，并讨论评价报告各部分的质量。

6.3.2 数据分析报告的可视化表达

人类的大脑对图形信息的处理优于对文本信息的处理。因此在数据分析报告中，合理使用图表、图形和设计元素，更容易解释趋势和统计数据，更清晰有效地传达数据背后的规律和数据分析的结论。

数据可视化，就是指将相对晦涩的数据通过可视化的、交互的方式进行展示，从而形象、直观地表达数据蕴含的信息和规律。目前市面上有许多数据可视化的专业软件，如Tableau、Qlik View、Echarts等。合理运用Excel也能较好地满足日常工作中对数据展示的需求。

1. 数据图表的选择

图表是"数据可视化"的常用手段，各种分析报告中，常见的图表有柱状图、折线图、饼图、散点图、雷达图等，有时还会将两种图表进行组合使用。常用图表的分析与比较如表6-1所示。

表6-1 常用图表的分析与比较

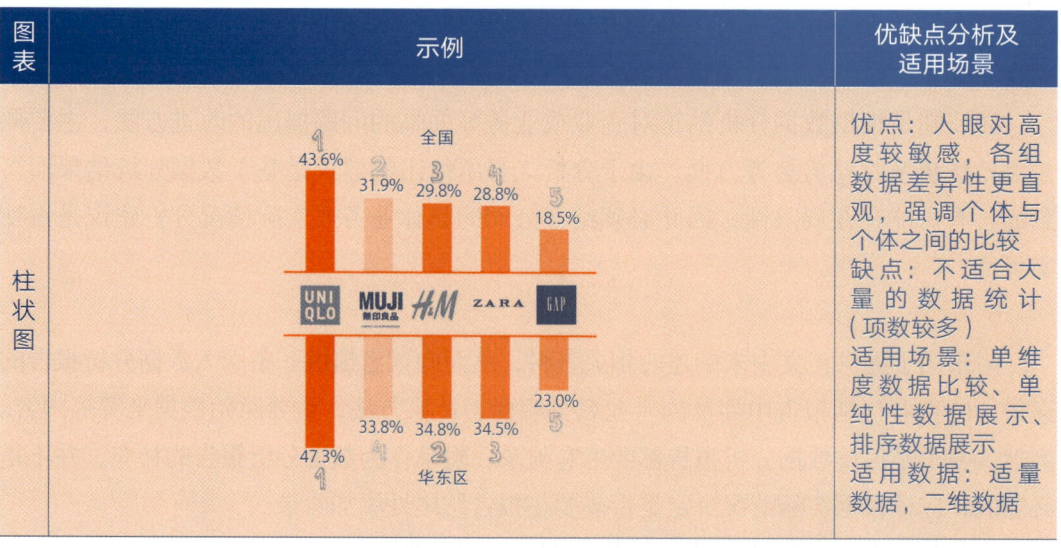

图表	示例	优缺点分析及适用场景
柱状图		优点：人眼对高度较敏感，各组数据差异性更直观，强调个体与个体之间的比较 缺点：不适合大量的数据统计（项数较多） 适用场景：单维度数据比较、单纯性数据展示、排序数据展示 适用数据：适量数据，二维数据

续表

图表	示例	优缺点分析及适用场景
条形图	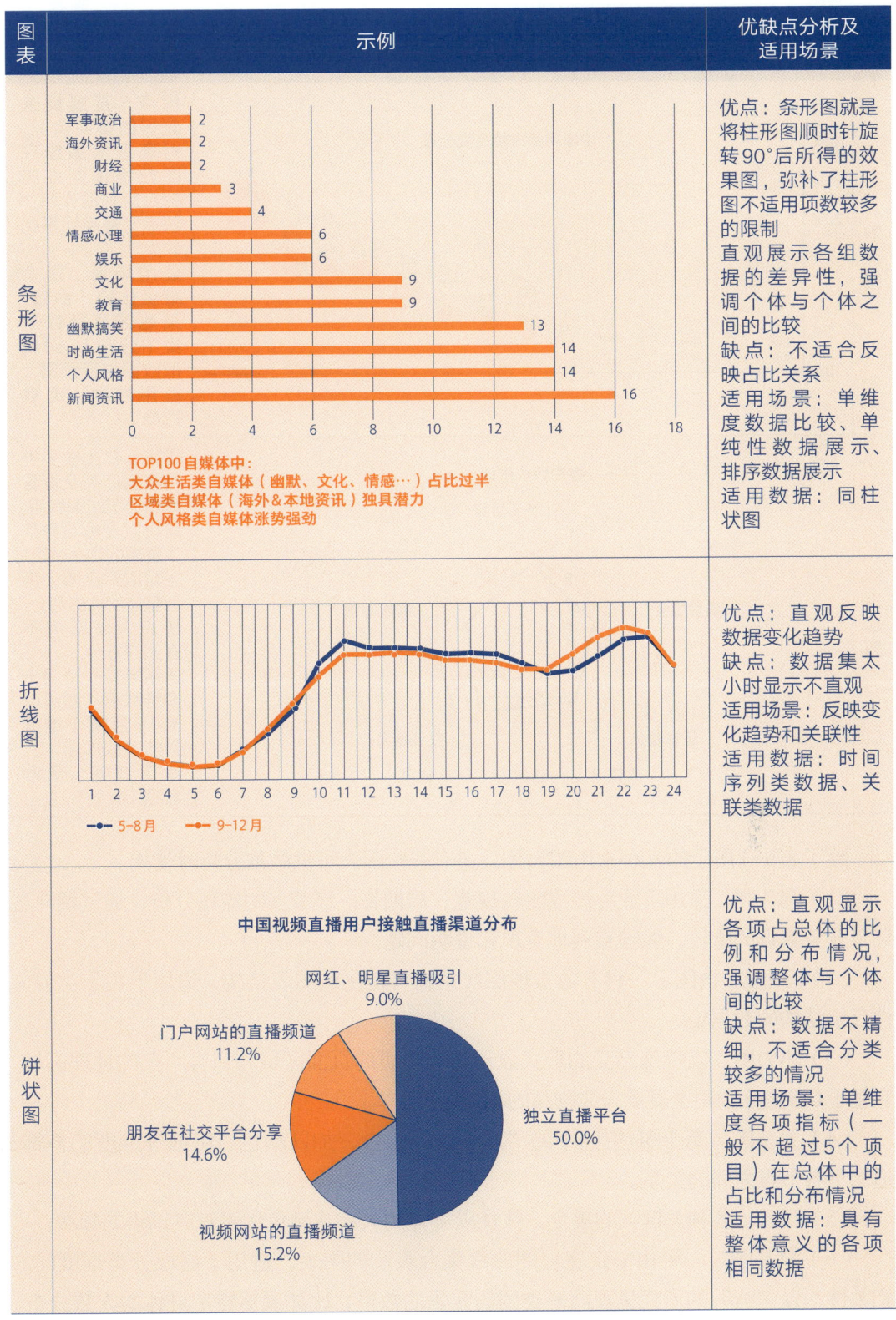	优点：条形图就是将柱形图顺时针旋转90°后所得的效果图，弥补了柱形图不适用项数较多的限制 直观展示各组数据的差异性，强调个体与个体之间的比较 缺点：不适合反映占比关系 适用场景：单维度数据比较、单纯性数据展示、排序数据展示 适用数据：同柱状图
折线图		优点：直观反映数据变化趋势 缺点：数据集太小时显示不直观 适用场景：反映变化趋势和关联性 适用数据：时间序列类数据、关联类数据
饼状图		优点：直观显示各项占总体的比例和分布情况，强调整体与个体间的比较 缺点：数据不精细，不适合分类较多的情况 适用场景：单维度各项指标（一般不超过5个项目）在总体中的占比和分布情况 适用数据：具有整体意义的各项相同数据

第六章 新媒体营销数据分析

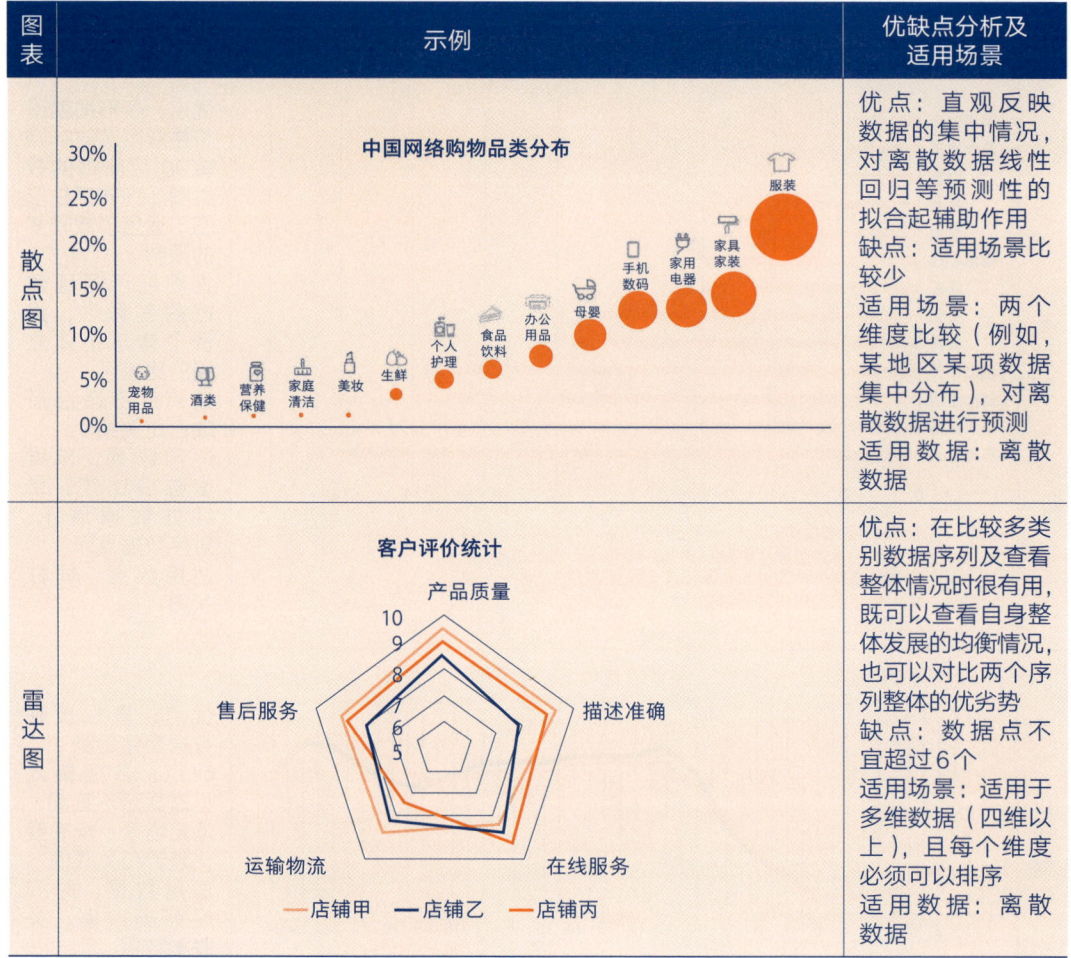

除了表6-1所示的六种常用图表外,还有一些图表可供数据分析时使用。

(1)漏斗图。适用于业务流程比较规范、周期长、环节多的流程分析,通过漏斗各环节业务数据的比较,能够直观地发现和说明问题。

(2)(矩形)树图。一种有效实现层次结构可视化的图表结构,适用于表示类似文件目录结构的数据集。

(3)热力图。以特殊高亮的形式显示访客热衷的页面区域和访客所在的地理区域,它基于GIS坐标,用于显示人或物品的相对密度。

(4)关系图。基于3D空间中的"点—线"组合,加以颜色、粗细等维度的修饰,适用于各节点之间的关系。

(5)词云。各种关键词的集合,往往以字体的大小或颜色代表对应词语的频次。

(6)桑基图。一种由一定宽度的曲线集合表示的图表,适用于展现分类维度间的相关性,以"流"的形式呈现同一类别的元素的数量,比如展示特定群体的人数分布。

（7）日历图。顾名思义，是以日历为基本维度、对单元格加以修饰的图表。

不同的图表所适用，以及希望进行比较或突出的数据维度都各不相同。在制作可视化图表时，首先要从业务出发，优先挑选合理、符合惯例的图表，尤其是在用户层次比较多样的情况下，需要兼顾各个年龄段或不同认知能力的用户需求；其次是根据数据的各种属性和统计图表的特点来选择，例如，饼图不适合用作展示绝对数值，只适用于反映各部分的比例。对于常用图表，带着目的出发，遵循各种约束条件，就能找到合适的图表。

协作创新

请各小组登录某微信公众号的后台数据分析中心，查看图文分析中用到的图表形式，思考并讨论还有什么类型的图表可以进行替换，效果如何？另外，如果将图文分析做成Word文档版的数据分析报告，采用何种类型的图表效果会比较好？

2. 数据图表制作的原则

数据分析报告中的图表一般应遵循以下原则。

（1）可读性。图表的首要功能是解释而不是设计，要站在受众的角度设计图表，力求图表简洁易懂。图表中的每个元素都应有存在的意义，否则应删除。

（2）精准性。为了使数据的解读不失真，数据应尽可能精确到小数位，如21.5就比21更准确，在对比数据的情况下尤应注意。但小数位数不宜过多，避免对读者产生干扰。要避免单位换算可能造成的数据失真。还要注意不要出现各比例加总不等于100%的错误。

（3）客观性。如图6-10（a）和6-10（b）所示的两张图表的数据没有任何差异，但是（a）图给人感觉变化不大，而（b）图给人感觉稳步增长。导致这种结果是由于纵坐标轴的刻度取值区间不同，因此要避免"图表说谎"的情况发生。

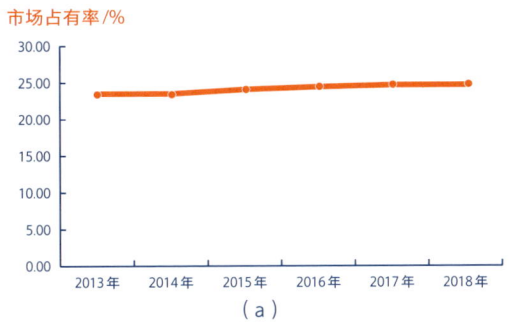
（a）

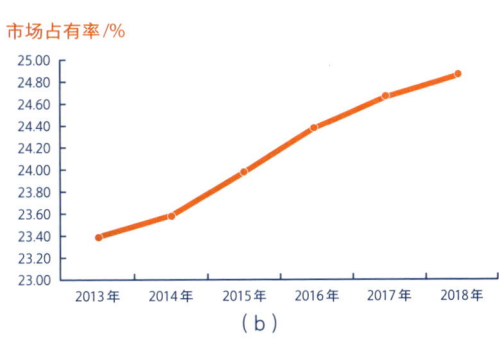
（b）

图6-10 某公司市场占有率情况

（4）统一性。在同一份数据报告中，所做的图表应该遵循统一的风格，如采用统一的色调、字体等。统一性是为可读性服务的，如果图表样式混乱不统一，则容易令读者费解甚至误读。

6.3.3 数据分析报告案例

2018年Q2小家电微博和短视频营销趋势报告

本案例是有米科技股份有限公司2018年8月发布的一篇关于2018年第二季度小家电行业微博和短视频营销的数据分析报告，报告以PPT的形式给出。

1. 标题

该报告标题为"2018年Q2小家电微博和短视频营销趋势报告"，该标题属于交代分析主题型，用来说明报告的分析时间与分析内容，如图6-11所示。

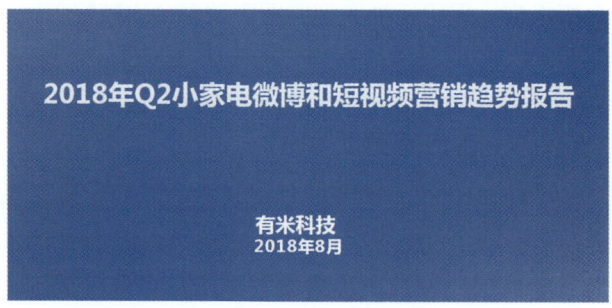

图6-11 数据分析报告标题

2. 目录

该报告根据PPT的显示特点，将目录分为主目录和二级目录，分别如图6-12与图6-13所示。这样主次分明，有助于报告的解构与要点提炼。

图6-12 数据分析报告的主目录

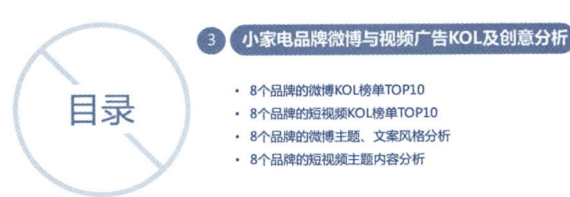

图6-13 数据分析报告的二级目录

3. 前言

该报告的前言主要交代了报告的数据来源及说明，如图6-14所示。

报告数据来源及说明

1. 本报告数据来源于米汇所追踪到的小家电行业相关微博和短视频，短视频平台覆盖抖音，快手，美拍，秒拍，优酷，土豆视频，爱奇艺，bilibili，西瓜视频，腾讯视频，火山小视频，梨视频等。
2. 本报告仅以2018年4月1日-6月30日间发布的小家电行业相关微博和短视频广告数据作为分析依据。
3. 本报告分析中，以小家电行业/品牌相关的微博数和转发量协同作为衡量微博广告声量的参考，以小家电行业/品牌相关的短视频数和播放量协同作为衡量短视频广告声量的参考，不完全等同于广告主的实际投放广告声量。
4. 本报告选取西门子、博世、卡萨帝、海尔等短视频营销比较火的四个家电品牌进行分析，以此反映小家电行业的微博和短视频营销趋势。

图6-14 数据分析报告的前言

4. 正文

该报告的正文部分，选取了西门子、博世、卡萨帝、海尔等短视频营销比较成功的四个家电品牌进行分析，以此反映小家电行业的微博和短视频营销趋势，并通过各种图表展现。部分内容如图6-15所示。

小家电头部品牌中，格力、松下、海尔和方太在微博和短视频的声量最高

- 小家电行业TOP10品牌中，格力、松下和海尔在微博的声量最大，4-6月份微博总量分别为605，299和271条；微博转发量均超过500万。
- 在短视频平台中，格力和海尔的短视频量分别以606条和460条名列前茅，方太也以223条视频挤进前三甲，视频播放量均达到千万级别。

行业品牌TOP10	微博总量（条）	微博转发量（次数）
格力	605	776,488
松下	299	915,513
海尔	271	561,354
海信	173	84,716
方太	154	35,820
TCL	144	189,711
西门子	67	667,726
创维	38	20,227
美的	33	30,017
老板	22	28,325

行业品牌TOP10	短视频总量（条）	短视频播放量（次数）
格力	606	10,549,339
海尔	460	13,880,771
方太	223	21,304,270
松下	199	3,200,988
海信	184	816,030
美的	133	6,638,228
老板	80	4,635,452
TCL	73	8,389,686
创维	47	193,217
西门子	23	195,382

备注：行业品牌TOP10依据2017《互联网周刊》&eNet研究院排行榜选择；微博和短视频数据来源：有米米汇；数据周期：2018.4.1-2018.6.30

图6-15 数据分析报告的正文

5. 结论与建议

该报告最后对小家电行业微博和短视频营销进行了总结并给出了相应建议,如图6-16所示。

图6-16 数据分析报告的结论

6. 附录

作为PPT格式的分析报告,不适合在最后罗列内容,该报告最后一页展示了公司的理念及公众号二维码,也是对公司的一种宣传推广,如图6-17所示。

图6-17 数据分析报告的结论

知识与技能训练

一、单选题

1. 下列不属于新媒体数据分析目的的是（　　）。
   A. 分析现状　　　　　　　　B. 分析原因
   C. 预测未来　　　　　　　　D. 保存数据

2. 以下不是分类型数据的是（　　）。
   A. 用户性别　　　　　　　　B. 新增粉丝数
   C. 商品类型　　　　　　　　D. 价格区间

3. 在分析微信公众号时，要查看消息发送次数，最简单的来源渠道是（　　）。
   A. 微信公众号平台后台　　　B. 第三方工具
   C. 公共资源平台　　　　　　D. 人工统计

4. 通过图文分析，可以有效地对（　　）进行评估。
   A. 文章标题　　　　　　　　B. 文章内容
   C. 文章推广　　　　　　　　D. 以上都是

5. （　　）在数据分析报告中可以省略。
   A. 标题　　　　　　　　　　B. 目录
   C. 正文　　　　　　　　　　D. 附录

二、多选题

1. 新媒体数据分析的意义主要体现在（　　　　）方面。
   A. 了解新媒体运营质量　　　B. 预制新媒体运营方向
   C. 控制新媒体运营成本　　　D. 评估新媒体方案效果
   E. 制订新媒体营销计划

2. 新媒体数据来源渠道之一是公共资源平台，主要有（　　　　）。
   A. 政府及相关部门网站　　　B. 行业协会
   C. 行业网站　　　　　　　　D. 咨询公司、智库

E. 其他公开数据源

3. 常用的数据分析工具可以分为（　　　　）四大类别。
   A. 基础类　　　　　　　　B. 专项类
   C. 编程分析类　　　　　　D. 平台类
   E. 系统类

4. 常见的新媒体营销数据分析对象主要包括（　　　　）。
   A. 流量分析　　　　　　　B. 销售分析
   C. 图文分析　　　　　　　D. 执行分析
   E. 运营分析

5. 常见的数据可视化图表类型有（　　　　）。
   A. 柱形图　　　　　　　　B. 条形图
   C. 饼图　　　　　　　　　D. 折线图
   E. 雷达图

三、判断题

1. 数据分析是有目的地进行收集、整理、加工和分析数据，提炼有价值信息的一个过程。（　　）

2. 新媒体分析的数据类别主要有数值型数据和分类型数据两种，我们用1表示男性，用0表示女性，因此男性、女性是数值型数据。（　　）

3. 做销售分析时，可以只分析销售不好或者销售权重大的组织或个人。（　　）

4. 数据分析报告只能用Word文档形式来呈现。（　　）

5. 图表是"数据可视化"的常用手段。（　　）

四、案例分析题

以下数据来自有米科技收集的2018年4月至2018年6月小家电品牌在短视频平台的营销数据，图6-18为小家电品牌短视频点赞量，图6-19为小家电品牌短视频评论量。请依据图6-18和图6-19，分析各品牌小家电的短视频营销效果。

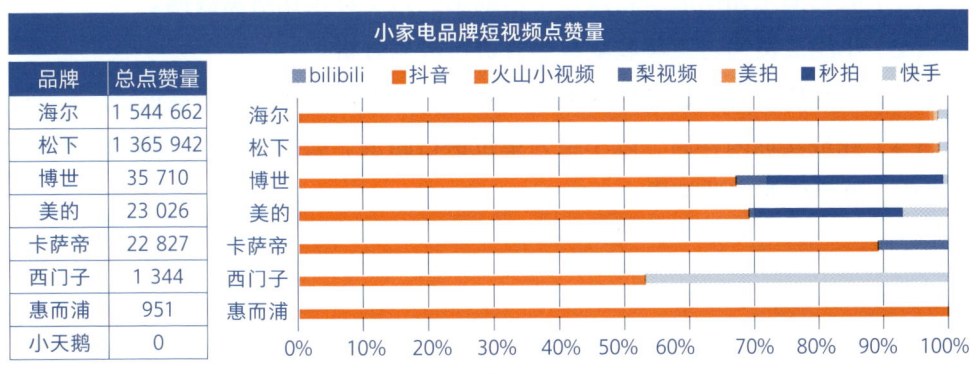

图6-18 小家电品牌短视频点赞量

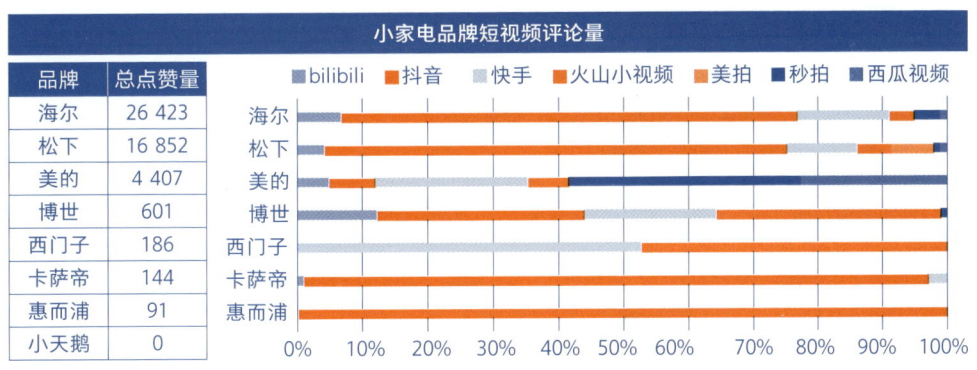

图6-19 小家电品牌短视频评论量

五、实训实战题

（一）实训背景

学生已经对新媒体营销的数据分析概念、流程、工具等形成基础认知，通过本次实训活动，学生可以更直观地熟悉新媒体营销数据分析的过程。

（二）实训任务

（1）选择新媒体平台等搜集相关数据，编制某行业或某企业的新媒体营销效果分析报告。

（2）数据分析报告可以根据内容采用ppt、word等不同形式。

（三）实训步骤

（1）教师演示如何通过新媒体平台或第三方工具查找所需数据。

（2）小组成员通过工具收集数据并进行数据分析。

（3）小组成员对数据分析结果进行总结，给出营销效果分析结论。

（4）完成实训内容后，以小组为单位进行路演，教师对各个小组的实训结果进行点评，展示优秀实训结果。

实训拓展：
今日头条号数据分析

参考文献

[1] 林海.移动商务文案写作[M].北京:国家开放大学出版社,2017.
[2] 秋叶,刘勇.新媒体营销概论[M].北京:人民邮电出版社,2016.
[3] 王力剑.新媒体和电商数据化运营[M].北京:清华大学出版社,2019.
[4] 谭贤.新媒体运营实战:从入门到精通[M].北京:中国铁道出版社,2019.

主编简介

林海，副教授，广东科学技术职业学院商学院院长兼创新强校办公室主任。广东省电子商务品牌专业带头人，移动商务专业教学标准研制核心组成员，全国电子商务职业教育教学指导委员会移动商务专业指导委员会委员，珠海市电子商务协会副会长，珠海市电子商务专家委员会成员，珠海市金湾区电子商务服务中心主任。

近年来，共发表论文20余篇，主持省科技计划项目一项，参与省部级课题12项，主编电子商务教材3本。曾任珠海多家企业电子商务运营总监；珠海罗西尼表业有限公司电子商务顾问，为企业新增电商销售额10亿元；"农优一百"创始人，孵化农产品品牌6个；珠海市总工会特约培训师，近三年为企业提供技术服务十余项，电子商务技能培训累计2 600人次。荣获南粤优秀教师、珠海市优秀共产党员、广东省电子商务百强名师等荣誉称号。

郑重声明

高等教育出版社依法对本书享有专有出版权。任何未经许可的复制、销售行为均违反《中华人民共和国著作权法》，其行为人将承担相应的民事责任和行政责任；构成犯罪的，将被依法追究刑事责任。为了维护市场秩序，保护读者的合法权益，避免读者误用盗版书造成不良后果，我社将配合行政执法部门和司法机关对违法犯罪的单位和个人进行严厉打击。社会各界人士如发现上述侵权行为，希望及时举报，本社将奖励举报有功人员。

反盗版举报电话　（010）58581999　58582371　58582488

反盗版举报传真　（010）82086060

反盗版举报邮箱　dd@hep.com.cn

通信地址　北京市西城区德外大街4号　高等教育出版社法律事务与版权管理部

邮政编码　100120

防伪查询说明

用户购书后刮开封底防伪涂层，利用手机微信等软件扫描二维码，会跳转至防伪查询网页，获得所购图书详细信息。用户也可将防伪二维码下的20位密码按从左到右、从上到下的顺序发送短信至106695881280，免费查询所购图书真伪。

反盗版短信举报

编辑短信"JB，图书名称，出版社，购买地点"发送至10669588128

防伪客服电话

（010）58582300

资源服务提示

授课教师如需获得本书配套教辅资源，可发送电子邮件至指定邮箱，申请获得相关资源。

资源服务支持邮箱：songchen@hep.com.cn

欢迎加入高教社高职市场营销教学研讨QQ群：20643826